新时代思想政治教育丛书

U0635187

新时代大学生
思想政治教育工作
"微"思考

刘海江 著

天津出版传媒集团

天津人民出版社

图书在版编目（ＣＩＰ）数据

新时代大学生思想政治教育工作"微"思考 / 刘海江著. -- 天津 : 天津人民出版社, 2023.12
（新时代思想政治教育丛书）
ISBN 978-7-201-19989-4

Ⅰ. ①新… Ⅱ. ①刘… Ⅲ. ①大学生－思想政治教育－中国－文集 Ⅳ. ①G641-53

中国国家版本馆 CIP 数据核字(2024)第 019514 号

新时代大学生思想政治教育工作"微"思考
XINSHIDAI DAXUESHENG SIXIANG ZHENGZHI JIAOYU GONGZUO "WEI" SIKAO

出　　版	天津人民出版社
出 版 人	刘　庆
地　　址	天津市和平区西康路35号康岳大厦
邮政编码	300051
邮购电话	(022)23332469
电子信箱	reader@tjrmcbs.com

策划编辑	郑　玥
责任编辑	佐　拉
装帧设计	汤　磊

印　　刷	天津新华印务有限公司
经　　销	新华书店
开　　本	710毫米×1000毫米　1/16
印　　张	23.75
插　　页	1
字　　数	260千字
版次印次	2023年12月第1版　2023年12月第1次印刷
定　　价	98.00元

版权所有　侵权必究
图书如出现印装质量问题，请致电联系调换(022-23332469)

序

在全国上下学习贯彻习近平新时代中国特色社会主义思想主题教育之际,刘海江同志的新作《新时代大学生思想政治教育工作"微"思考》即将付梓,欣然受邀为之作序。

有句话说:热爱可抵岁月长。现任学校心理学院党委副书记的刘海江,在书中记录了他在大学生思想政治教育工作一线近 20 年的所学所做所思。20 余万字书稿的字里行间,记录了作者顺应时代发展、守正创新开展大学生思想政治教育工作的积极探索,是山东师范大学辅导员队伍职业化专业化建设历程的一个缩影。从书中,能够真切感受到作者对辅导员工作的全情投入、对青年大学生的无限关爱、对新时代大学生思想政治工作的深入思考。

书名为"微思考"不仅是作者的自谦,也是辅导员"见微知著"的工作切入和呈现,让我们从作者的"微思考"中领略了"新",感受了"实",看到了"细",体悟了"热"。

一是"新"。本书里相当多的记述和抒发,既体现了作者用爱呵护学生心灵、用心陪伴学生成长,主动适应学生新需求新期待的使命担当,也体现了作者对高校思想政治工作火热实践用心且用情、深入且忠实的反映,更体现了作者对习近平总书记关于高校思想政治工作"要因事而化、因时而进、因势而新""要完善思想政治工作体系，不断创新思想政治工作内容和形式"等重要论述的笃定践行。

二是"实"。本书是一名一线辅导员引领学生成才、与学生共同成长的工作实录。作者在日常工作中非常注重与学生进行面对面的交流，并将工作实践中的感受、感触和感想记录下来，坚持学、思、悟的一体化，从学然后有思，到思然后有悟，再到悟然后有得，串起了辅导员完整的工作过程。正是根植于这样的生动实践，并辅之于生活化、网络化、时代化的语言表达，才让他的工作实践与呈现是真实可靠的、可亲可近的，从而为新时代背景下辅导员如何把握角色定位，找准工作突破点提供了可供参照的路径。

三是"细"。作为一名老辅导员，作者仍坚持深入学生中间，把工作落到最细处、最实处。比如，作者坚持前置工作端口，常态化关注事关学生健康成长的心理健康、学业发展、就业择业、生涯规划等工作，带领学院辅导员开展"'心语宿说'宿舍深度访谈会"活动，面对面解决学生的急难愁盼，把学生的"小事"当成"大事"来办，就是用实际行动，践行辅导员要"努力成为学生成长成才的人生导师和健康生活的知心朋友"的真实写照。

四是"热"。透过作者的笔触，真切感受到他对工作的热情、对事业的热爱、对学生的热心，对习近平总书记关于思想政治工作重要论述和要求的认同和躬行。正是这种"热"，才彰显了辅导员工作的独有价值和专属意义，才让立德树人根本任务的"硬核"落实落地，才让为党育人为国育才的初心使命转化成现实的依托。

行源于心，力源于志。高校辅导员处在立德树人一线，是思政工作的主攻手、学生管理的主导者和学生成长的主心骨，责任重大、使命光荣，要切实提高政治站位，把准工作定位，在"时代新人铸魂工程"的火热实践中，踔厉奋发、建功立业,为培养堪当民族复兴大任的时代新人贡献自己的智慧和力量。

是为序,亦为感。

山东师范大学党委书记

2023 年 4 月

前　言

儒学集大成者、宋代理学家朱熹有诗《九思》："人之进学在于思,思则能知是与非。但得用心纯熟后,自然发处有思随。"意指人要使学业进步,贵在善于思考;只有善于思考,才能判断出正确与错误。之所以用这样一首诗展开,是因为我本人特别喜欢朱老夫子对思考的这番阐发。不怕露怯,说到遇事琢磨一番,遇事好好思考一阵的意识和能力,真非我所擅长,尤其是深度思考的能力严重欠缺。身边的同事朋友也可能会说,你整天写来写去的,今天一个想法,明天一个动作,难道不是经过一番思考就能写出来? 实话实说,不是过谦,假若非要如此认为,我也顶多算是一个平时想法比较多,并善于动手把相关想法写下来的一个人而已。

在工作中之所以时不时的有些想法,这应该和多年从事高校大学生思想政治教育工作有很大关系。高校大学生思想政治教育工作是一个常学常新的事情,外在时势、内外环境以及学生群体的变化,这无不要求从业者因应这种变化,也只有如此,大学生思想政治教育工作才能与学生的思想实际同频共振。这些思考中,相当一部分是围绕"高校辅导员"这一职业来展开的,是自己工作实践中的感受、感触、感想,等等。另外,因为特别喜欢和学生

"侃大山",所以在与学生频繁的交流中,学生的言谈举止、想法做法、所感所佩对我的影响还是蛮大的,不管是直接的还是间接的。同时,加之个人习惯使然,在日常生活与人交流过程中,更多的时候还是倾向于采取以"写"代"说"的形式,致力于以稍微条理的呈现表达自己的观点。也恰恰是因为以上这些原因,我在工作实践中撰写积累了大量的素材。2016 年之前的素材已结集为《掬在掌心里的温暖—— 一个大学辅导员的工作札记》,于 2015 年由山东大学出版社出版发行。而今,2016 年以来素材也已累积 40 多万字,拟删改订正后付梓成书,书名定为《新时代大学生思想政治教育工作"微"思考》。

先说一下选定书名时的考虑。之所以在书名中嵌入"微"字,有两个原因。第一,自切入视角来说。诚如前文所述,自己对所从事的职业——高校辅导员的所有感受、感触、感想,大都是情之所至,更多的是一种有感而发。其切入点比较小,站位也不一定高,表达的观点大都基于自身的认知和实践,提出的举措也较多是从自己的视野和立场出发的,总之一句话,确实是一种比较"小"的存在,是一种"微"视角的观察。第二,自推广平台来说。微信公众平台已然成为大学生思想政治工作微传播的重要平台,为高校开展思想政治教育提供了重要助力。2016 年,我便建立了个人思政类微信公众平台——"临江仙哥"。《新时代大学生思想政治工作"微"思考》所收录的文章素材,有一个相较之前特别不同的地方,那就是这些文章素材大都散见于"临江仙哥"平台之上。

再说一下对内容进行归类设计时的考虑。本书共包含三部分:学,然后有思;思,然后有悟;悟,然后有得。第一部分:学,然后有思。收录的是 2016 年以来,我利用工作间隙写出来的学习体会、工作感悟等。因为这部分内容切入点小、落脚点低,更多的追求短平快。有的是当天想到就立即写下来的;有的是近期工作中想到的东西,就利用工作间隙把它写出来了;有的甚至是边想边说、边想边写,利用坐班车的空当就写完了。除了写得快的特点以外,为了增强文章的吸引力、可读性,我在写作过程中比较重视对文章题目的设计和选取,刻意设计一些短小精悍、表达直接、不落俗套的题目,重视运用学生们熟知的语言(尤其是网言网语)来进行表达,借以提高文章的点击率和阅读量。第二部分:思,然后有悟。这一部分的内容相较于第一部分,更多的是尝试一种理论方式的表达。对在工作中发现的难点、困惑点问题,积极通过学理方面的探究,既往学术史的梳理,辅之以一段时间的思考,力争表达得更为深入、精细和有条理,努力的方向是把自己的想法和理解完整呈现出来,把问题说明白讲清楚,甚至说有些经验和做法可借鉴、可复制。第三部分:悟,然后有得。这部分内容,要么是承担的所在部门的工作总结和宣介任务,要么是在不同媒体平台发表的文章和报道,要么是不同场合的代表发言和获奖发言。有的人可能会说,这样的任务不都是应景之作吗?按部就班完成不就行了。实则不然。在接到工作任务后,要想高质量的完成任务,需要的是真正把心沉下去,撸起袖子、扑下身子、拉开架子、有两下子,勤思考、多领悟,只有认真品味国家时势、贯彻领导意图、读懂师生心声,才能真正有所得,才能真正将这种"悟性"反哺到工作中去。

　　是为前言。

目录
CONTENTS

第一部分 学，然后有思

学习和思考、学习和实践是相辅相成的，正所谓"学而不思则罔，思而不学则殆。"你脑子里装着问题了，想解决问题了，想把问题解决好了，就会去学习，就会自觉去学习。

——2013 年 3 月 1 日，习近平在中央党校建校80 周年庆祝大会暨 2013 年春季学期开学典礼上的讲话

大学生思政工作是否需要想象力?

在一部分人的习惯性思维中,大学生思政工作好像永远与一板一眼、循规蹈矩等同起来,好像不如此就丢掉了大学生思政工作本身的意义,好像不如此思政工作就失去了存续的依托和凭借, 好像不如此大学生思政工作的价值功用就不能得到保证。实际上,做好大学生思政工作,需要想象力,作为大学生思政工作的具体组织者和实施者,同样需要想象力。这不取决于你、我、他的同行前辈的教授,也不取决于你、我、他的自身工作认知程度,这主要是因为教育的规律性使然,思政工作的规律性使然。教育作为社会教化的主要承担者,必须因应教育对象的发展变化和社会环境的发展变化,关起门来、闷起头来做工作,与工作的想象力和创新性几无交集。在踏踏实实干好基础工作的同时, 大学生思政工作者在工作实际中有意识的发挥自己的想象力,这不仅不会影响工作态度,反而会增加其风度;这不仅不会影响思政工作的力度,反而会增加其温度;这不仅不会影响思政工作的准度,反而会增加其强度。

说到这里,问题来了,怎样才能在大学生思政实践中有效增强工作的想象力和创造性, 进而增强工作本身的黏性、增强工作与学生之间的匹配度呢？笔者认为主要有以下三点。

一、源泉：工作的好奇心和热情

只有对大学生思政工作怀有好奇心，才能把注意力真正放在工作上；只有对大学生思政工作葆有一份难以泯灭的热情，才能心里有数，眼里有活，工作起来就会有使不完的劲儿。对大学生思政工作的好奇心和热情，不仅可以在最大程度上保证你的精力投送和真诚度，更为主要的是在此基础上，工作的想象力才能彻底得以发挥，才能真正激发存在于你深层次思维中的积极要素。在思维高度活跃，并且被充分激发或者调动的基础上，许多切实可行的大学生思政工作的想法和方案才有可能被遴选出来，才有可能对深入推进你的工作产生积极的正向效能。你是不是对大学生思政工作怀有好奇心和热情，你的一举一动瞒不了你周围的同事，也欺骗不了你自己。要是说工作多年的人，工作的好奇心和热情有着些许减淡，这在情感上和理智上都还能够理解，还能够在一定程度上拿"职业倦怠"说点事儿。但是这种情况，要是发生在刚刚参加工作的人身上，那就不太好理解了。从逻辑上讲，刚刚步入工作岗位的思政工作者，工作的好奇心和热情应该不成问题，这是人之常情、事之常理，这时候大家应该做的是拥有并保持这份热情。听说的也好，身边存在的也好，有的年轻同事，刚刚参加工作就或者故作深沉样，或者老气横秋样，或者自觉不自觉的"万金油"般，实在难以理解。也许他之所以来应聘大学生思政工作者这个岗位，应该是有着复杂的深层次原因和背景因素。但不管出于何种原因，最起码给人的印象，让人很明显的感觉到他的心根本没在这。

二、基础:工作认知和技能累积

俗话说,水是有源的,树是有根的。我们应该知道自己的未来具体朝哪个方向发展,更应该清楚我们是从哪里来的,我们发展和前进的基础有哪些。每一种工作都是这样,大学生思政工作更是如此。之所以这样说,这是因为大学生思政工作具有自身明显的特点,许多工作的规律具有专属性。道理很浅显,你对工作的基本认知和理解,你的工作技能的累积,从逻辑上讲,这是你工作发展和前行的基础。你对工作的认知和理解,只有真正成为你生活的一部分,成为你一举一动的潜意识,你才有可能摸到工作的门。没有大学生思政工作所要求的基本修养,没有对大学生思政工作规律性的把握,没有这一逻辑基础,光想着遇事时头脑的灵光一现,单凭一股子的热情和想象力是做不好工作的。即便不拿逻辑说事,从工作实际上来讲,没有基础就设想着工作上很快上手,且出乎其类,拔乎其萃,无异于缘木求鱼。

三、关键:捕获提炼日常的奇思妙想

前边强调大学生思政工作者要重视职业的理解和把握,要重视职业文化的习得,要重视工作的认知和技能累积,但这并不是说,大学生思政工作者达到这样的要求就可以了。对工作的认知和技能累积是基础性工作,相比较而言,大学生思政工作的创新更具有紧迫性。大学生思政工作从工作的性质、工作的外部环境和面对的工作对象来说,都需要对工作多一份创新。如何创新?对于大学生思政工作者而言,就要注重发挥自己的想象力,就要对那些在实际工作中冒出来的想法,心里一动冒出来的主意,不要轻言舍弃,要及时进行提炼、总结。也许有的时候,你的这些想法只能归于奇思,但是也许你的一念之间的想法,可能就是个好点子,也许就能在大学生思政工作中取得出乎意料的效果。所以说,我们应该从内心里尊重并呵护自己对工作的想象,把自己内心里最真实的自己展现出来,给自己的工作和生活一个想象的空间和机会。话又说回来,可能有时候你的奇思妙想,你反复琢磨的工作设计和规划,在大学生思政工作实际中,没有取得你所满意的效果。这又有什么关系呢? 对工作有想法绝对是一件好事,不说别的,万一它成功了呢! 对工作没有丁点想法,一味地追求四平八稳,做一天和尚撞一天钟,类似这样的稳妥,意义又在哪呢?

(写于 2017 年 2 月 13 日)

抓好落实,应使用好"三种劲儿"

在新学期开学全校干部大会上,商志晓书记对如何完成当年的主要工作目标和重点工作任务,对如何抓好工作落实提出了明确要求。他指出:"一分部署、九分落实。我们必须以踏石留印、抓铁有痕的精神来认真抓好落实。如果不沉下心来抓落实,再好的目标,再好的蓝图,也只是镜中花、水中月。"

全校一盘棋。面对着"标兵渐行渐远,追兵越来越近"的激烈竞争态势,抓好工作的落实,每一个人都不能置身事外。辅导员在谋划筹备新一年的工作时,应锤炼正确的大局观,自觉立足大局想问题、看问题,既要不折不扣贯彻落实学校党委的各项决策部署,又要紧密结合自身实际创造性地开展工作,使准用好"三种劲儿",即矢志创新的"心劲儿"、久久为功的"韧劲儿"、绵绵不绝的"后劲儿"。

一、矢志创新的"心劲儿"

心劲儿,作为一种精神状态或力量,它虽然无形,但却蕴含着巨大的动能,能有效激发人之潜能。学生工作,固然细致、琐碎,但是辅导员却尤其需要从窄视野、小格局的拘囿中解放出来,常鼓矢志创新的"心劲儿"。原因不难理解,那就是辅导员工作面对着的,不仅有时代、社会的变化,而且还有校内外环境的变化,更主要的是工作对象——学生——之思维、认知习惯和生活形态的剧烈变化。面对这种现实,辅导员必须要拿出"真招实策"去应对。对辅导员而言,创新不应该是为了观赏的点缀,而必须是"自内而外"的工作品格。

如何去做? 一是要让自己有奔头。辅导员要勇于、勤于、善于为自己设定目标和愿景,让自己有个奔头。设想一下,如果面对着新学年、新形势,却对工作少有筹划想法、无欲无求,那是肯定不行的! 没有奔头就会缺乏动力,就会丢掉初心,就会湮灭干事创业的激情。二是要有念头。面对同样的工作,有的辅导员要么裹足不前,要么迟迟打不开局面,而有的辅导员却总能迸发出自己独特的思考,觅得提升工作新境界的"法门"。无数的事例证明,辅导员只有在工作中紧密结合自己的兴趣、特长、爱好,以及自己的职业生涯规划,有念头,有想法,善于在日常工作的点滴中去发现、总结、提高,才能燃起属于自己的"不一样的烟火"。三是要学会达观。时下,我想很多辅导员有这样一种体会,怎么现在的工作,头绪越来越多,面越来越宽,标准越来越高了呢? 这一方面说明,辅导员工作已愈发受到重视和关注,这势必会对辅导员职业能力和心理素质都提出更高要求。此种情形下,辅导员尤其要注重从培养自己的达观和自信入手,要对未来怀有美好的期待,善于利用发挥工作中的正向效能,精于系统地发展地看待问题和分析问题。有句话说的好:只要心是晴朗的,人生就没有雨天。

二、久久为功的"韧劲儿"

辅导员工作是育人和育心的结合。"育人"和"育心",这两个方面都是很

"吃劲儿"的方面。基于此,辅导员在工作中必须要有咬定目标不放松的劲头,必须要锤炼久久为功的"韧劲儿"。习近平总书记曾说:"我们需要的是立足于实际又胸怀长远目标的实干,而不需要不甘寂寞、好高骛远的空想;我们需要的是一步一个脚印的实干精神,而不需要新官上任只烧三把火希图侥幸成功的投机心理;我们需要的是锲而不舍的韧劲,而不需要'三天打鱼,两天晒网'的散漫。"

要达成这样的工作目标,辅导员必须要有自己专属的思考和行动。一是要有做事的恒心。做辅导员工作,遇到困难,偶尔"卡壳",这都是在所难免的。这时候,最关键的不一定是问题的最终解决,反而是解决问题过程中的思索和持之以恒。比如,有的辅导员在工作中一碰到"急、难、险、重"的任务,甫一"交手",或旋即战术性退却,或选择战略性迂回,缺乏的不恰恰是一种恒心和信心吗?二是要坚持问题导向。比如辅导员科研工作。学校、学院对此都有明确要求,我们的辅导员在与兄弟高校之间交流时,对此也都深受触动。但是部分辅导员却还是习惯于拿自己的学科背景、学院特色、个人喜好等说事,为自己打掩护、找退路。正确的做法是,既然我们知道了问题所在,就应该努力坚持问题导向,想尽一切办法,排除一切干扰,在工作研究上撸起袖子下一番功夫,干出一番业绩,尽快提升自身岗位和职业的科学性和含金量。三是要有担当精神。辅导员工作要想锤炼久久为功的"韧劲儿",每一个成员都要学会蹄疾行稳挑挑子,驰而不息迈步子,学会担当、主动担当,在自身职业生涯的不同阶段,在成长的不同时期,担负起应该承担的责任,增强工作的紧迫感、责任感、使命感,把思想和行动切实统一到学校工作部署上来,为学校在新学年实现更大发展、更大提升贡献更多智慧、更大力量。

三、绵绵不绝的"后劲儿"

辅导员要想抓好工作落实，并以此为基础实现自身工作质量的有序提升，绝不会是一蹴而就的。穿越现实，理想化的指望着，一介入就瞬间打开工作局面、三下五除二解决问题，既不科学也不现实。怎么破解这一难题？最切实的举措就是涵养绵绵不绝的工作后劲儿。这样做不仅是协调推进学校"一三三四"整体布局，加快推进学校综合改革和"双一流"建设的现实需要，更是辅导员顺利实现自身职业生涯发展目标，彰显自身工作和岗位价值的需要。

绵绵不绝的工作"后劲儿"，主要来自以下三个方面。一是学习的涵育。随着外在环境的迅猛变化，受众特点的日新月异，辅导员在工作中应该少看"老黄历"，而应该持续不断的进行思想和技能的"输入"和更新。辅导员必须要激发自身的学习意识和潜能，敏感于环境和受众对象的变化，适时、实时做出反应。碰到不懂的没关系，只要能主动去了解、去求证，就是积极的学习态度，工作就会有起色、有成色。要是一遇到问题，打肿脸充胖子，不懂装懂，不仅不会在工作上得分，反而会拉低辅导员这一职业的"颜值"和品味。二是思考的沉淀。对一个辅导员来讲，若是没有对自身工作独立且有诚意的思考，只会比样学样，更多的时候只会重复别人"昨天的故事"，缺乏个性和"后劲儿"，就不可能沉淀自己的厚重，就不可能别开生面自己的工作。辅导员要勤于思考，注意从不同的角度看问题，培养发现问题、解决问题的能力，在不断"发现问题—解决问题—发现问题"的循环中，厘清自己的思路，形成自己的观点，建构自己的框架。三是自我激励的助推。辅导员要想厚植职业发展根基，提升职业发展后劲儿，外界的刺激和激励重要，但相比较而言自我的激励作用更突出。怎么进行自我激励？辅导员要学会找到自身职业化、专业化发展的生长点，要让自己的思想与时代和学生同频共振，顺利克服职业发展过程中的倦怠和迷茫；辅导员要维系并扩大自己的"朋友圈"，要推开自己"小"世界的"大"窗户，学会与人有效的交往和沟通，在更加广阔的舞台上表达自己、展示自己、激励自己，在与外界的交互中，获得反馈，进而有效提升自己。

（写于 2018 年 3 月 29 日）

辅导员发展路径选择的应然参考

　　辅导员发展路径的选择理应是多样化的，不应该拘泥于或者是被限定于某一种范式，而应该是"萝卜白菜"，可以"各有所爱"。现在有一种倾向，想加强辅导员工作的某一个方面，就习惯性的把这一个方面的重要性和必要性强调的过高，这虽然是一种工作方法，但是却有着鲜明的弊端，那就是很容易让辅导员尤其是年轻的辅导员产生盲从的心理和行为，这对他们的发展反而是不利的。

　　辅导员发展路径的多样性，我认为渊源在于"三个多样"，即辅导员工作内容的多样、工作对象情况的多样和辅导员来源的多样。

一、工作内容的多样

　　辅导员工作涉及学生生活和学习的每一个方面，从学业规划、日常生活、资助辅助、心理疏导、学涯生涯规划、人格培育，无一不体现着辅导员的关注和付出，汗水和心血。实际上，辅导员工作内容的多样，恰恰是整个外部环境日趋多样的映射和反映。辅导员必须因应这种变化，敏感于这种变化，并及时做出恰当的反应和改变。因为，唯有如此，辅导员才能实现和学生"同频""共振"，工作的方式才能更容易被学生所接受，工作的成效才可能被预期和评估。辅导员工作内容的多样，客观上决定了辅导员在发展路径的选择过程中，必然会存在多样化。有一种现象，闭着眼睛也可以想象，辅导员发展路径的选择会紧紧依托于自身业已存在的优势和自信，而不会"舍近求远"，不会"缘木求鱼"，这应该是人本能的一种反应和动作。

二、工作对象情况的多样

辅导员工作的对象是大学生。当今时代的大学生，他们的思想和行为已经远远超出了我们的想象。他们对新生事物与生俱来的亲近感，对未知领域主动探索的痴迷意识和惊人能量，对自己信念的笃定和坚持，是决非吾辈这些"大人"所能轻易左右的。另外，现在的大学生，自身的、家庭的、学业的、生活的，情感的、心理的的复杂性和多样性，这绝非是单靠"前辈的经验"所能应付得了的，必须有更为强大的专业背景和知识方能直面。

三、辅导员来源的多样

不知道科学与否。说实话，我更为赞同与学生具有相同知识背景的人来担任辅导员，这样的优势显而易见。辅导员和学生之间有一种天然的"脐带"——专业联结，有了这种联结，很多情形下的沟通效果才能有保证，最起码能把"呱"拉到一块去。这样的话，基于共同思维方式和习惯的人与人之间的沟通，可能更为高效。现在的情况是什么呢？辅导员的来源和身份是一种绝对意义上的多样，专业背景、知识结构、性格特点、学缘等，都和自己带的学生可能不同，甚至反差不是一点半点。虽然说，辅导员工作更多的是思想政治教育、日常事务管理,但是我们不能忽略,辅导员工作中更重要的方面是学生的人格培育、发展指导。辅导员自身来源的多样,与辅导员工作的具体要求之间,多少存在着客观意义上的"不兼容"和疏离特性,我们不应该忽视。

（写于 2016 年 4 月 8 日）

要"上得了网",还要"落得了地"

"互联网+"理念日益深入人心,这对大学生思政产生了巨大的影响。一段时期以来,大学生思想政治工作"上网"的进程日益加快,已然形成了一股迅猛的潮流,各种层级的网站自不必说,单是形形色色的具有不同功用的"微平台"就有点让人目不暇接。

利用网络和微平台开展大学生思政需要不需要呢?需要。这样的形式好不好呢?好。这样的意识和热情应不应该鼓励呢?应该。但是这里有一个问题却很关键。那就是,活动和信息"上得了网",实际上只是工作的第一步,更重要的问题还是要把工作真正"落得了地",这才是关键所在。"上得了网"和"落得了地",这两者应该是一个工作的两个方面,不应当被分开来看。

一、大学生思政能"上得了网",很有必要

必要性一。大学生思政面对着的是大学生群体,大学生思维和行为的特点决定了,他们对网络和微平台有着近乎"本能"的关注。把自己的学习生活和网络、新媒体产生熔接,已经成为大学生群体中间的流行趋势。甚至可以

说,与外界的这种关联模式业已成为大学生们生活中"牢不可破"的一部分了。

必要性二。利用网络和新媒体介质,把工作置于网络和新媒体环境下来考量,也就是"上得了网"的问题,已经不能称之为问题。随着信息技术的发展和进步,随着新媒体终端设备的廉价和普及,利用网络和新媒体的方式开展工作已经愈发容易和便捷。

必要性三。不要说学生,就是大学生思政的从业者,包括我们每一个现代人,都生活在这样一个网络和新媒体大行其道的时代。网络和新媒体已经成为一种生活方式,作为大学生思政的从业者,绝对不能,也不应该无视这种现实的存在。只能去积极的适应,并善加利用。

二、大学生思政能否"落得了地",必须考量

考量之一。大学生思政的时效性。网络和新媒体最主要的优势在于信息交互的迅捷,大学生思政应该充分利用这一特点,有效提升工作的预警和反应时间,进而为切实提高工作成效提供保障。实际上,很多时候,学生反映的问题,提出的意见和建议都是与他们的学习和生活密切相关。有的事情,在我们看起来可能不大,但是在学生心目中却是"利益攸关"。这个时候,大学生思政工作者就可以充分发挥网络和新媒体的特点和优势,及时做出反应,随手进行处理和应对。只有有了对工作做出的及时"反应",工作的"落地"方有实现的前提和基础。有的时候,也许只是一句解释,一个说明,一个回复,一个表情都有可能取得事半功倍的工作效果。

考量之二。大学生思政的实效性。大学生思政新的发展态势,客观上要求大学生思政工作者应该成为运用网络和新媒体等工具的行家里手。这就要求大学生思政工作者必须对网络和新媒体的特点和作用有一个清晰的认

识和把握，树立"互联网+"的思维和理念，创新大学生思政的内容、形式和平台，把网络和新媒体真正作为有效开展大学生思政的新阵地。利用网络和新媒体开展大学生思政工作，要善于从源头上把握和开展工作，要发挥大学生思政工作者贴近学生、贴近生活、贴近实际的优势，引导学生科学、理性地看待有关问题，切实增强大学生思政的实效性，实现对学生思想引领、学涯生涯指导和人格培育等的有效统筹。

考量之三。大学生思政的亲和力。大学生思政有其自身独特的规律，大学生思政者必须要对受众的认知和思维特点有清晰的把握，要深谙网络和新媒体的"柔"字诀，提升工作的亲和力。要做到这一点，这就要求高校思想政治工作者必须转变思考问题和开展工作的方式和风格，提高网络和新媒体的话语构建能力培养，重视交互式话题的挖掘和培育；要营造良好的文化育人氛围，发挥社会实践活动的教育功能，重视实践教学环节，增强学生的"真实情境体验"。只有让大学生群体从内心里觉得，工作或活动"是为了他们""和他们相关"，才能大大提高工作的亲和力和关注度；只有增强了工作的亲和力和关注度，才能对教育对象产生基础的吸引和"凝聚"，才能为真正提升大学生思政工作的成效奠定基础。

（写于 2016 年 4 月 28 日）

专业特色:大学生社会实践中最鲜亮的一抹

如何搞好高校的社会实践活动,如何把高校的社会实践搞出特色,是高校社会实践活动一直追求的目标和方向。突出高校社会实践中的专业特点,让学生的社会实践活动和专业学习、专业拓展相结合,是个绝对绕不开的话题。

一、其中的意义,值得仔细体味

把社会实践作为课堂教学的衍展和巩固理论学习成果的重要环节,把社会实践与专业学习进行有机结合,是当前高校社会实践应该着重加强的方面。加强这方面的工作,可以使大学生在社会实践的过程中,更容易体会到蕴含在各门课程中反映人类文明成果、弘扬民族精神、表现思想道德情操、体现科学精神、揭示事物本质规律的内容,培养大学生的创新精神和实践能力。在高校的社会实践工作中彰显专业特色,它应该而且可以成为高校社会实践一个重要支点。

二、彰显专业特色,变被动为主动

高校的思想政治教育,要想达到预期的效果,首先要对教育实施的对象有一个清楚的认识和准确的把握。当代大学生思维方式的独立性、选择性、多变性和差异性极为明显。现实情况要求我们在高校的思想政治教育活动中,必须充分考虑大学生在认知和思维方面的特点,加强实践性教育的比重,充分利用社会实践活动强大的育人功能,变"硬灌"为主动引导。社会实践教育作为高校思想政治教育活动的重要组成部分,同样需要突出强调学生的主动性,要达到这样的教育目的,把实践活动与学生所学专业进行有机的结合是个硬招实招。这是因为,在社会实践活动中彰显专业特色,可以使学生把所学知识应用于实践,利用实践活动激发学生学习专业知识的兴趣,强化知识的习得,实现教与学之间的动态交流和互相促进。拓展大学生思想政治教育的有效途径,增强思想教育的亲和力和实效性,是高校思想政治教育工作永恒的追求。在高校的社会实践活动中,只有充分调动学生的主动性,才能引导学生到基层去,到群众中去,才能使他们在自觉广泛的社会实践中熏陶思想感情、充实精神生活、提高道德境界、增长知识才干。

三、彰显专业特色,为学生提供历练舞台

当前,我国的高等教育正经历着一场前所未有的深刻变革,高校的办学理念、人才培养方向、就业观念和职业定位都在发生全方位的改革与转变。并且现代科技发展中学科综合和学科交叉的趋势越来越明显,这就要求高校在人才培养上,应主动适应社会需求的变化,重视对学生基本技能和基本素质的培养,把人才培养与就业进行衔接。现在的用人单位对毕业生在组织

管理能力、协调能力、科研创新能力、表达能力和人际关系的处理能力等多个方面都提出了自己的要求,这就要求高校在培养学生的过程中,应该重视发挥社会实践在这一方面的独特作用,在人才培养中多让学生接触社会,锻炼和提高实际应用能力,使其具备适应社会发展要求的综合素质和就业竞争能力。大学生经过几年的学习,到就业时所要依靠的是自己在大学期间学到的专业知识和专业技能,而专业知识尤其是专业技能的获得,要依靠实践过程中的认知和锻炼。在高校的社会实践活动中,实践活动与专业培养的结合,可以很好的为学生提供这样的锻炼机会,为学生提高综合组织搭建锻炼平台,也在无形中为学生的就业增添了砝码。

四、彰显专业特色,锤炼学生学术素养

大学生参社会实践是非常难得的学习和锻炼的机会,只要组织得当,引导学生利用参加社会实践的机会,围绕经济社会发展的热点问题,开展多种形式的调查研究,提出解决问题的意见或建议,就可以形成很多有实用价值的调研成果。当然,要做好这方面的工作,高校要注重加强对大学生社会调查的选题、途径、过程的管理和指导,安排专业课教师开设相关课程或讲座,帮助大学生正确认识社会现象,掌握科学研究方法,提高分析问题和解决问题的能力,努力把握事物的本质和规律。

(写于 2016 年 5 月 13 日)

思想引领：大学生思想政治工作的首推禀赋

当代教育更多的是强调以学生作为整个工作的重心和中心。诚然，适应教育对象的特点和需求是思想政治教育工作的刚需。但是仅有对教育对象的适应，思想政治教育工作中所有的问题就一定能迎刃而解吗？仅有对教育对象的适应，思想政治教育工作中所有的问题就一定能一劳永逸的解决吗？肯定是不能。

"引领"——高校思政工作的禀赋。高校思想政治工作要想真正显现自己独有的魅力，理应彰显自身"引领"的禀赋。这里的"引领"，主要是指思想引领。有了思想的引领，大学生才能建立起正确的思维方式、管用的工作方法、先进科学的理念，才能更多的依靠自己的分析和判断，弄明白什么是对的，什么是错的，什么重要的，什么不重要的，什么是应该做的，什么是不应该做的。

如何实现思想引领？仁者见仁智者见智。但是说的话他们愿意听、做的事他们愿意跟随，这是最起码的。很多人提到换位思考，我感觉不失为一个好方法。怎么换位思考？不光要有思政工作者的换位，也要引导学生对等换位。思政工作者的换位，可以提醒工作者在自身工作中要学会从学生的需求出发，从工作的实际出发；引导学生进行换位思考，可以提醒学生积极反馈自己的真实体验、实际需求，帮助思政工作者更好改进自身的工作，或者共同携手把工作做好。

换位思考，还不够。对学生的思想引领，只有换位思考就够了吗？显然不行。思想引领不能只是换位思考基础上的简单思辨和动作，不能只是限于对工作对象的简单、实用或物质欲望的适应和满足，还要有高境界、高层次的追求。因为，高校思想政治教育工作的意识形态属性我们必须要坚持，要勤于并善于把党的最新理论成果和宣传思想工作方面的要求，转换成大学生容易接受并吸收的"食粮"，转换成大学生们最愿意点的"菜"。只有做到了这一点，学生健康人格的培育、积极向上精神的展现、砥砺前行奋斗的自觉才能是顺理成章的事情，才能不突兀。

践行"引领"的本质意蕴。应该说，高校思想政治教育工作中的引领，若是忠实践行了"引领"的本质意蕴，那其实应是对传统高校思想政治教育工作模式的扬弃，其深接地气的工作范式、活泼灵动的"身段"都必将会让高校思想政治教育工作展现自身真正的魅力，除了收获大批的"拥趸"之外，其工作初衷的完美呈现也必将可以预期。

（写于 2016 年 5 月 9 日）

毕业了,请记住你曾经的梦想

毕业季来临,对于马上就要离开母校的同学们来说,应该有很多感慨,感慨"指缝太宽,时光太瘦",四年的时间,一眨眼就过来了;这中间,应该有眷恋,眷恋于大学生活的"不着风雨",舒适安逸;这中间,还应该有伤感,伤感于和老师、同学的离别,伤感于与熟悉生活的告别;这中间,还有大家对母校和对自己的期许和祝愿。这也许就是"毕业的味道"吧!

毕业,并不代表到达终点,而是一个新的开始。在漫长的人生道路上,不可能总是"要风得风,要雨得雨",总会有这样那样的困难和挫折,大家要学会坚持,学会守候一份执着,时不时给自己一个言过其实的鼓励,用温暖、勇气和毅力编织起一面旗帜,持续展现你们青春岁月的荣光。这里,把"四个坚持"送给所有的毕业生。

坚持是一种信念。上学期间,虽然也需要同学们学会坚持,但是这种坚持的韧度和强度,与到社会上的"讨生活"相比,还是有相当大的差别。参加工作也好,继续求学也罢,未来的日子,不可避免的会有诸多的不如意、不顺心,这时候我希望同学们一定要学会坚持。清代的蒲松龄科举失败后,下决心要干一番事业,为了激励自己,他写下了一幅对联:"有志者,事竟成,破釜沉舟,百二秦关终属楚;苦心人,天不负,卧薪尝胆,三千越甲可吞吴",正是因为有着一份为了理想目标的坚持,他最终完成了传世名著《聊斋志异》的创作。阿里巴巴集团的马云曾说,他所拥有的只是坚持,像阿甘一样,不抱怨,无论成功还是失败。把坚持当作自己的一种信念,只要你愿意脚踏实地坚持向前,成功就会有希望,就会有最大的可能。

坚持是一种态度。对于坚持,孟子曾有过形象的比喻,他说:"有为者譬若掘井。掘井九仞而不及泉,犹为弃井也。"他说,做事情就像挖井,必须持续不断地努力才能见效。如果挖井挖下几丈不见水就放弃,那就只能是一口废井。坚持,确实是对我们每一个人的考验。工作和生活中,有的时候,假如你不能试着解决问题,你就有可能成为问题。成功总会与努力过的人握手,只要享受了努力的过程,只要用自己的坚持去前进,那么成功才是可以期待的。很多人,初入职场时,考虑问题和处理事情时,很容易出现一个极端,那就是碰到所谓的"大事"和挫折,早早的就选择放弃,早早的就下了结论,看不到前途。这种处事态度,是不足取的。未来的日子里,当大家遇到暂时的困难或挫折时,强烈建议大家要学会调适,要相信再深的绝望,都是一个过程,它总有结束的时候,回避始终不是个办法。鼓起勇气,再坚持一下,或许机遇就在下一秒。总是在最深的绝望里,看见最美的风景。

坚持是一种毅力。有句名言:骐骥一跃,不能十步,驽马十驾,功在不舍。无数的例子告诉我们一个事实,那就是,人的一生说不准有怎样的坎坷和不顺。面对挫折,我们是选择轻易放弃,还是选择去勇敢面对;面对挫折,我们是选择放弃抵抗,还是选择用顽强的毅力去克服困难,走向成功。很多成功人士的奋斗经历,给了我们明确的答案。保龄球,大家都应该知道。它的规则是这样的。保龄球投掷对象是 10 个瓶子,如果砸倒 9 个,你可以得到 90 分;而如果砸倒 10 个瓶子,你却可以得到 240 分。社会的记分规则也是这样:只要你每次比别人优秀一点,遇事能多坚持一会,就可能赢得更多机会。

坚持是一种境界。王国维在《人间词话》中说，古今之成大事业、大学问者，必经过三种境界："昨夜西风凋碧树，独上高楼，望尽天涯路"；"衣带渐宽终不悔，为伊消得人憔悴"；"众里寻他千百度，蓦然回首，那人却在灯火阑珊处"。同学们，如果我们要想取得成功，做出一番成绩，也应该坚持用宽广的胸襟对待身边的人和事，我们应该努力争取人生的高境界。这个道理对我们每一个人而言，都是有启发意义的。想通了这些，假若暂时迷茫看不清未来，那就会做好现在；想通了这些，看问题做事情就不会"身上捆着名缰利锁，脑中想着进退流转，眼里盯着功名利禄"，就不会"东向而望，不见西墙"；想通了这些，对自己而言，就能学会自省克己，静水流深而泽被后世，就能让自己在追逐梦想和成功路上，有更多的时间沉下心来"修炼"，而收获的也就自然而然是一份"稳稳的"幸福。

有人说，"五毛和五毛是最幸福的，因为他们最终凑成了一块"。五毛和五毛是幸福的，我们大家同样也是幸福的。因为，四年来，我们大家有幸相聚在美丽的山东师大，相聚在母校的怀抱里，傲然行进在青春的征程上。同学们，既然我们真的要开始远行，那么，就请带着这份幸福，用自尊和骄傲注解自己的大学，傲然转身，用坚持和勇敢去注解自己的人生吧！

（写于 2016 年 6 月 21 日）

"授人以渔"：毕业生教育活动的着力方向

　　毕业对大学生们来讲是人生当中一个重要的转折和起点。从学校到社会，从学生到职场人，这种"不得不"的转变给他们带来的影响是巨大的、深远的。有彷徨和迷茫，可以理解。关键问题是，我们高校学生工作者要如何与毕业生形成良性互动，帮助他们在面临毕业选择时真正找到适合自己的发展方向和路径。我认为有效的解决办法就是调整好毕业生教育的"取向"，在实际工作中因应毕业生的特点和需求，摈弃那种方式上的"简单给予"，而是要教会他们主动思考，进而帮助毕业生消除对即将步入社会的恐惧和迷茫，完成人生的"华丽转身"。

　　古语有云："授人以鱼，三餐之需；授人以渔，终生之用。"说的是传授给人既有知识，不如传授给人学习知识的方法。当今时代，很多毕业生承载了超过自身限度的，来自自身和家庭的就业期望。顺利完成学业，实现择业就业，不仅仅是毕业生关注的焦点，也是家长和社会的期盼。而目前，我们的毕业生教育活动更多的还是停留在经验和知识"接传"的层面，而对毕业生来讲更为重要的教育工作，诸如职业精神和职业态度的教育，人生观、择业观的教育等都难以达到毕业生的期望和要求，更遑论毕业生家长和用人单位了。

意识是行动的先导。学生人生观、价值观、择业观的培育和引导,职业规划意识的培养和树立,绝不是"务虚",绝不是"说起来重要、做起来次要、忙起来可以不要"的虚无的东西。正确的人生观和价值观指引人走人生的正道,指引人用自己的诚实劳动去创造人生业绩,成为一个有益于社会的人。然而当下的一些毕业生教育活动,从潜意识里就认为人生观和价值观的教育是务虚的工作,是软任务,不像抓提高就业率那样"硬和实",总觉得这样的活动只是没有不行而已,即便设计了类似活动,也是"说起来天花乱坠,做起来零碎荟萃",至于说效果,考虑的确实较少。

即便这样讲,实际上却丝毫没有否定毕业生教育中那些基础性工作的意思。因为这些工作,在整个毕业生教育工作是基础性的,也是必需的。但是我们要明白,这些工作不能彻底地影响或者解决毕业生持续的职业生涯规划和发展问题。"初出茅庐"的毕业生们,踏入社会后必然面临着形形色色的挑战,若只会"就事论事",而没有掌握安身立命、一劳永逸地思考问题、解决问题的方式和方法,那种持续的"惶恐和忐忑"是非语言所能形容的。

要想行之有效的实现对毕业生的引导和教育,在毕业生教育活动中,我们就要充分利用毕业生对择业就业问题的关注,因势利导,努力实现"授人以渔"的工作目标,把工作做到毕业生的心里面:从毕业生面临的就业形势出发,结合他们自身的特点和意愿,帮助他们树立起符合他们自身实际情况的就业观,适合的就是最好的;为毕业生创造实践锻炼机会,全面提高学生的就业意识,指导学生做好自己的职业规划,为他们顺利步入职场打好坚实的基础。

说到底,毕业生教育的目标是帮助毕业生学会正确地评估自己,找到最适合自己的位置,找到属于自己的快乐。周国平先生在《最合适的位置》一文中写道:"人的禀赋各不相同,共同的是,一个位置对于自己是否最合宜,标准不是看社会上有多少人争夺它,眼红它,而应该去问自己的生命和灵魂,看它们是否真正感到快乐。"帮助毕业生树立正确的人生观、择业观,内化积极的职业精神和职业态度,懂得用智慧去生存,用理智去处理事情。毕业生教育活动只有奔着这样的目标前进,才是深谙问题解决之道,才是解决毕业生发展中的"长久之饥",才是"授人以渔"。

（写于 2017 年 2 月 26 日）

换了赛道,但请让你的青春激情继续

大家就要毕业了,人生开始了赛道切换。无论以后你们是走向社会还是继续求学,无论以后你们是"相爱在身旁"还是"思念在远方",无论以后你们是守在父母身边还是筑梦异乡,你们的学习成长要开始习惯于自己决定方向,生活交往要开始习惯于面对更为复杂的人来人往。但是请你们永远牢记,青春的梦想不能被沉寂,年轻的激情不能被泯灭。

面对真实的生活,面对生活的真实,不要让自己只剩下无奈、无助和无力,不要"一睁眼,天又黑了",你们要试着用坚毅的眼神和如诗的旋律,去发现生活的完美。我们有理由相信,美好的人生理想完全可以成为你人生故事的点睛之笔。时间也会善待一切,你们有梦想的指引,有永不言弃的坚定,有荣誉与责任的激励,你们与师长朋友之间友谊的小船会行稳致远,你们事业的小船会星辉灿烂,你们生活的小船会花好月圆!

校园之外纷繁复杂的世界,也许它并不是像你们想象中的那样完美,也许你们会不由自主的感叹"生,容易;活,容易;生活,不容易"。但是生活不管是艰辛,还是容易,我们都要学会真诚的去面对。生活和人生就像是一个一个的故事,我们既是自己人生故事的主人公,也是这个故事的讲述者。也许,你们并不十分清楚故事开始的最佳位置，但是你们应该而且完全可以找一个最合适的位置，在"柴米油盐酱醋茶"的平凡日子里，去找寻那一个最真实、最温暖的自己，找寻那一个"最专属的特别"，讲好自己的人生故事。

（写于 2016 年 6 月 23 日）

你应该讲好你的故事

开启大学之旅,这是你们人生当中的难忘时刻,这是你们人生当中的关键节点。从今天起,大家要多给自己一些掌声和呐喊,多给自己鼓劲,这是因为,从入学开始,你们要学会去规划自己的人生,你们要做自己人生航向的掌舵人。从现在开始,大家着急要做的是梳理自己的过往,打点行装,用创新和勤奋点亮自己未来的人生旅程!

一、要拿到你的学历,更要锤炼你的能力

入学以后,大家也许感觉大学生活并不是想象中的那样洒脱,大学生活的主题词、主旋律仍就是"学习",并且这个阶段的学习是更重要的学习。这是因为,大学教育是专业性教育,这将决定大家的职业选择和人生发展方向。所以,进入大学以后,大家首要的任务还是认真完成自己的学业,这是最基本的。但是顺利拿到你的学历证书,却也并不是你大学生活的全部。大学是连接学校与社会的桥梁,这里就像是社会的缩影。看似短暂的大学校园生活,大家在此期间形成的知识、能力、态度与智慧将会辐射你们的一生。在这

里,大家要让自己的知识能力和身心发展达到现实社会的期许和要求,成功地实现从学生到合格社会人的角色转变。因此,锤炼自身过硬的综合素质,对大家来说是个更重要的任务。综合素质体现出来的是你的底蕴和内涵。综合素质具体指的是什么?我想良好的执行力、无需提醒的自觉、勤奋基础上的创新求变,对于保证大家有效适应社会的要求和竞争有着超乎想象的重要性。大学的学业有成,在于你的学历,更在于你高素质基础上的高能力。

二、要丰富你的履历,更要彰显你的努力

大学生活是一种心灵的洗涤,是一种思想的点化,是一种智慧的培养,是一种人格的升华,它让大家获得铸就事业宽广而又精深的知识与能力,更让大家在体味中获得正确的人生态度和智慧。大学时期是人生当中能力重塑和人格锻造的重要阶段,大家在这个时期所形成的能力和人格,将会影响你们的整个人生!大学期间,我建议要积极参与社会实践、青年志愿者活动和各种学术科技竞赛活动。参与这些活动,可以很好地丰富你的经历,更主要的是它能很好地彰显你的用心和努力。现如今,还有少部分同学认为考上大学就相当于"火车已经到站,轮船已经靠岸",就不需要继续努力了。大学是什么?大学,是用来成长的,不是用来蜗居的。青春是什么?青春,是用来奋斗的,不是用来透支的。大学是人生的分水岭,是成长的"断奶期"。人生没有彩排,生活的剧情不能"倒带",选择了就是选择了,经历了就是过去了,既然如此,大家就不应该让自己的大学空留太多的后悔和遗憾。

三、要增加你的阅历,更要涵育你的魅力

大学,是步入社会的"练兵场",是人生的"锻造车间"。在完成学业的同

时，大家一定要注意学会增加自己的阅历，培养正确对问题的理解方式。大学生活丰富多彩，但大家也会遇到这样那样的困扰，你们也面临着全方位、更激烈、更多元化的竞争，真诚希望你们能迅速调整心理落差，从容接受竞争，坦然面对挫折和进步，为承担应肩负的责任奠定基础。积极参加校园活动和社会活动，它能增加你们的阅历，它能促使你关注外面的世界，促使你在不同的思维碰撞中形成自己独特的认知与价值观念，你们在这中间收获的不仅是知识的建构与更新，更是个体综合素质的提升与健康人格的形成。所以说，大学期间，大家要多一份好奇和期待，尽情展示自己的兴趣和天赋，结识更多的朋友，在交流中增强你的自信，涵育你的魅力。遇到新问题的时候，大家要学会拥抱身边的美好，放松心态，转换自己的视角，要多走出自己的"小圈子"，努力去赢得人生的"大世界"。

（写于 2016 年 9 月 9 日）

匹配:大学生思想政治工作的"必选项"

俗话说得好:鞋合不合脚只有自己知道。这句话说明了匹配的重要性。匹配,怎么理解? 用通俗的话说就是互相懂得彼此的合适。没有实际工作中的相互匹配,大学生思政工作在很大程度上将陷入"自说自话"的窘境,要是工作做到了这个份上,工作的时效性和实效性肯定得不到保障。对于大学生思政教育而言,"匹配",是其绕不开、躲不过的"必选项"。这里的"匹配",大抵应该包括思政工作者与岗位之间的匹配,思政工作者的教育理念、技巧与教育对象的认知习惯、能力之间的匹配,思政工作者借助的工作介质或工具与教育对象之间学习介质或工具的匹配三个方面。简言之,就是人职匹配、师生匹配、介质或工具匹配。

一、人职匹配

思政工作者与岗位之间的匹配,即人职匹配、人岗匹配。此种类型的匹配居于整个匹配的首要地位。这应该很好理解,思政工作者若是缺少或者不具备对工作完整的、到位的理解,没有对工作的一种发自内心的尊重和热爱，不具有对工作专属的一种心得涵养和职业延续的动力，想要很好地完成大学生思政工作，完美地实现大学生思政工作的目标是不可想象的事情。有的思政工作者，即便身在岗位上，但是履职尽责的能力上，总给人一种器质性的不完美，有的甚至显然不具有岗位所需要的能力，或者没有主动研究，主动完成工作心思，或者即使经过努力也很难完全具备胜任大学生思政工作的能力，这些情形都能让大学生思政工作的效果打折扣或者完全不能得到保证。

二、师生匹配

思政工作者的教育理念、技巧与受教育对象的认知习惯、能力水平之间的匹配可称之为师生匹配。此一种类型的匹配在整个匹配中是最具主动性的部分。如前所言，大学生思政工作者对于工作的认知和理解居于首要地位。但是只是拥有这样的工作前提和基础，没有大学生思政工作教育理念、技巧和受教育对象之间相关背景和众多因素的碰撞、交流、相长，教育的效果和质量怎能保证得了呢？大学生思政工作者只有真正的把自己的工作理念、知识理念的传递技巧，因人、因事、因时、因地的做出调整，学会主动适应，学会主动匹配，并以此为基础去影响、引导受教育对象，立德树人这一根本任务的有效实现才是有可能的。道理很简单，大学生思政工作者的所思所想、一举一动都对受教育对象产生直接的影响。你说的话学生是不是愿意听，是不是真正听进去了；是不是理解了，是不是真正接受了；你的授课是不是具有感染力，学生是不是喜欢，这都是衡量大学生思政工作者工作成效的显性指标。

三、介质或工具匹配

这种匹配是指思政工作者借助的工作介质或工具与受教育对象之间学习介质或工具的匹配。此一种类型的匹配在整个匹配中是迫切需要大学生思政工作者做出努力的方面。畅通的交流(包括面对面、键对键、屏对屏)是大学生思政工作的重要呈现形式之一,也是大学生思政工作取得有效成果的保证。而交流的介质和工具,在这期间起着重要的作用。原来那种上课基本靠吼、整堂满灌的上课模式;课程内容不接地气,师生之间交流的单向性,已经远不能适应新的时代背景的要求。大学生思政工作者必须因应这种变化,主动并善于运用和受教育对象之间无平台障碍,观念上平起平坐的新的介质和工具。尤其是新媒体技术、网络技术无孔不入的渗透都对大学生思政工作者提出了更高要求。现在的网络思政、新媒体思政的广泛流行、深入拓展,实际上正是大学生思政工作因应时代、社会和受教育对象变化的表现之一。

(写于 2017 年 2 月 25 日)

诗词大会火了,给我们的启示

　　春节期间开播的《中国诗词大会(第二季)》火了！这让人不由地联想到了《舌尖上的中国》《中国汉字听写大会》《中国成语大会》等类似节目。在各个电视频道光怪陆离、节目令人眼花缭乱的时代，在自媒体大行其道的当下,在外界诱惑多、人心浮躁的时代，为什么类似的电视节目能够引起人们的广泛关注,能够引起不同社会群体的热烈讨论?

一、文化的黏度

　　文化,实际上就是体现在人们一举一动、言谈举止中的那些不经意间的流露和展现。这种流露和展现绝少有刻意的做作和修饰。我们国家的文化元素中,诗词和饮食绝不会缺席,也不能缺席。这是国人几千年来文化熏陶和积淀的结果,这是千年来人们对真善美的追求和向往,这是中华传统文化本身具有的超强黏性的一种彰显。看看诗词大会上,有耄耋的老人,有稚气未脱的孩童,有生活困苦仍对未来抱有希望的坚强,有身残但在命运面前不轻言放弃的坚韧,有的人可能体会不到当事人内心的真正苦楚和意味,但是那种感人肺腑的力量,那种让人情不自禁动容的唏嘘,不仅让现场的嘉宾和观众受到感染,也打动了电视机前的你、我、他。这就是同文同种的文化的力量,这就是千百年来文化积淀的结果,这就是文化的黏性,能不自觉的把我们的心聚拢在一起,由不得你、我、他。诗词文化是这样,饮食文化更是有着更多的拥趸。恰恰是因为饮食文化和我们的日常生活起居息息相关,所以才具有更为不可阻挡的穿透力和动员能力。纪录片《舌尖上的中国》,形式上讲的是饮食,它借助不同时间、地点的事件和人物,讲述着不同人物和地方的故事和风俗,背后实际上是对传统的挖掘和追溯,是浓浓的人文情怀的彰显和流露。设若没有一种文化的背景,只是流于一种或几种菜品的介绍,《舌尖上的中国》不会打动你我,不会有这么高的收视率,不会有这么大的影响力。

二、对人们生活状态的呼应

当今时代的世界,当今时代的中国,人们的生活节奏、压力、需要以及那些不得不面对的日常,已经较之以前发生了"当惊世界殊"的变化。较之以前,就不用说和古人生活的时代相比了,就是和几十年前的中国相比也已经发生了翻天覆地的变化。现在关注所谓职场秘籍、奋斗诀窍的人多了,一门心思向"钱"看的人多了,内心浮躁的人多了,任性描摹传统的人多了,追求内心安宁的人少了,精心研究学问的人少了,敬畏传统的人少了。这正常吗?说白了,在汹涌的市场经济大潮面前,很多人迷失了自我。或者用一句很文艺范的话是说,很多人已经找不到自己来时的路了。这种浮躁的社会心态,深深的影响或者改变了很多人的生活或者人生。当社会发展到一定程度,当物质文明达到了一定高度,对文化的渴求,对生之意义的追寻必将成为一种"倒逼"的涌动。《中国诗词大会》《舌尖上的中国》《中国汉字听写大会》《中国成语大会》等节目借助现代传媒,很好地呼应了人们的内心渴求,这也是这些节目产生如此轰动效果的原因。

三、创新的力度

　　形为质象。假若没有栏目组和央视的大胆创新,没有编创人员精巧的设计,没有对品质的精益求精,这种优秀传统文化的魅力就不可能这么淋漓尽致的展现出来。这说明什么?这说明,我们老祖宗留下来的传统文化,只要懂得扬弃,只要懂得欣赏,只要懂得尊重,也一样可以展现它独有的魅力。在这种尊重以及敬畏基础上的创新,相比较那些靠号叫、发嗲、卖萌提高收视率的节目,强之不止百倍;相比较那些抛弃伦理不要,冲击现代人认知底线的低俗创新,强之不止百倍。

（写于 2017 年 2 月 8 日）

思政工作创新不能忘了"渊源所自"

随着 2016 年全国高校思想政治工作会议的隆重召开,大学生思想政治工作的创新发展立即成为业内人士的关注焦点和探讨热点。谈及大学生思想政治工作的创新,不管是对业内大咖也好,还是对刚刚入职,准备"撸起袖子大干一场"的职场新兵来讲,大家关注的焦点很是集中,诸如思政课堂建设、思政教材体系建设、网络和新媒体等手段的应用、从业人员自身问题、工作资源整合和合力问题,等等。

这些问题当然是大学生思想政治工作的关键问题、核心问题。但一个核心的问题不能绕过去,那就是大学生思想政治工作的"初心"和出发点是什么? 我们这些从业人员决不能淡忘,决不能抛弃。因为只有找到工作的原点和"初心",才能清楚自己的渊源所自,才能看得清未来,才能理直气壮。那么,什么是我们大学生思想政治工作的原点和初心呢? 不必用什么大话和漂亮话来讲,简简单单一句话,那就是为了党的事业谋,为了学生的发展谋。

为了党的事业谋,我们的大学,本就应该真正把大学生思想政治工作,把学生的成长成才当作大事来抓。大学生思想政治工作决不能是"说起来重要,做起来次要,忙起来不要"的可有可无,我们的学校应该时时刻刻提醒自己，干好我们的每一件工作，做好每一项决策，决不能好大喜功，被一些花里胡哨的东西遮住了双眼。

为了学生的发展谋，我们的学校就应该把立德树人的工作真正放在学校工作和教学工作的首位，狠抓基础性工作，不要一说到所谓"费力不见得讨好"的教学工作，不要一说到很难用可视化、可量化等硬性指标衡量的思政工作，内心就复杂的"不要不要的"。为了学生的发展谋，是不是我们的教师对学生应该多一些正能量的引导，少一些"满肚子不合时宜"的冷嘲热讽？是不是应该多给学生讲一些做人的道理，做事的学问，少一些非学问领域的特立独行？如此，学生们怎么看？多少年以后，你自己怎么看？

当然了，大学生思想政治工作，大学生是当事人，他们不应也不能缺席。在大学生的内心里，也许大家都感觉大学是自由的，在大学期间的发展应该是多样的。对于这，大学生思想政治工作应尊重大学生的多样化发展。毕竟，每个人的基础、兴趣点都是不一样的，大学期间就应该多样自由的发展。但是多样的自由的发展，决不能"自由过了火"。一个小目标，一份严格的自律，一份不推卸的担当，绝对是你成功的基础和保障。

为了党的事业谋，这是大学生思想政治工作"大"的应有的格局；为了学生的发展谋，这是大学生思想政治工作"小"的层面。只有同时抓住这"大"和"小"两个层面，大学生思想政治工作的课堂建设、教材建设、工作方式和手段创新应用、资源的整合等问题才能不"脱轨"，才能气定而神闲。大学生思想政治工作的创新，必须要"不忘初心"，时刻记得出发的原点；必须要紧紧依托于大学生思想政治工作的核心使命，决不能脱离这一遵循。

（写于 2017 年 2 月 7 日）

学生喊你"哥"或"姐",请你别忘形

最近,在网上看到了部分优秀辅导员的事迹材料。事迹材料里,很多辅导员说到自己与学生的关系是多么多么密切,往往举出来的一个明显的例证,就是说日常生活中学生都称呼他或她为"×哥""×姐"。话里话外透出来的是满满的骄傲和自豪。诚然,辅导员应该努力做大学生的人生导师和知心朋友,这样的工作定位,客观上要求辅导员应该努力与学生"打"成一片,做学生的好老师、好朋友,要真正走进学生的内心世界,做离他们最近的人。

但是辅导员要想处理好与学生的关系,做离学生最近的人,就非得要学生喊"哥"或"姐"吗?辅导员要真正走进学生的内心世界,称呼一声"老师"或"导员"就显得那么不潮,那么疏离吗?未必吧。有的人可能会说,不必这么矫情吧!只要学生愿意,辅导员能接受,那我们又何必这么自寻烦恼,较这样的真儿呢?

理不辨不清,话不说不明。不可否认,一部分学生称呼自己的辅导员"哥""姐",彰显出来的是学生自身的一种语言表达方式,在一定程度上是网络文化和世俗文化在大学生活中的泛化;还有一种可能是正能量,它表达的是学生的一种真实情感皈依和呈现,在很大程度上代表了学生对辅导员工作的认可。既然是这样,辅导员就要认真对待,做好区分。要是第一种情况,我们的辅导员就应该有一个清楚的认识,应该主动拒绝把这种社会化、世俗化的东西带入自己的工作,在对学生生活上关心、学习上指导、思想上引领的同时,做好区别,把这些具有不利影响的因素与自己的工作进行剥离,主动净化自己工作的小环境。要是第二种情况,辅导员不妨感性接受,理性对待。

所以,学生称呼自己的辅导员为"哥""姐",首先不要忘形。怎么处理这类问题?最根本的是,辅导员要明确自身对工作、自身、学生的主观或客观定位,要努力做到到位而不失位。

首先,辅导员应该对工作有一个合适的定位。辅导员对自己所承担的工作必须要有一个清晰的定位,在认识上决不能忽视自己的位置。工作中,要全方位了解学生的实际情况,认真做好思想政治教育工作,重点是引导学生提高素质和思想道德水平,围绕思想政治教育的总体目标,以校园文化建设活动、评比竞赛活动、评优表彰活动、党团建设和班集体建设等为载体,为学生成才成长提供好的环境。

其次,辅导员应该对自身有一个合适的定位。辅导员承担着大学生的管理职责,但又不是一般的行政管理干部;承担多方面的服务性工作,但又不是直接服务学生的工勤人员;是承担学生思想政治教育工作的教师,但教育方式和目标又区别于思想政治理论课教师;是大学生成长的人生导师,同时也面临不断提高自身素质和能力的职业要求。这些工作特性决定了辅导员要对自身承担的工作有一个清晰的定位,既要注重诚心诚意为学生服好务,做学生的知心朋友和人生导师,又要注重切实履行好教育职能和管理职能,不能一味的哄着、迁就着,尤其是遇到大是大非问题时,对学生不仅要说得,还要批评得,不能"和稀泥",立场摇摆不定。

最后,辅导员应该对学生有一个合适的定位。辅导员的工作以学生为对象,以服务于学生为目的。辅导员与学生之间的关系应既是一种师生关系,学生就是学生;又是一种朋友关系,朋友之间就应该坦诚相待。但不可否认,辅导员与学生之间的工作关系理应是占主体地位的关系,辅导员在工作中必须处理好与学生之间的关系,在做到以情感人,以诚做事,让学生能够真切感受到辅导员工作魅力和人格魅力的同时,也应该严格要求,为学生的人生顺利起航保驾护航。

(写于 2017 年 1 月 17 日)

应从"四个视角",把握学雷锋的活动内涵

每到三月,全国上下都会掀起学习雷锋的高潮。应该说,经过多年的熏陶、学习和参与,绝大多数人对雷锋精神都有着正确的认识和自觉的行动。但是近几年,学雷锋活动中出现了一些形式主义、简单化、功利性等方面的问题,以致社会上一些人对学雷锋活动存在这样或那样的认识误区,甚至出现了一些讥讽和批评的声音。

那么学雷锋怎样才能有效规避前面提到的问题?笔者认为,新时代弘扬学雷锋精神,应该从"四个视角"发力。

一、"实"的视角:把实事做实

雷锋精神崇尚"实",从不主张摆花架子,对那些处于困境中的人,对于那些真正需要帮助的人,总是想方设法给予实实在在的帮助。的确是这样,我们所熟知的关于雷锋的事迹,几乎都和雷锋实实在在为人民群众服务密切相关。不仅如此,即便是在我们的生活中,在我们身边,一定是那些立足为人解决实际困难的学雷锋活动,才能给我们留下深刻印象,才能让人感念。

既然如此,我们在开展学雷锋活动时,在设计活动的过程中,就应该把握住一个"实"字。一是搞清楚服务对象的实际需求。设计、开展活动的时候,应该事先搞好调查研究,这是确保工作扎实有效的前提。唯有摸清楚服务对象的实际需要,才能有的放矢地提供对应的、贴心的、实在的服务。二是立足为服务对象解决实际问题。服务对象需要解决的问题,我们能够协助解决的问题,肯定有大小有先后,需要筛选、分析、统筹,这个时候,我们往往需要的是知道自己有"几斤几两",绝不可以"眉毛胡子一把抓",能做的不能做的都大包大揽。只有立足真正助人解决问题的学雷锋活动才会令人满意,才会有人点赞。三是一定要掌握好活动宣介的度和形式。学雷锋活动中,安排专人记录下整个活动的真实情况是可以理解的,也是应该的,但是要把握好度,更应该注意形式。很多服务对象,由于自己情况的特殊性,很在意甚至是排斥把自己的图像或视频等信息公之于众。这种潜意识里的自尊是人的一种正常反应,我们不能单凭自己的意愿或好恶妄加揣测和评论,必须给予足够的尊重,掌握好活动宣介的度和形式。只有注意到这一点,学雷锋活动才能更让人愿意接受,才是真正落脚于"实"处的有效学习方式。

二、"细"的视角:把细事做细

这里的"细",主要指的是"细致、精细"。我们要明白,做事都要从细节入手,因为细节在很大程度上决定了你的成败。对工作缺乏认真细致的态度,对事情敷衍了事,那么工作起来必然就会热情不足、冷淡有余,这种工作状态,要想做好工作,是一件比登天还要难的事情。

具体到学雷锋活动,所谓的"细",一是活动的介入要细致。学雷锋活动,看似简单、热闹,但是要想做好,对学雷锋活动的介入就非常关键。你到底是怎样看待即将开始的学雷锋活动,具体打算怎么做,想达到什么样的活动目的，打算采取什么样的形式介入其中，在活动开始前，在筹划的过程中，这些问题都要考虑到，并且一定要有成熟的工作设计和工作预案。做到了这一点，活动的介入环节才算是成功的，最起码是认真的、细致的。二是活动实施的过程中要细致。学雷锋活动的实施过程要细致，不能得过且过，不能敷衍塞责。最起码的要求就是活动的组织者和参与者，心思和精力都应该在活动身上，不能一看活动正式开始了，就自认为"好的开始是成功的一半，甚至是大半"，思想不由自主就溜号了。实际上，这个时候，往往是更为关键的时候。这是因为许多原先设计好的，或者说应该严格注意到的某些细节可能就会被忽略，也许正是这些细节会在很大程度上影响活动的最终呈现和效果。三是活动的后续工作要跟上。学雷锋活动的细致，不仅仅体现在活动的筹划和组织上，也体现在活动的后续跟踪上。活动搞完了，活动的效果是不是需要评估一下，后续还有哪些对应的工作举措和服务需要跟上，这些问题在学雷锋活动中都应该一并考虑。

三、"小"的视角：把小事做小

在时下的学雷锋活动中，有一种不好的现象，那就是对"轰动效应"的过度追求。原本是举手之劳的小事，原本是人人都应该做的本分的事情，有人也能整成人人皆知的"大事"，唯恐世人不知。这是不对的，我们学雷锋，就应该向雷锋同志那样，立足日常的工作学习生活，把身边事做好，把小事做小。

小事怎么做"小"？一是在活动的认知上，要立足"小"。雷锋之所以被人熟知，雷锋精神之所以值得我们学习，在很大程度上是因为雷锋所做的好人好事都是别人眼里不起眼的小事，都是我们生活中容易忽略的琐事。恰恰是因为这些事情的"小"和"琐"，雷锋的事迹才更值得钦佩，雷锋精神才更值得我们学习。二是活动的落脚点要立足"小"。任何一件事，哪怕是再小，只要找准落脚点,把它做规范了、做到位了、做透了,我们就会从中发现机会,找到规律,从而把"小事"做成"大事"。有的人认为,这些鸡毛蒜皮的小事,怎么能够入得了我们的"法眼"啊,怎么能够体现我们活动的"高端大气上档次",这是错误的。千万不要认为做小事是浪费时间,做这些小事影响了你活动的底蕴和层次,有的时候,恰恰是这些小事,反而更有魅力,更能打动人、温暖人。有时候,小事情做好了是能体现大智慧的。正所谓不积跬步,无以至千里。

四、"好"的视角:把好事做好

学雷锋活动中,要把好事做好,千万不能"好心"办"坏事"。把好事做好,一是要学会换位思考,符合服务对象的内心期待。作为学雷锋活动的组织者和参与者,要学会并善于站在对方的角度去看待问题,站在对方的角度去体会、去感受,制订出对应的服务方案。二是杜绝形式主义。学雷锋不是简单地读几篇《雷锋日记》或几则《雷锋的故事》,或者写多少篇心得、做几件应景的"好人好事"这么简单呆板,这么形式主义。学雷锋活动忌一阵风,一溜烟,虎头蛇尾。三是专业的人干专业的事。这就要求我们在组织学雷锋活动的时候,尽可能的组织或者邀请专业的人员参与其中。这不仅能够提高助人的效率,更能在最大程度上保证助人的成效,真正实现把好事办好的目的。因为学雷锋活动既是助人的,更要有技术含量,很多时候仅凭工作的热情,助人的成效是得不到保证的。

(写于 2017 年 3 月 6 日)

"双一流"建设:辅导员不能做"看客"

依照政策设计,"一流高校"是从学校层面的角度切入,对高等学校的前景和发展进行引导和建设;"一流学科"是从学科层面的角度切入,立足对学科发展前沿的引导。单纯从字面上来看,有些人可能会认为"双一流"(一流高校、一流学科)与辅导员工作没有太直接的联系。实际上,国家"双一流"政策一出台,不管是专家的解读也好,还是坊间的议论也好,大家的注意力和焦点都不约而同的集中在学科建设这一核心要素上,对如何建好一流高校和一流学科提出了自己的看法与理解,做出了自己的解读和建议。

诚然,国家"双一流"建设对于高校发展质量的重视,对于学科发展的重视,都被提到了一个很高的高度。但是这是不是就是说,重视高校学科建设,就代表着其他方面的工作,比如高校辅导员工作就不重要了呢? 或者说在"双一流"建设工作中,高校大学生思想政治教育工作,就可以置身事外了呢? 这显然是不对的,面对国家"双一流"发展战略,对于高校辅导员来说,不应做一个看热闹的"看客",更不应该妄自菲薄,懈怠于自己的工作职责和担当。

怎样才能不去做一个"看客"? 要做到这一点,首要是对"双一流"有一个准确的理解和把握。

一、要完整理解和把握"双一流"重大发展战略决策的初衷

国务院颁布的《统筹推进世界一流大学和一流学科建设总体方案》确定了建设"双一流"的五项建设任务和五项改革任务：建设一流师资队伍、培养拔尖创新人才、提升科学研究水平、传承创新优秀文化、着力推进成果转化五项建设任务；明确了加强和改进党对高校的领导、完善内部治理结构、实现关键环节突破、构建社会参与机制、推进国际交流合作等五项改革任务。可见，国家"双一流"政策的出台，落脚于引导，鼓励高校根据自身特质和优势，致力于实现差异化发展。其目的是克服原来发展模式的弊端，愈发重视人才培养、创新意识和能力的培养。而绝不应该是非此即彼的"零和思维"。

二、要准确理解高校所承担的社会职能

高校所承担的社会职能是什么？众所周知，在国际学界公认大学主要有人才培养、科学研究、社会服务三大职能。中共中央、国务院印发的《关于加强和改进新形势下高校思想政治工作的意见》中，强调高校肩负着人才培养、科学研究、社会服务、文化传承创新、国际交流合作的重要使命。不管从哪一个角度来讲，高校人才培养的职能都在其中必不可缺。高校要想很好地完成自己的使命，完美彰显自身的存在价值，就必须很好的完成人才培养工作。那么，高校怎么进行人才培养？单纯的知识传授就可以了，显然不是。有一段时间，现在稍微好一些了，部分专业课教师对辅导员工作存在一定程度上的误解，对自己的教学和科研工作进行了刻意拔高的强调。这倒是可以理解的，但是从另外一个角度来说，单丝不成线，孤木不成林，人才培养是一个系

统工程,需要所有教职员工的群策群力,任何人单挑是不行的。

三、要明晰高校辅导员工作的特点和要求

作为高校思想政治教育工作的主力, 高校辅导员要对国家的政策尤其要有全面的准确的科学的理解和把握,不能人云亦云的"狼吞虎咽",而应该"细嚼慢咽",准确把握国家政策的内涵,用以指导自己的工作。具体到"双一流"建设工作来说,辅导员的工作态度是,要先人一步内化政策要义,创新开展自己的工作,融入国家大的发展战略,在服务中发挥自己的主动性,努力成为"双一流"建设工作的主力军和不可或缺者。

（写于 2017 年 7 月 4 日）

一味的"嫌弃"就对？

——传统的大学生思想政治工作范式自有其价值意蕴

新时代的大学生思想政治工作，涌现了许多新的方式方法。这其中，被人们广泛提及，影响最为深远的、绕不开、躲不过的就是网络和新媒体技术手段。诚然，随着信息技术的迅猛发展，网络以及依托网络兴起的新媒体技术手段，正在不断影响着大学生思想政治工作的每一个方面，每一个细节，每一个表情。但是这里应该有两个问题不得不说明，那就是：是不是只要网络和新媒体得到了最广泛运用，大学生思想政治的工作水平就能自然而然的水涨船高了？是不是只要网络和新媒体得到了最娴熟运用，传统的大学生思想政治工作的范式和手段就可以弃之不用了？

毋庸讳言，一段时间以来，大学生思想政治的传统工作范式，好像是"得罪"了天下人，不管是对业内人士而言，还是对"吃瓜群众"来说，它仿佛动辄得咎，动不动就遭人"嫌弃"。难道传统的大学生思想政治工作范式就没有一丁点儿的可取之处吗？很显然，这样看待问题，处理事情是有失偏颇的。

一、传统的大学生思想政治工作方式有其专属的"温度"

信息化时代的今天,人们更多的强调通过技术的手段、媒体的方式来开展大学生思想政治工作。诚然,网络和信息化的手段,在一定程度上确实能够更迅捷的实现信息的传播,实现对更多单位人群的覆盖。相比较而言,传统思想政治工作长于采用摆事实讲道理的方法,擅长通过课堂讲授、团体活动、个别谈心、座谈讨论等面对面的方式,更多的强调对学生要做到动之以情、晓之以理,从而达到教育的目的和功效。不管大学生思想政治工作的方式方法如何更新演进,我们首先要明确一点,大学生思想政治工作的实施者是活生生的人,工作的对象也是活生生的人。只要是和人有关,最适合人的特性、最能反映人的终极需求的工作方式和手段都不应该受到无端的"排斥",不能一味的遭人"嫌弃"。有的人可能对大学生思想政治传统工作方式中的"面对面"不感冒,甚至总是拿来诟病,我们不禁要问,面对面的工作方式,怎么了?面对面的工作方式,只要有真情实感的,只要运用的得当,运用的娴熟,更能彰显大学生思想政治工作的"温度"。道理不难明白。先不要说其他人,就是我们中任何一个人,谁不喜欢有人情味的工作方式?在我们求学的过程中,是不是总有一款贴心的关怀和鼓励温暖过我们自己?说它有缺点,有不足,这没有问题。谁还能没有缺点,努力改正它,在扬弃中实现发展是可行的。在这个方面,笔者认为,大学生思想政治工作中那些传统的工作方式更有其独到之处,更有其优势。

二、课堂教学,仍是大学生思想政治工作主渠道

高校思想政治课的主要任务就是培养学生思想品质、道德情操。诚然,

这种教育方式更多的遵从学习活动的规律,遵循从具体到抽象的规律。理论的学习,内容上没有曲折离奇的情节,更多的时候有的只是抽象的概括和总结。但是课堂式的、集中式的理论学习和教育,目前仍无法被取代,仍然是教育的主渠道。之所以这样说,是有原因的。一是思政课教学在大学生思想政治工作中占据特别重要的地位,是大学生思想政治工作中能够集中、大规模,并卓有成效的教育路径。课堂教学能充分发挥自身在把握方向、立德树人方面的作用,关系着培养什么人、如何培养人、为谁培养人的根本问题,关系着中国特色社会主义大业和国家的未来。二是思政课教学能够更好地结合学生实际,采择符合世情、国情、党情现状的教学内容,以问题为导向,以课堂讲授为载体,以案例教学为辅助,更加有效地实施理论说服和价值引领。三是思政课教学能有效拉进教育实施者和教育对象之间的距离,提高教学过程的鲜活和教育效果的落地,增强教育教学过程的人文属性,提升课堂教学的亲和力和针对性,能在坚定学生对中国特色社会主义的理论自信、道路自信、制度自信和文化自信方面实现"面"的规模和"点"的效能的最佳结合。四是思政课教学能够第一时间掌握教育对象对有关学习内容的理解程度和信息反馈。能够更好地、迅捷地做出解答,提高大学生思想政治工作的时效性和实效性,能够更好的为学生启明心智,提升学生思政课学习的获得感,让课堂主渠道功能实现最大化。

三、团体活动,仍是离不开的线下活动形式

大学生思想政治工作的对象是在校大学生,做好思政工作必须要很好的把学生组织起来,例如通过社团、学生会等学生团体把学生组织起来,开展相关活动,让学生在参与、组织活动的过程中有收获、有心得,让学生在潜移默化中、在相互影响中实现人格品质和社会能力的有效提升。现在的大学

校园，团队活动总体上呈现"式微"的态势。一是很多团体活动主题单一、"专业性"太强，很多活动普通同学很难参与其间，即便是能够参与进去，很多同学也感觉自己注定是个打酱油的，很难获得参与思政团体活动的幸福感。二是思政活动中团体活动的组织者，活动组织的实施过程中，目的性过强，如有的是为更高级别的比赛选拔选手，有的是为迎接检查或评估之类的工作才组织的活动，有的团体活动"表演"的痕迹过于明显，得不到一般同学的认可，遭"拒斥"，等等。这些情况影响到了团体活动这种教育形式功用的彻底发挥，应该得到改变。不过，我们亦应充分认识到团队活动的重要作用。一方面，团体活动是大学生思想政治工作的重要载体。团体活动因为它的群众性、鲜活性，为大学生思想政治工作提供了很好的可资利用的工作平台，也为大学生思想政治工作保持久远的生命力提供了支撑。团体活动能够更加充分地利用学生喜闻乐见、活泼生动的组织形式，有效冲抵课堂教学中稍显枯燥的形式和情绪，让学生在团体活动中受到熏陶，受到教育。另一方面，团体活动是巩固和深化大学生思想政治工作成果的重要保证。大学生思想政治工作可以借助团体活动，对工作的理念和主张进行更深层次的推广和展开，有效增加大学生思想政治工作的内涵和外延，有效巩固大学生思想政治工作的最终成果。

四、谈心谈话，能融解阻碍工作交流中的"冰盖"

在传统的大学生思想政治工作方式和方法中，谈心谈话是最能体现思政工作底蕴和张力的形式之一。一次卓有成效的谈心谈话，就是一场心与心的交响，它能有效达成大学生思想政治工作实施者和教育对象之间的共鸣。一是谈心谈话，可以让我们掌握工作对象的基本情况、关注工作对象的思想动态、发现工作对象的特点或特长，为有的放矢，有针对性的开展好大学生思想政治工作提供有效依据、奠定坚实基础。二是谈心谈话,可以帮助我们倾听学生心声,发挥组织关怀作用。大学生思想政治工作者应该放下身段,更多地采用"拉家常"的谈心谈话方式,面对面促膝交流,让工作对象在轻松愉悦的氛围中敞开心扉,围绕谈话主题和内容,打开"话闸子",掏出"真心话"。三是谈心谈话,可以查找问题,发挥教育管理作用。谈心谈话作为传统的大学生思想政治工作的方式和方法,可以让我们在谈心谈话过程中,查找出问题的根源,便于根据反馈来的信息对问题进行客观的分析,便于做出客观和公正的评价,并为接下来的纠偏或改正提供借鉴。

五、应该有态度,一味的"嫌弃"不可取

我们对传统的大学生思想政治工作范式,应该采取一种什么样的态度呢?仍然抱着原来的那一套理念,当然不对;仍然抱着原来的方式和方法,拒绝做出任何的改变,对社会的发展和进步不管不问、置若罔闻,当然也不对。那么,是不是对传统的大学生思想政治工作范式的东西,一味的"嫌弃",一味的贬损,一味的生硬切割就对了?当然也不是。一是借助网络和新媒体工具开展工作,这没有问题,但是要做好区处。网络和新媒体工具不是万能的,我们决不能用网络和新媒体工具完全代替传统的大学生思想政治工作方式和方法。信息化时代背景下的大学生思想政治工作,反而更不能忽视传统的思想政治教育方式和方法,正确的方法是应在继承和发扬传统大学生思想政治工作范式的基础上,充分发挥网络技术和新媒体技术的特点和创新性,将两者结合起来,增强大学生思想政治工作的活力、时效性和实效性。二是网络技术和新媒体技术再发达、再强大,也不可能代替人与人之间面对面的沟通。人与人之间的相处,大学生思想政治工作者和大学生之间的相处,同样都要靠良好的沟通,沟通顺畅了,大家彼此理解认同了,师生关系和谐了,

大学生思想政治工作的效果才能有基本的保证。

一场生动活泼的报告会，带给大学生的直观体验、榜样示范，是网络和新媒体这些工具介质绝对无法企及的；一场生动鲜活的思想政治教育课，带给大学生的价值认同和无穷魅力，是网络和新媒体这些工具介质绝对无法企及的；一次推心置腹的谈心谈话，或是心灵抚慰，或是行为劝导，或是学业鼓励，带给大学生的人生体验和心灵震撼，网络和新媒体这些工具介质绝对无法企及。所以说，对传统的大学生思想政治工作的范式有个基本的、科学的判断是多么的重要。有了这样一个基本的、科学的判断和理解，我们就不会对传统的大学生思想政治工作范式一味的"嫌弃"、一味的贬损，而是善加用之，推陈出新。

（写于 2018 年 3 月 29 日）

毕业时，只有考研一条路？

前不久，考研成绩出来了。几家欢喜几家愁。

坐班车的时候，无意间听到两位同学在讨论考研的事情。俗话说，听锣听声，听话听音。我能够明显的感觉出，一位同学的成绩应该不错，已经过了国家线，应该是可以参加复试了；另一位同学的考研成绩应该是不太理想，离复试线差了几分。在两位同学的交谈中，可以明显感觉到那位考研失利同学的自责和不甘，话里话外透出来的是那种对考研成功同学的羡慕，甚至还有些许的"嫉妒"，给我留下了深刻的印象。对此，我想对她，甚至是对所有的毕业生说，考研成绩不理想，有点小失落，可以理解。但是我想问的是，大学毕业时，我们是不是只有考研这一条路呢？

显然不是。但为什么这位同学还是如此失落呢？原因大概有以下几个：

第一，付出的辛劳白费了。班车上的这位同学，在向同伴诉苦时，始终强调的就是这一点。这是不是可以理解？当然。大家准备考研多则好几年，少则一年，即便是时间再短，最起码也是起五更睡半夜，那个受折磨的体会又岂能一个"累"字了得。但是话又说回来，事物都有两面，失之东隅收之桑榆。虽然部分同学在考研中失利了，但是在准备考研的过程中那份理论知识的累积,情感的体验,心理的调节,那些没有选择考研的同学是不能真正体会的。很好地注意到事物的积极面,心态积极点,收拾心情,继续演绎自己未来生活的精彩和完美,这是必须的,也是最可行的一步。毕竟考研,说到底,只是大家大学生活的一个组成部分而已。

第二,感觉面子上有点过不去。这分明是虚荣心在作怪。有这样心理的同学,极有可能是最初的时候,对考研结果的估计太过乐观,感觉只要是自己付出了,认真准备了,肯定就能考得上。有的同学对比周边的或者上一届的同学,说他们的学业成绩和自己差不多,甚至总体情况还不如自己,最后他都考上了,就想当然的认为自己考研成功也应该很有把握,这样的一种心态可能深深地影响了自己的心理状态和整个备考过程。

第三,患得患失害死人。有的同学,大学期间的学业成绩可能有机会参加原先的考研保送,或者其他也是很好的机会,但是最终自己选择(有的甚至是毅然决然的)放弃。考研成绩出来了,成绩不好,现在却又后悔了。我想说的是,大学毕业季,大家肯定会面临许多选择,但是事实上很多时候鱼与熊掌不能兼得。只要你的选择是有"渊源所自"的,选择的当口你没有后悔,现在就不要轻言后悔,就不要轻易拿这个说事儿。人的一生中,谁又能保证自己总是能在最合适的时间、最合适的地点做出最合适的选择? 再说,既然选择了,就证明你有接受挑战的勇气和信心,这又何尝不是值得嘉许自己的一件事呢? 这个时候,大家需要做的是对自己的选择,多一份鼓励,多一份肯定,少一些动辄得咎的胡乱归因。

第四,备选方案缺失。这是一些把"宝"完全押在考研的同学的心态。由于过去把所有精力都放在了考研上,对也应该投入精力的就业择业方面的"修炼"主动排斥,什么也不管,什么也不问。学校、学院和辅导员老师给大家培训的未来发展选择问题、职业规划问题、心理调节问题,一点也听不进去,完全沉浸在自己的世界里。每逢此类活动,有的同学总会找到各种理由请假缺席,许多集体活动中培训过、讲解过的问题,在这些同学这里可能是没有任何概念。

有的同学不免会问,事已至此,下一步怎么办?我没办法改变你考研的结果,但我倒是可以试着谈一下以后遇到类似事情的处理办法。

第一,凡事预则立。也许有的同学说,班车上的这位同学的考研准备工作不一定做的不好啊。当然了,班车上的那位同学,我们不知道她的具体情况是什么样的。我们只是试着就在毕业生中间存在的这种心态进行分析。没有坚苦卓绝的准备和积累,没有"预"则不"立"。道理很简单,你潦草的准备、心不在焉的应付,到时候你会成功,凭什么呢?

第二,对自己要有个理性的剖析。遇事,将要做决定之前,我们要对自己的实际情况、兴趣点、可以借助的资源有个预估。这时候,自己的分析可以作为一个主干,还可以听取一下任课老师、辅导员、同学或闺蜜的意见,综合起来形成的决定,也许有着更好的操作性和可行性。考研,本身就是一件不容易的事情。没有良好的分析和研判,只有临时起意的勇气,抱着撞大运的想法是不会成功的。想要做好一件事情,实现的筹划是必须要有的一个环节。

第三,做事不要跟风。做事跟风,这是人们的一个普遍心态。这种心态,从心理学上进行解释,也许有其学理上的依据或有其必然性。但是我们不能拿这种必然性搪塞我们的选择,事事跟风,处处跟风,那么,你的独立判断呢?有的同学会说,大家都考研,班里的同学考研的占大多数,宿舍里的人大都也考研,那我不考研"情何以堪"啊!这一部分同学往往采取的行动就是,不管实际情况怎样,不管自己的真实想法是什么,不管适合不适合自己,反正考研报名时先报上再说。貌似,这个时候不报名,特"跌份儿"似的。跟风,跟不来真实的自己。

第四,凡事向前看,大不了从头再来。遇到挫折,兴致可以不高,情绪可以低落,但是要记住,一时这样的状态可以,长时间如此不足于取,"破"罐子破摔更是要不得。大学毕业时,考研并不是大家的唯一选项,并不是生活的全部。人生之事,不如意者十之八九。面对既成事实,我们要学会坦然面对,大可不必妄自菲薄。也许,真正的成功不是你现在取得了什么荣誉和光环,而是在未来的人生中,遇到不可避免的挫折,你成功的应对才是答案。

（写于 2017 年 3 月 21 日）

"四个一"：做好大学生党建工作的"法门"

　　大学生党建工作是高校辅导员工作的重要内容,其重要性毋庸置疑,应该下大气力抓好。但是对于刚刚入职的辅导员来说,面对一踏上工作岗位就扑面而来的烦杂事务,怎么克服一个"新兵"的忐忑,有条不紊的做好学生党建工作,最大限度发挥学生党建对大学生思想政治工作的助推作用,这却又是辅导员必须要静心思考的问题。我认为,年轻辅导员应该学会删繁就简,把思考或者努力的重点,集中在创新党员教育管理模式上,抓好源头管理,贴近大学生学习和生活实际开展工作。

一、引导大学生党员践行宗旨——做"一面旗帜"

　　全心全意为人民服务是我们党的根本宗旨。对于在校大学生而言,怎样有效的践行党的这一根本宗旨? 有效的做法应该是重视提高学生党员的责任意识,要求并引导他们遇事勇于担责。低年级学生党员数量较少,年轻辅导员相比较"老"辅导员更应该树立这样的工作理念:工作是为了学生,也要培养和依靠学生。为了学生,就要让学生可以感知的到,可以看得见摸得着;

依靠学生，首推要重视发挥党员同学在学生活动中的骨干作用。责任意识是党员必备的基本素质。年轻辅导员在学生党建工作中，要紧紧"抓住"为数不多的学生党员骨干，重视培养他们的责任意识，可以尝试通过"压担子""搭梯子"，以此为抓手，教育引导学生党员勇敢承担其自身应该承担的责任，处处严格要求自己，在同学中间树起一面旗帜，增强党在青年学生中的威信，增强党的凝聚力和号召力。

二、引导大学生党员自律修身——做"一根标杆"

"道虽迩，不行不至；事虽小，不为不成。"在党员自律修身方面，年轻辅导员要立足所负责年级的实际情况，引导学生党员从学习、工作和生活的点滴做起，从小事着眼，从实处着手，要求他们在自律方面成为"一根标杆"，力争实现积跬步而至千里的目标。低年级为数不多的党员同学只有严格自律，才能更好地发挥党员应有的作用，团结带领其他同学坚定理想信念，在日常学习和工作中创先争优。另外，在大学校园里，学生党员是党的形象的直接体现，周围的同学就是通过自己接触到的党员同学，来感知党的形象。学生党员形象的好坏，将直接影响周边同学对于党的信仰和政治上的认同。学生党员处处是榜样，时时是楷模，不是一句空话，需要党员同学严格自律，身体力行。日常管理工作是学生工作的重要组成部分，年轻辅导员要严抓学生党员的日常教育和管理，要注重通过深接地气的党员教育活动，教育所有的学生党员做任何事，必须先从小事做起，从点滴入手，对于发现的问题，敢于批评，及时提醒，"红红脸出出汗"，真正帮助他们树立"天下大事，必作于细"的观念。

三、引导大学生党员抓促学风——做"一个领舞者"

学生党员,首先是一名学生,然后才是一名党员,学风建设也是学生党建工作中的重要一环。年轻辅导员要注重以学风建设活动为依托,教育引导学生党员,要把专业学习放在非常重要的地位,要在专业学习中起到一个"领舞者"的作用,努力在专业学习中做出表率。刚刚步入大学,低年级同学刚从高考的硝烟里突围成功,很多同学很容易放松对自己的要求。年轻辅导员要引导大学生党员明确他们在学风建设中的角色定位,教育他们要结合自身优势,充分发挥自身在思想认识、专业学习、组织纪律、活动参与、班级管理、宿舍建设等方面的引领和示范作用。同时,年轻辅导员还要引导学生党员把支部活动与班团活动、学生会活动联系在一起,将支部活动与学风建设活动结合起来,通过各种活动和实践凝聚人心,带动班级和学校学风建设。

四、引导大学生党员关心同学——做"一缕阳光"

境界决定世界。学生党员因为和同学朝夕相处,在服务师生方面,有着自身天然的优势,年轻辅导员要在实际工作中充分利用这一特点,发挥自身的工作向心力和"黏性",教育引导学生党员把自己的人生追求与为同学服务的宗旨结合起来,在竭诚奉献,关心服务师生中散发自己绚丽的光彩,做困难同学生活中的"一缕阳光"。刚刚步入大学校门的同学,大多数人都是第一次远离父母在外求学,难免会有想家、失落的时候。年轻辅导员可以通过建立党员示范岗、党员定点联系同学等措施,要求学生党员要多关心同学,及时发现同学生活中出现的问题,并想办法帮助解决。

(写于 2017 年 3 月 17 日)

辅导员:要做个"自变量"

最近,经常辅导孩子数学作业的原因,对数学上的"自变量"的概念有了更深刻的认识。原来上学的时候,只是当作一个数学概念去学,现在反过头来再看,感觉挺有意思。"自变量"是相对于"因变量"而言的,两者之间相互依存的,没有自变量就无所谓因变量,没有因变量也无所谓自变量。简单说,自变量是指由人主动作为,而引起因变量发生变化的因素或条件,因此自变量被看作因变量的原因。因变量是因为自变量的变化而产生的现象变化或结果。由此,联想起了辅导员的工作。辅导员是大学生的人生导师,是大学生成长的引路人。辅导员老师既是学生思想教师,也是学生的知心朋友,在与学生共同工作、学习、生活的中间,辅导员的人格魅力对学生价值观的形成有其极大的影响。

在高校学生工作中,辅导员也应该善于做个自变量。通过自己孜孜不倦的学习、工作理念的践行、具体工作的开展,对学生产生直接或间接的影响,让学生主动接受理论熏陶、行动影响,进而产生我们所要达到的意识自觉和行为自觉,进而实现成长成才途中一路揽胜。怎么去做,辅导员才能做一个合格的自变量?

一、要实现理论自觉

　　理论不清,就会腰杆不硬,就会方向不明,就会难有作为。辅导员的工作具有"与生俱来"的政治属性。若是一个辅导员对社会发展规律缺乏科学的、系统的认识,要是再要求他熟练地运用辩证唯物主义和历史唯物主义的观点去教育和引导学生,深入细致地做好大学生的思想政治教育工作,这是不可想象的事情。既然辅导员工作的属性是明确的,那么要想很好地提升辅导员自身的工作素养,辅导员必须要注重提升理论自觉。重视学习经典、学习党和国家的大政方针,并广而告之、引且导之,不能找出千般万般的理由实行"无为而治"。辅导员只有在工作实践中思考、探索、反思,主动且善于探寻教育发展的规律,提升理论自觉,加强对理论的主体性运用,在运用中形成有个性的表达,整体提升自身理论素养,才能有效增强大学生思想政治教育的理论底气,促进高校辅导员实践能力的提升,提升大学生日常思想政治教育有效性。

二、要实现效能自觉

　　时代的进步和环境的变化,更加多元与复杂烦琐的事务性工作,愈演愈烈的社会竞争,这些都对辅导员的工作韧性、胜任力提出了更高的要求。要解决职业胜任力的问题,辅导员必须创造条件提升自我效能感。自我效能感是指个体对自己能力的一种确切的信念(或自信心),它不是指一种能力或者技能,而是对自我能力或者技能的自信程度。自我效能感对于提高工作绩效、增强工作动机、改善工作态度都有重要意义。从辅导员自身的角度,辅导员要想提升自我效能感,要重点解决好价值认同与自我认知的冲突问题、精神压力和心理压力剧增的问题、知识结构和能力水平无法胜任工作的问题。基于此,辅导员提升自我效能感必须要加强学习,加强修养,善于做好自我调适,不断提高工作胜任能力。

三、要实现行为自觉

辅导员是学生的引路人,是人生导师,言语和行为不能错位,甚至是失位,要有良好的行为自觉。道理很简单,你是怎么做的,学生就是怎么看的,就是怎么学的。辅导员要是能做到真诚的对待学生,工作中以身作则,学生就愿意接受他、信服他,辅导员对学生的影响力就越大。辅导员要给学生传递满格的"正能量",给学生树立积极正面的榜样,要通过不同形式分享自己的一些想法,以坦诚的交流、让人信服的行动,激励学生扣好人生的每一粒扣子,走出人生的精彩。

(写于 2017 年 6 月 1 日)

勇挑重担才会流光溢彩

2017 年 5 月 3 日，习近平总书记在考察中国政法大学时对当代青年绽放青春光芒、健康成长进步寄予殷切期望,强调:"当代青年要树立与这个时代主题同心同向的理想信念,勇于担当这个时代赋予的历史责任。"

"功崇惟志,业广惟勤。"青年大学生作为国家和民族的未来和希望,在建设社会主义强国和实现中华民族伟大复兴的伟大进程中，不能也不应缺席。青年大学生要担当起时代赋予的历史责任,必须坚定理想信念,练就过硬本领,让青春在勇挑重担中流光溢彩。不过,身份还是学生,还处于人生积累阶段的青年大学生,如何挑起这付重担? 如何无愧于这个伟大时代呢? 我以为,青年大学生可以从以下四个方面做起。

一、先定个小目标

大学期间是青年大学生性格定型的阶段，也是青年大学生迈向社会的准备期。这期间,青年大学生的首要任务就是了解自己:自己的特质是什么? 与当前的专业契合度有多少? 将来选择何种职业? 与要选择的职业要求之间还有多大距离?如何利用大学四年的时间去弥补这些短板?答案只能是,尽早开始职业规划,规划好自己的大学生活。定个大目标有难度的话,不妨先定个小目标。只有在充分了解自己的基础上确定下来的目标,才能真正为青年大学生的学习和生活"赋能加油"。阶段目标清晰明确,且具有"跳脚"就有"够到"的可实现性,那么这个目标所能激发的韧劲和毅力就不会轻易萎凋。实际上,不仅大学期间是这样,人生的每一个阶段也都是如此,做任何事都需要给自己定一个清晰明确的"小目标"。尤其是大学毕业后,大家步入职场,走上工作岗位,当面对更为复杂、更为挠头局面的时候尤其需要如此。若是没有一个工作目标,只是"做一天和尚撞一天钟",最终受损的只能是你自己。

二、保持一点好奇

现如今,面对瞬息万变的世界,部分青年大学生缺乏一种对于生活应有的激情,找不到前进的动力,遇到问题缺乏应对的方式方法,碰到困难就习惯性地选择退缩,"躲进小楼成一统",还美其名曰"战术性迂回"。之所以出现这种情况,有外界的因素,但更多的原因源自自身。青年时代的主题理应是丰富多彩的。相较于其他社会群体,青年大学生应该对时代和社会多一分"与生俱来"的好奇和敏感。无数事例证明,青年大学生只有保持着对外界的好奇和敏感,才能不断突破自己,才能激发出自身的那种韧性和张力,直面外界的机遇和挑战,担负起自身应该承担的家庭和社会责任。如何做到这一点?一是要紧跟生活的节奏。大学阶段,学生自由支配的时间较多,因而需要较强的计划能力、自学能力、自制能力和自主性。青年大学生要主动适应这样的生活节奏,让自己保持对生活的好奇心和新鲜感,为成长提供螺旋式升力。二是要善于激发自己前进的动力。在日常的学习和生活中,青年大学生要善于激发自己的潜能,不妨每天给自己添点所谓的小"激励",时常给自己制造点小"障碍",用类似的"软招"实现对自己的"硬约束",努力让自己找寻到学习和生活的新奇和"刺激"。三是决不能放松自己的学习。"人学始知道,不学非自然。"正如习近平总书记在中国政法大学考察时强调的那样,青年大学生只有利用难得的大学时光,把学习作为一种责任、一种生活方式,对新知识保持一种即时的亲近感,才能真正认识世界的广博和新奇,才能不断充实自己、武装自己,为青春时光永久续航。

三、多一点正能量

青年一代是国家发展、民族进步的不竭动力和源泉,社会的发展与进步当然需要青年大学生积极参与,努力付出,这种责任与担当是不能回避的。对于青年大学生来说,要做到这一点,很重要的一个方面就是要保持一种昂扬的精神状态,为大学校园、社会多提供一点"正能量"。时下,一部分青年大学生因为迟钝于学习和生活的压力,整日与网络和手机"缱绻"在一起,找不到生活的目标,少了一些青年大学生应有的朝气和活力,"正能量"无从谈起。青年大学生要学会享受大学时光的正确"打开方式",应该是利用大学期间有形和无形的资源,为自己未来的发展谋求助力。大学生活中,青年大学生除了正常的学习和生活外,更应该对社会公益事业多一"度"热爱,积极投身社会实践,传递爱心,让自己的人生得到升华;应该学会百折不挠,用积极的心态去面对生活的挫折;应该做一个有抱负有担当的人,能够清楚地知道自己身上肩负的重任。这些举动都是在释放正能量。

四、做一个行动派

众所周知,人要想成就一番大事业,在思路或方案已定的情况下,必须要有强大的执行力做后援和保障。对青年大学生来说,更是这样。光有冲天的梦想、凌云的志向,而没有来自内心的自觉,没有无人值守的自律,那么那些梦想和志向都只能是浮萍。青年大学生要做一个成色十足的行动派,就要有良好的行动自觉。在日常的学习和生活中,你要时时提醒自己,应该做的事情是不是已经做到了? 应该完成的任务,是不是已经完成了? 应该努力改正的方面,是不是已经改正了? 要学会从身边的小事做起,老老实实做人,踏踏实实做事。还要有符合这个年龄段的果敢和干练,计划好的事情就要尽快去执行,不要过多纠结于不必要的外界干扰。千里之行,始于足下。积跬步,必致千里。

（写于 2017 年 5 月 11 日）

"蹭"热点，有何不可？

　　网络时代，人们对于那些紧跟社会热点，提高关注度，谋求形成巨大传播效应的行为叫"蹭热点"。对于明星来说，蹭热点可以提高曝光率，为自己的演艺事业奠定基础；对企业来说，蹭热点可以提高企业知名度，进而提高企业效益；对于网络大"V"来说，蹭热点更是其维持或提升其影响力的惯用手法……那么，对于高校辅导员来讲，是不是也可以"蹭蹭热点"，利用社会热点的高聚光效应，开展好自己的工作，提高育人成效呢？答案是肯定的。

　　其实，"蹭热点"的过程就是借势借力的过程，处理得当，效果是显而易见的。这是因为热点"自带光环"，它很能吸引大家的注意力，大家都近乎着迷地关注这个话题。这时候，如果辅导员能够把现实生活中的这些热点，运用学生熟知的方式或语言，或因势利导，或及时辨析，或解读释疑，必定会获得学生的关注和"围观"。此时，辅导员工作的受众面和工作效果是可以给予乐观预期的。

一、辅导员必须对社会大环境理应"敏感"

"蹭热点",本身就是一个网络词汇,是网络时代的特有产物。社会上、校内外这些所谓的"热点",本身就都是人们日常生活中非常关注的方面,本身可能就是显性或隐性的社会舆论焦点,只不过平时没有表现出来,借助于某一个事件(有时候非常小)才得以深度发酵,引起社会广泛关注。对于这些"冒"出来的热点社会事件,通过各种媒介,尤其是网络媒体的持续发酵,大学生能够很容易了解到相关信息。虽然这些消息不一定经过核实或过滤,但是类似这样的"大流量"信息进出学生视野,肯定会对大学生的认知和判断产生直接和间接的影响。假若我们的辅导员无感,不敏感于对事件的判断和引导,可能工作中的大好时机就错过了。虽然说,凡事有因就有果,有果就有因;虽然有时候,我们不是当事人,在权威发布之前不能匆忙下结论,但是有些时机,有些好的素材,辅导员绝对不应该错过。其实,辅导员完全可以利用所学,从不同的角度教给学生如何能更准确地了解事件的始末原由,认知这种现象背后隐含的意义,教给学生如何去判断,如何去看待,如何形成自己的观点,如何决定自己的行动。

二、辅导员必须对学生的所思所想有准确的"把握"

辅导员的工作对象是特定的、固定的,那就是我们的大学生。现在的大学生是"网络一代",是伴随着网络时代的发展进步而成长起来的一代人。他们对网络的认知、理解和运用,对社会热点的关注,有着近乎本能和下意识的反应。对于学生身上的这些特点和变化,辅导员必须保持足够的敏感,必须因应工作对象身上的此种改变,否则工作难找依托和根基。对于这种普遍的现实,对于学生的这种普遍的特点,很多时候,很多节点,都需要我们的辅导员主动"现身",主动靠前工作。说到主动靠前工作,实际上,很多时候并不需要辅导员"一本正经"的讲解和背书,更不是集合学生展开长篇大论的谆谆教导。辅导员要学会四两拨千斤,有的时候可能是一个留言、一个回复、一个表情,只要能表明我们的态度,起到提醒和引导的作用就可以了。只有学会这样,辅导员在网络空间和学生交流的时候,才有可能获得学生的信任,才有可能让学生觉得辅导员老师是"懂得"他们的,辅导员才能收获自己的"粉丝",不招人"嫌"。辅导员唯有与学生实现"同频共振""惺惺相惜",彼此"懂得",对学生的所思所想有及时准确的把握,才有可能实现无障碍的"互联互通",学生才有可能心甘情愿地接受辅导员的教育和引导,才能最大程度上减轻工作当中不必要的磕绊和迟滞,切实提高辅导员工作的时效性和实效性。

三、辅导员必须要学会对社会热点进行有效"解读"

既然,辅导员工作中"蹭热点"有其必要性和可能性,那么,这其中最关键的一步是什么呢?笔者认为,最迫切需要的是辅导员必须要学会对社会热点进行合乎常理常情且正确有效的"解读"。否则,即便辅导员工作中对社会热点进行了关注,但没有自己的判断,只是停留在"炒冷饭",甚至是"人云亦云"的层次,那么这种关注意义不大,有时候甚至会起相反作用。怎么解读?首先要符合工作上"规定或固定"的理解,其次要有辅导员依据做人做事的基本常识的判断。辅导员工作有其自身"硬"的约束或规范性。党和国家有明确的制度性的规定和界定,辅导员必须要满足这种基本的工作要求。比如辅导员要把学习和践行社会主义核心价值观,把落实立德树人根本任务,把培养社会主义合格建设者和接班人当作自身责无旁贷的任务来完成。离开辅导员工作中的这些基本规范性，辅导员工作就失去了其存在和接续的理由和价值。这是绝对不行的。辅导员在工作中"蹭热点"，利用社会关注点来开展工作，还必须要有基于做人做事的基本常识的判断。辅导员不仅是工作者，不仅是学生的"知心朋友"，更是学生的"人生导师"。当学生面对社会上形形色色的问题，囿于各种原因不能做出准确、清晰判断的时候，辅导员必须教给学生做人做事的基本知识和经验，既要做老师，也要做朋友，要让学生明白什么是能做的、什么是不能做的，什么是做人做事的基本面，什么是绝对不能逾越的底线和红线。

（写于 2017 年 9 月 11 日）

如何避开工作中的"灰犀牛"

　　灰犀牛,生长于非洲草原,体型笨重、反应迟缓,你能看见它在远处,如果对它毫不在意,可一旦它向你狂奔而来,憨直的路线、爆发的攻击必定会让你猝不及防。2013年1月,美国经济学家米歇尔·渥克在达沃斯全球论坛上首次提出"灰犀牛"这一概念,他用"灰犀牛"来比喻大概率且影响巨大的潜在危机。其警示意义在于,危险并不都来源于偶然的灾难、微小的问题,更多的是显性问题而我们长久地视而不见。对于高校辅导员来说,如何在工作中避免出现"灰犀牛"事件呢?

一、对工作的认知要到位

　　辅导员的位置很重要,也有自己的特点。作为工作的当事人、参与者,高校辅导员必须要在工作认知上到位。大学校园里,高校辅导员与学生联系最多、相处时间最长、接触最频繁,是高校学生工作的具体组织者、实施者,扮演着指导学生在校期间德、智、体、美、劳等全面发展的角色,在高校人才培养工作中的作用是不能否定、无可替代的。事多、面广、工作杂、压力大,这是辅导员工作的特点。这样的工作特点，客观上和主观上都需要辅导员必须在工作中保持长时间的注意力集中，精力投送必须稳、准、及时、有效。辅导员要善于观察，要善于集汲信息，对一些苗头性的东西、对一些显性存在司空见惯的"小"的问题，要见微知著，做好预判，提前介入，掌握处理问题和做好工作的主动权，避免出现"大"的问题，避免出现所谓的"灰犀牛"事件。

二、了解学生是"必须"的前提

只有了解学生，对学生中间的特殊情况、有关信息，能够及时、准确、完整的知晓，才能不昧于事实，做出正确的判断，采取正确的处理，制服"灰犀牛"。一是现在辅导员带班的数量相较以前是大大增加了。由于负责的学生数量多，助、奖、贷、勤等日常管理工作相对繁重，辅导员要想实现对学生思想动态的"同步直播"，难度大大增加了。由于精力有限，辅导员往往很难实现与每一个学生之间深入的了解与沟通，而缺乏深入的了解和沟通，就很难保证辅导员日常教育管理与思想政治工作的有效性。二是现在的学生思想活跃、思维开阔。现如今新媒体大行其道，学生获取信息、了解新鲜事物的途径大大得到了拓宽和深化，这使得学生自己对新生事物的理解，对社会都有自己独特的理解和判断，甚至有的时候这种理解和判断还明显有别于辅导员所代表的"社会正统"的理解和判断。这种现实状况，客观上要求辅导员必须和学生的思想"和谐共振"。没有对自己学生的充分了解，想要做好学生的服务管理工作，无异于缘木求鱼。三是学分制的普遍推行，使得相对固定的自然教学班的存在和运行越来越难，学生的班级观念在逐渐淡化，给学生管理工作带来了一定的困难。由于上课分散、宿舍分散，现在辅导员和学生之间的常态联系"工具化"倾向愈发普遍和明显。

三、给学生一点有"底线"的宽容

学生由于自身知识、阅历的局限,看待、处理事情不可避免会存在这样那样的偏差,这并不为怪。学生犯错,只要不是原则性问题,辅导员要学会以一种比较宽容的心态来看待学生的犯错,应当理智耐心地分析并加以处理。学生犯错误后,辅导员要及时抓住工作"转化"的机遇,给予他们帮助,激起他们继续前行的热情和信心,使其正确的行为不断得到强化、巩固下来。但是这里有一点必须要明确:鼓励和宽容是有原则的,不是一味的宽容,不是纵容。很多时候,丢掉原则的"宽容"和"得过且过",恰恰是最要不得的,也是"灰犀牛"事件发生的"引信"。辅导员必须坚持"热情服务"与"严格执法"相结合。只有宽严适度才能教育好学生。部分大学生自控力不够,辅导员工作中在强调以学生为本的同时,也应该重视制度管理、制度服务,使自律与他律、内在约束与外在规范有机结合起来;把积极引导同严格管理、耐心教育同规范治理密切结合,做到严格要求而不苛求,尊重信任而不迁就放任。给学生一个有明确"底线"的宽容,让学生树立起规则意识,要让他们明白什么是可以做的,什么是不可以做的。学校是社会的缓冲地带,学生在学校里树立起了规则意识,毕业走向社会就会少一些挫折,有助于他们迅速找到自己所属的社会角色。

四、帮学生解决问题是把"开门的钥匙"

对于做好高校辅导员来说,工作中要想有效预防"灰犀牛"事件,了解学生的所思所想,知晓学生群体中间的信息,只是做好辅导员工作的初级介入。"灰犀牛"事件的发生自有其背后深层次原因,自有其特殊情况存在。找到原因后,有了基本的判断后,这个时候高校辅导员要善于解决问题。这才是从根本上解决问题的方式。工作是需要抓手和切入点的,学生关注的这些问题就是辅导员工作很好的抓手和切入点。帮助学生解决实际问题是个打开学生心门的"钥匙",辅导员一定要经常深入学生宿舍、食堂、教室、社团等之中,了解学生的实际困难和需求,协调相关部门共同帮助学生解决实际困难;若是超出职责之外,实在解决不了的问题也要及时反映到学校有关职能部门,并及时跟进。不怕慢,就怕站。很多时候,学生反映的这些问题,对辅导员来说可能是件很"小"的事情,可对学生来说不一定就是件"大"事情。我们必须要有这样一种工作理念:党的政策,学校的工作,具体到每个学生身上,就是真切体现到每一件具体的事上。这些事看起来是些点滴小事,但却紧贴学生生活的实际,直接影响学生对党的政策和学校工作的体认,辅导员必须要管好。

五、严于律己是根"定海的神针"

辅导员作为高校学生工作的主要当事人,对于学生,对于自己的工作对象,要有行为上、情感上和制度上的影响和要求,这对预防"灰犀牛"事件是必要的。但是辅导员对于自身,是不是也应该有一种基本的约束和要求呢?答案是肯定的。大学生可塑性强,模仿能力强,辅导员的一言一行必将对学生产生非常大的影响,这就要求辅导员做好学生的榜样和表率,严于律己。"接物见霁月光风,持身则严霜烈日。"诚如诗言,辅导员在工作中应该努力做到,待人接物要像雨后明月和初晴的风那样柔和,要求自己要像严寒霜雪和猛烈太阳那样严厉,严格要求自己的品行,加强自身的品德修养,树立良好的自我形象,以高尚的言行,敬业的工作态度,关心、爱护学生,以自己的言行感化和教育学生,增强思想工作的实效性,真正为学生的成长成材保好驾、护好航。

（写于 2017 年 8 月 23 日）

工作的基本面,不能丢

　　时下,在大学生思想政治工作实践中,不管是在主管部门的理念里,还是在辅导员的潜意识里,有一种倾向越来越突出,那就是工作的过度工具化倾向。大学生思想政治工作的过度工具化倾向,时下主要表征为对网络工具的深度依赖。如对学生调研测评中网络调研工具的依赖,对调研测评数据不加选择的使用,对调研测评结果的深信不疑;如对网络社交软件的过度依赖,等等。

　　通俗地讲,很多大学生思想政治工作从业者,貌似离开网络工具就不知道工作该怎么切入了,不知该怎么干了。工作中,所谓的创新,更多的也只是把原来传统的工作形式和内容搬到"线上",换了瓶子没换药;所谓的创新,更多的时候也只是把自己和学生"留置于"网络空间,至于效果,一个是不好把握,另一个也没有具有针对性和可行性的评价标准可以参考和考核。

　　对于大学生思想政治工作,尤其是对辅导员来说,工作的成效如何,或者说工作的标准,不需要过度的高大上,更多的还是要有"人间的烟火味儿"!过于高大上,过于高精尖,也许会在一定程度上迎合了时下的社会心态和需求,但是喧嚣过后,有时候你的工作反而会离最真实的你以及你的学生越来越远。

有人形象地说,大学生思想政治工作中,辅导员要让学生"遇事找得到,疙瘩解得开,心里信得过"。实际上,我认为这是大学生思想政治工作中辅导员工作的最低标准,当然也是最高标准。为什么这么说?因为,大学生思想政治工作不就是为学生成长成才服务的吗?只要能达到这样的效果,不就行了,在这里没有也不应该有什么复杂的东西。

囿于形式,迫于追求创新的压力,而去追求所谓表面的形式上的"创新",我们不需要。而那些因应现实工作需要,扎实的基础性的工作和举措,才是我们工作的基本面,不应当被人为的丢掉!

（写于 2018 年 5 月 12 日）

漫山跑马,要不得

平时工作中,免不了和所在团队的辅导员同事们聊天。话里话外,既感佩辅导员同事们对工作的热情和付出,但是也能明显感觉到部分辅导员对大负荷工作的无力感和失措感。诚然,当今时代的辅导员工作,涉及的方面可以说是越来越多,需要辅导员投入精力的事情越来越多。虽然说,辅导员群体是年轻人高度聚集的群体,年龄的特点决定了年轻人应该多承担些,这无可厚非。但是话又说回来,一个职业要想良性发展,如此这般稍显无序的工作范围和职责的界定,长此以往,会从根本上动摇辅导员职业的发展后劲儿,必定难以为继。

怎么解决?聚焦于某一校、某一域的修修补补的举措,可能会解决一时、一地的问题,但若想从根本上、从制度上解决这一问题,那么首当其冲的是如何厘清辅导员工作的边界,培养辅导员的边界意识。"辅导员"作为一个独立的职业,有其自身的自主性和独立性,有着与其他职业(校内外)自觉的物理距离和人文区隔。简单说来,在高校所有工作中,或者说在高校思想政治教育工作中,辅导员工作应该有其专属的职责约定、价值归属和文化彰显。在大学生思想政治工作实践中,厘清辅导员的工作边界,引导辅导员培育营建良好的边界意识,具有极其重要的现实意义,值得每个辅导员工作的"利益攸关方"去思考。

一、既是厘清职责也是归溯本真

在实际工作中,辅导员工作职责的界定明显存在理论与现实、制度与实践层面的剥离。之所以这样说,因为无论是从国家层面,还是从省一级或高校层面,对辅导员工作边界(或者说是职责)的规定是明确的,最起码是有明确的制度条文的,但是在具体工作中想要落实到位却并非这么简单。囿于学校或学院的传统沿袭,许多辅导员在工作中"不得不"分身,拿出相当多的精力去完成或应对非职责范围内的事情。虽然,辅导员对此颇有抵触,也许还做出过不同程度和形式的"抗争",但这种"抗争"往往会受各种因素的影响,最终还是不了了之,许多工作还是不得不照样去做。不管是从工作的界定来说,还是从工作的实际执行来说,我们应该上下结合,厘清辅导员的工作边界,培育良好的边界意识,从根本上解决辅导员工作边界不清的问题,把辅导员从烦冗的事务中解脱出来,引导其回归职业的初心和本真。只有厘清了职责,明确了边界,才能让辅导员轻装上阵,专心主业,才能提高工作实效和时效,深入推进辅导员工作的专业化和职业化进程,有效达成立德树人这一高等教育的根本任务。

二、既是尊重他人也是保护自己

厘清辅导员的工作边界,可以避免辅导员什么工作都"掺合",避免让自己介入需要专业之人才能有资格从事的工作,以免因为处置不当承担不必要的职责。也许,在高校实际工作中,各个部门之间的工作(尤其是一些管理、辅助工作等)貌似不一定都那么需要"专业背景",好像更多的是看人员的敬业态度,只要勤恳付出就行了,好像只是一个熟能生巧的问题。貌似这些工作之间的差别不是那么明显,但实际情况恰恰相反,他们各个工种之间的区别还是很大的,只不过我们往往缺乏一份关注和体认。就拿与辅导员工作紧密相关的教务、保卫、心理健康教育、财务、后勤等工作来说吧。这些工作都有自己的规范约定和核心要件,假若让一个没有经过专业训练的"非专业人士"——辅导员"上手"去做,显然不合适,也不科学。殊不知,专业之人为专业之事,我们都应该懂得这样一个道理。这种情形之下,不管是学校主管部门,还是辅导员自身,都要学会区别,到位而不越位,建立起明确的边界意识。说到底,这是一种尊重,是辅导员对相关部门人员人格尊严和专业水准的尊重,是相互之间对各自工作空间的尊重。当然了,这除了涉及一个尊重的问题,还涉及责任问题,因为只有工作边界清晰,责任也才能清楚界定。

三、既是延续传统也是推陈开新

辅导员只有具有"强度"适中的边界意识,才能自觉不自觉的尊重并内化相关规范、制度、文化,延续职业的传统;才能有意识无意识的外化并固化其有效习得,彰显"辅导员"这一职业独特的气质和内涵。不管是对"辅导员"这一职业来说,还是对任何一种职业而言,其发展历程本身就是一个文化和技能的逐渐累积创新的过程,新进投身其中的人,都要对自己职业的过往和传统有一个基本的尊重。辅导员培养自己的边界意识,既能廓清自己的职业边界,又能沿袭职业的传统,同时又能对工作上的推陈开新提出自然而然的要求。边界意识的厘清,培育了辅导员自身的场域意识,会有效激发辅导员自身对于职业的责任感和使命感,增强工作的主动性,这对其工作创新会产生强大的助推,对帮助他们在最大程度上找到职业的"正确打开方式"不无裨益。

(写于 2018 年 6 月 26 日)

辅导员专业化,须自有天地

或曰:辅导员之专业化,应择其所善一域,着力为之,方为善途。或日常教育,或理论宣讲,或创新创业,或心理纾困,或学术科研,不一而足。

孰不知,辅导员之专业化,此命题由来久矣。若论及其本真,须从长计议,绝非一技一巧而矣。着力于一技一巧,谓此辅导员之专业化者,实乃微其本真,亦或有以偏概全之嫌。

我认为,辅导员之专业化,当今之法,辅导员应立足广泛涉猎之上,对其工作之核心要义——立德树人要尤为着力。此乃浚其根源之法,扼其冲要之举。

因辅导员工作,以育人为要,与此干系着,皆须涉猎。究其根本,社会分工高度细化之今天,无人事事皆能,无人诸工皆专。然则是否皆须精通耶?非也。

与其分而治之,散而习之,弗若采择专擅,导而用之,引专业之资源而为我所用。人言:专业之人做专业之事。此至理也。

辅导员工作,根在育人。要见得树木,亦见得森林,应为学子之全面发展而殚精竭虑,尤应于助其习得做人做事之理处落脚。

诚然,日常工作纷繁之时,辅导员分其精力,择其一二,着力为之,此诚应时之所急也。不可腹诽。奈专涉一域,则易本用错位,乃治表之途。

因此,辅导员要善作整合之角,与其投其精力于末节,弗若聚众之力而用之;与其于己非所擅之域作囫囵吞枣,弗若引专业资源而用之。

或曰,皮之所存,应有凭籍。固然,辅导员之专业化须有其依托,绝非海市蜃楼之虚幻,但亦绝非一技一巧而尽然,须构建大格局,扭住育人育才总要,聚精会神而思之行之。

(写于 2018 年 5 月 28 日)

"佛系"心态要不得

随着新冠肺炎疫情防控机制调到"常态化"模式,在社会生活秩序逐渐得以恢复的同时,高校的教学生活秩序也在逐渐恢复。受惠于这种现实状况,大学生对于自己的学习模式和样态也多了选择。有的同学可以选择返回学校学习,也有的同学在征得学校同意后,仍然坚持在家进行"云端"学习,有的为了实现自己的学术梦想积极备考,有的为了提升专业素养砥砺深耕不辍等。当然了,我们不否认,也愿意相信,绝大多数同学不管最终选择了什么样的学习方式,只要自己有恒心,只要够自律,主动对接老师教学研讨活动,主动与同级同班同学保持同频互动,其学习状态是可以给予正向预期的,学习成效也应该是能够确保的。

但是我们也不得不承认,部分大学生面对新冠肺炎疫情防控常态化的情形,不自觉的调低了自己发展的预期值,在很多事上过于强调外在环境的不利影响,减淡了求变求新的动力,少了青年大学生应有的一份英气、锐气,或多或少萌生了一份"佛系"的心态。这并非无端的揣测和腹诽。在具体工作中发现,在线上课堂翘课的学生有之,课后作业糊弄事的学生有之,请销假制度执行不好的学生有之,体温填报不及时、不实的学生有之,毕业论文"压线"上交但质量有待提升的学生有之，不一而足。什么是"佛系"？怎么理解。说白了，"佛系"就是随遇而安，不执著于结果，看淡一切，凡事无所谓，遇事持一种超然的处事态度。这种心态，崇尚安于现状，心态素位。

新冠肺炎疫情常态化之下，部分大学生之所以会出现这种"佛系"的心态，原因有以下三点：一是缺一个"跳脚就能够得着"的目标。目标和动力的缺乏，尤其是眼前目标和动力的缺乏，这是部分同学中存在的一个老问题了。即便是没有遇到疫情，部分同学也是少于、怯于或者说不愿意对自己的学涯和生涯进行好好的规划，满足于"眼前的熟稔"，缺乏一种对"诗与远方"的憧憬和向往。二是自我管理的"短板"有待于补上。因为疫情期间，学校在教育管理工作上或多或少存在着相较于常态化模式之下的短板和盲区，线上和线下工作的"桥连"不畅，工作中稍显"鞭长莫及"，部分同学就无形中放松了对自己的要求和约束，加之原先本就缺乏自律能力，此时，自我管理就成了部分同学的软肋，在很多事情上，甚至是很重要的事情上，表现出了一种不合时宜的无所谓。三是掉进"安乐窝"不能自拔。疫情期间大学生不得不长时间居家学习、生活，很多父母很珍惜这一与孩子难得的相聚时机，在生活上对孩子进行了无微不至的照料，一切的一切都安排的妥妥的，部分学生的日常起居"巴适"的很，啥事也不愁，有的甚至是啥活也不干，晚上不睡，早上不起，长此以往，有的学生在学习目标上的聚焦能力就降下来了，开始"散光"，前进的动力或多或少变得弱势。

既然，"佛系"心态要不得，那么，新冠肺炎疫情防控常态化背景下，作为新时代的大学生，该如何去做呢？有四点建议。一是聚焦主业，摒弃干扰，化危机为机遇。疫情防控常态化的现实，不仅对新时代大学生的适应能力提出了挑战，而且对他们的耐心和毅力也提出了更高的要求。新时代大学生要学会聚焦学习这一主业，摒弃与主题无关的干扰，不妨把这次新冠肺炎疫情当作一次潜心修炼，努力提升自己的机遇，化"危"为"机"。努力学习，是大学生自然而然的主业,若是主业没搞好,不管对哪一方面都交待不过去。二是主动调整,积极应对,化被动为主动。疫情防控常态化背景下,虽然防控举措做了调整,但是毕竟和疫情前的生活状态相比还是有区别的。新时代大学生不应该埋怨、牢骚满腹,正确的态度是学会主动调整,积极应对,在努力适应和改变自己的过程中,借势借力,整合有效资源为我所用,化被动为主动,为自己顺利完成学业打牢基础,为自己顺利开启职涯铺平道路。三是做好当下,规划未来,以学涯促生涯。高校是大学生踏入社会的演习场,面对突如其来的疫情,新时代大学生要做好当下,做好大学期间和未来人生的规划,用学涯的良好表现去助推职涯、生涯的高起点。凡事预则立,不预则废。新时代的大学生,规划自己的时候,既要看脚下的路,更要看清未来的方向。四是整理思路,提升水平,积小胜谋大胜。疫情防控常态化无形中也为大学生整理自己的思路,静心思考自己的未来提供了难得的契机。大学生真的应该学会冷静的好好的思考一下自己的未来,要珍惜眼前,学会一步一个脚印的走好大学生活的每一个阶段,不因事小而不为,不因事难而推诿,切忌眼高手低,贪大图全,要稳扎稳打,积小胜而致人生出彩。

(写于 2020 年 6 月 1 日)

使尽全力,避开两种倾向

认识你自己很重要。许多人可能会想当然的认为:进得大学门,便是大学人。实际上,真不见得! 为啥这样说? 高深理论,老刘讲不来! 谈点个人直观感受还可以。大家来山东师范大学读书,可以说是来自五湖四海。既然大家自天南海北而来,那么我们每个人自原生场域带来的家庭、出生、文化、生活习惯肯定是有很大区别的,那种妄想大家刚刚"物理上"聚在一起,就立即寄希望于有"化学上"的反应,不切实际。对于人与人之间的这种相异,恰当的应对方式是不去刻意区别这种不同,去掉潜意识里的"强化记忆",我们要做的是抽茧剥丝,和而不同,尽快找到开启大学生活的内驱力,明确自己来到大学的目标是什么。仅凭热情、激情,说要怎么样怎么样,根本不具有可预期的确定性,所以不会持久。可行的办法是,大家要学会分析自己,多一点辩证法,充分认识自身的优势和不足,据此做出选择,才有针对性、可行性和成功的可能。这时候最需要避开两种倾向,一是妄自菲薄,二是妄自尊大。

先说说妄自菲薄的问题。有一种现象。我们很多同学,特别是一些来自农村的同学,看到班级或者学院开展文体活动时,很多同学吹拉弹唱样样精通,反过来看自己"样样稀松",根本"不贴边",这时候,涌上心头的往往是一种深深的自卑。给大家提供一个视角——欣赏。我们是不是可以这样来思考问题:假若我们没有那些让你人前"鳌里夺尊"的招数和实力,现在转眼就奢求立马能让你无所不能,既然在某些方面不能"领舞""做主角",我们何不干脆,报之于一种欣赏的态度,多给我们身边那些多才多艺的同学一些掌声,表达一种自内而外的欣赏。反过来,对于自己,我们要好好分析一下,自己的优势在哪里?即使有时候就连你自己也觉得有些方面比较感兴趣,也许根本算不上非常突出的特长和优势,但总比没有强吧。只要我们假以时日,用心培养,说不定有一天我们也可以"小荷才露尖尖角"呢?话又说回来,文体活动只是我们大学生活的一部分、一小部分。大学生活是多样的,我们可以力争东方不亮西方亮,南向不通走北方,锻炼自己的综合素养,要相信路有千万条,匹配的就是最好的。

再说说妄自尊大的问题。也说一种现象。一般来说,在大家日常的学习生活过程中,说话比较冲,做事比较急,缺乏耐心,有点瞧不起人的这部分同学,家庭条件都较为优渥。有的时候,他的"鼻孔朝天""目中无人",还真不一定是刻意的,往往是一种日常习惯的真实表达。大家都不妨反思一下自己,有没有这样的倾向。有类似苗头的同学,要学会反思了,要意识到自身存在的问题。要想在日常的学习生活中与大家能够友好相处,齐整自己的外部小生态,一定要注意,有的时候甚至需要刻意去纠偏。每逢这样的时候,说话的速度不妨慢一点,声音不妨小一点;做自己擅长的工作时,与人沟通不妨耐心一点,态度和蔼一点。我相信,这样来处理的话,就会好很多。再说了,假若自己确实是有点"小才能",在这样的基础上,又和大家相处和睦,你自身的良好观感和群众威信就会自然而然地来了。怕只怕,这种类型的同学,不仅自己意识不到"症结"所在,而且在别人提醒后还浑然不觉,那就麻烦了。

(写于 2020 年 9 月 27 日)

把实习加为"好友"

昨天，参加了咱们2017级的实习动员会。会上，我有三个观察，想和大家唠叨一下。想表达的核心意思，就是既然马上实习了，那就要干什么吆喝什么，把实习当回事，把实习加为你的"好友"。

观察之一：多数同学的激动心态。大部分同学，尤其是教育实习的同学，经过老师的介绍，对实习有了更多的认识。这两天，部分同学请假外出添置实习用品就是明证。这很好。因为实习毕竟是咱们整个大学任务的关键一环，更是大家以后就业求职时招聘单位很看重的方面。强烈建议大家要把实习加为"好友"，要把激动转化成行动，转化成认真准备、积极作为、干好工作的行动。期待大家实习出发有目标，实习期间有收获，实习归来有话说。

观察之二：部分同学的纠结心态。这部分同学，准备考研的居多。原因是今年疫情，大家的考研准备工作多多少少受到了影响，还有几个月的时间，大家感觉时间明显不够用了。实际上，大家不必过多纠结和焦虑。不管是哪种形式的实习，实习期间的任务肯定会比在校正常上课要稍微轻松一些。大家可以按照我在会上和大家交流提醒的那样，做好规划、合理分配好时间、提高效率，学习成效应该不会差。强烈建议大家要把实习加为"好友"，要学会调节自己的身体和心态,多笑一笑,不是有句话吗——爱笑的人机会不会差! 再说了,我们要把考研定位为大学生活的一种选择,不能当成唯一。辩证地看问题,你就会少一些纠结,多一些从容和淡定。

观察之三:部分同学的无所谓。这是一少部分同学的心态,我认为有以下三种类型:一是可以理解为到哪里实习都行,二是可以理解为什么形式的实习样态都能接受,三是极少部分同学中存在的"盖章实习"问题。这种心态里面的前两种,我倾向于正面理解,佩服这部分同学的良好心态和适应能力,也相信他们能顺利完成实习任务。第三种类型的同学要注意了,要把实习加为"好友",真诚对待,认真完成任务。强烈建议大家要把实习加为"好友",搞好内外协调,科学紧张有序的把自己的工作做好。实际上,大学时光是一个历程,它要求你自己在经历的过程中,学会协调内外资源,不能偏废。遇事只计一点,不计其余,不是一种好的处理问题的方式。

（写于 2020 年 9 月 6 日）

燃一盏照亮"网路"的心灯

网络世界,精彩无限;虚拟时空,光怪陆离。雾里看花,确需慧眼;烟海觅踪,逐心而行。以上几句,纯属比样学样,诚如评书艺人的"套路"一样,每回评书开始时,上来先整两句"定场诗",或是表明心迹,或是单纯聊发些许感叹。之所以有此般感慨,还是与最近沸反盈天的冒名顶替上学事件有关。抛开具体的事情先不说,我不知道,在日常生活中,大家面对着"排着队形""潮水般"涌到你面前的海量信息资讯,你是不是会感到茫然、紧张、无所适从?有些资讯,主题特别聚焦、自带剧情、信息海量、高密度推送、真假难辨,"吃瓜群众"往往是"被带着"刚学会上路就开始狂飙,即便有时候想说两句,也是拳打棉花。细思极恐。就像最近沸反盈天的冒名顶替上学事件一样,很多人,当然也包括我自己,像是瞬间被包围了一样,好比是身处拥挤的公交车里,你的言谈举止,甚或是你的一呼一吸,往往都会不由自主的、不同程度的被裹挟其间,这时候能做的只能盼着尽快"到站",赶紧"下车"。

有时候,包括我在内,我们这些人,往往会被"网络达人"严重瞧不上,在他们眼中只能算是个"素人"和"白丁",只能"调素琴",阅不得所谓得"金经"。虽然说我们也很努力追赶,谋求迎头赶上,不否认有时候是主动的,但更多时候是被动的。所以,在与现实生活中的案例真的迎头遭遇时,在"于我心有戚戚焉"之余,难免会腹诽,难免会生疑:那些铺天盖地而来的资讯,哪一个是可信的,哪一个是"瞎掰"的;哪些"颇能打动人心"的故事,哪一个是客观理性的真实陈述,哪一个是纯属搬弄是非的"搅屎棍";哪些掰开了揉碎了的伤痛,哪一个是对公平正义锲而不舍的孜孜以求;哪一个是骗得了你的关注转身数钱的"网络掮客"的窃喜。

诚然,无论是从网络内容的丰富程度上讲,还是从形式的差异上说;无论是从网络平台的更新迭代上讲,还是从传播的迅捷普及上说;无论是从网络受众的跨界多元上讲,还是从渗透的广泛深度上说,很少有人能置身其外独善其身,很少有人能不为所动处之泰然。虽然说如此,但我们身处这个时代,即便你我再卑微,总是还要让生活继续下去。那怎么面对这种窘境呢?有一个态度是:不妨燃一盏心灯,照亮前行的路途。这盏燃着的心灯,透出来的光亮里,应该是盈溢着真诚、良知、公平、正义,而不应该充斥着谎言、炒作、戏谑、铜臭。有人戏言:生活就像淋浴,方向转错,水深火热。那从简单处说,在纷繁复杂的网络世界,你我不妨在跋涉的"网路"上燃一盏心灯,因为如此,我们至少可以遵从自己的内心和良知,至少不那么轻易被外界引诱怂恿,至少可以让自己率性的灵魂可以更"性感"一些。我们在人群中,可以点赞那些"优秀",唾弃那些肆意抹黑良知的嘴脸;我们在人群中,可以存续一种鲜活,仍然可以坚持把许多自己的事情"安排"得妥妥的;我们在人群中,可以立成一个自尊自重的存在,即便位卑但不忘忧国,即便力弱但遇事亦有自己的态度。

(写于 2020 年 7 月 7 日)

把住"制度"的脉,从根上解决问题

最近,冒名顶替上学的事情"霸屏"多日。看了通报,整个事情的发生历程令人大跌眼镜。正因如此,这个事情也着实聚拢了社会关注的目光和一众媒体的"口水",可以说是围观者甚,支招者众。当然了,主管部门的处理决定大家一定会高度关注,事情的最终解决也必定会成为大家热议的焦点,但是除此以外,我们是不是也理应多一些由此及彼的思考。那就是:这个事情为什么会出现? 症结在哪里? 从根上解决问题的思路和举措有哪些? 我认为,只有把住"制度"的脉,才能从根上解决问题。具体怎么做,可从以下四个方面入手:

俗话说,心中有规矩,行为定方圆。只有切实加强制度建设,才能为公职人员履职尽责提供一个可触可感可依照的"框子",保证其一言一行"不出圈""不逾矩"。只有把制度建设"挺"在前面,才能通过"硬的约束"教育引导公职人员真正明白,自己手中的权力是"公权力""公信力",不是个人的"私有物""小炕头",工作中要严格用党纪国法"规矩"自己的言谈举止,不因事小而为之。唯有如此,才能在最大程度上防止公职人员把小错酿成大错,从违纪走向违法,才能在最大程度上把"以人民为中心"的发展理念落到细处、小处和实处。

把认同内化"置"于首位。制度建设是基础性工作。虽然说,基础不牢,地动山摇,但是仅有现成的制度文本摆在外面,这也只能算是解决了"有和无"的问题,就好比是万里长征,也还只是走完了第一步。之所以这么说,是因为,虽然制度有了,若是缺少"制度化"的过程,缺少所涉人员对于制度理念、标准、规范的认同内化,制度的作用发挥仍然会大打折扣,甚或一些人要么是"荒腔走板",要么是"念歪了经"。远的不说,就说冒名顶替上学事情中涉及的那些公职人员,你说他知不知道制度就在那里?肯定是知道的。你说他知不知道这样做不合规不合法,肯定也是知道的。但为什么还是这样做呢?我想更重要的深层次原因还是没有把制度真正当回事,没有把制度真正认同内化到自己的内心深处,只是把其当作"身外之物"放在那里。这样的人,一有"风吹草动",便会禁受不住外界的诱惑,往往把握不住自己。

把有效执行"视"为命脉。制度的"生命力"在于其合理性、科学性,但更在于其执行和落地的有效性、真实性。有制度而不去执行,那归根结底还是等于"零"。不抓制度执行,制度就会流于形式;不抓制度落实,制度就会华而不实。要把强化制度意识教育纳入经常性教育内容,牢固树立严格按制度办事的意识,把制度的执行落实转化为工作的标准和自觉行动;要把制度执行落实情况纳入各级各类考核体系之中,对制度落实不彻底的、执行不力的、与制度相违背的,要及时进行分类处置,切实维护制度的严肃性、权威性和公信力。

把落实督导"抓"在日常。加强日常监督、过程监督,这是抓好制度执行落实的保障。通过还原冒名顶替上学一事的整个过程,我们不难发现在一些地方上、一些部门中,尤其是那些被外界视为手里"掌权"的地方和部门,很多既有的制度执行不彻底、落实不到位,"有禁不止、有令不行、有章不遵、有规不循",这与在制度的执行落实过程中缺少监督,违反制度的行为没有及时受到查处,缺少应有的惩戒,违法乱纪的成本过于低廉不无关系。基于此,要强化日常政风监督、强化舆论监督,强化履职过程监督是十分必要的。要使监督执纪问责成为常态,把执行纪律抓细抓实,对违纪、违规、作风不良行为的查处要从快、从严,决不搞"下不为例",彻底刹住这股歪风邪气,给违纪者一个"王法",还受害者一个说法。

（写于2020年7月1日）

要"上新",更要"上心"

新生入学教育活动,如何才能扎实有效? 怎样才能新颖独特? 对此,不仅领导、老师、家长、社会关注,新生更是关心。新生之外的人群关注,是因为他们是"利益攸关者",新生关心是因为他们是"当事者"。入学教育活动,气氛再热烈、花样再翻新、动静再响亮,假若新生不能收获直接的观感体验和延展的身心愉悦,那么那些所谓的效果就只能是无源之水、无本之木,难以为继。这是年年都脱不开的老问题,也是年年都会遇到的新问题。至于说怎么解决类似的问题,我认为,新生的入学教育要"上新",更要"上心"。即要注重形式与内容的创新求变,多有新点子、新想法,同时要动之以情用心投入,落脚于激发新生寻求自我发展的内驱力。再说的详细一点,新生入学教育中的创新求变,不是具体工作中那些娴熟技巧的孤立展现,更不是虚与委蛇的简单应付,而应该致力于让师生眼前一亮、心受触动、主动践行。具体怎么做?

一、要"跟得上",摸清学生底数

学生是什么、学生想什么、学生需要什么,这是大学生思想政治工作始终关心的问题。作为新生的辅导员,这不仅仅是个问题,而且是个必须首先要解决好的问题。新生想什么不清楚,关注点是什么不清楚,困惑的地方在哪里不清楚,这是不行的。要解决好这些问题,作为新生辅导员来讲,摸清学生的底数是基础性工作,也是你职业的生发基点所在。怎么才能更好摸清学生的底数?首先要跟得上学生的节奏。跟得上节奏,不仅是指新生的生活节奏,更主要的是要跟上他们的思想节奏。思想上相知,行动上同频,引领上才能谐和。"跟"的工作,首先要实现物理上、距离上的跟得上。多到宿舍、课堂、社团、集体活动中看看,就能多维度了解新生的情况。只有了解情况,才有可能发现问题,才有可能经科学分析后找到问题解决之道,这是个体力活,更是个技术活。当然了,凡事因人而异。有的时候,新生辅导员不一定非要说些什么,不一定非要立马做些什么,可以谋定而后动、思之而后行,多以旁观者的身份观察,也许就会很有收获,说不定就能迅速找到工作感觉。

二、要"聚得住",魅力能力并举

如前所述,你能发现学生的所思所想,知道学生的"小心思",这也只能算是个基础。更重要的工作在后面,那就是还要把学生"聚得住"。辅导员的工作本就是以"人"为对象,做的是"人"的工作。这种情势下,设若新生都不向你靠拢,不傍你的边,你的话说给谁听,事做给谁看?这都是一系列的问题。对于新生辅导员来说,要想营建"聚得住"的工作生态。主张自己的魅力,彰显自己的实力,不失为一个好办法。新生辅导员,虽然在工作上是个"菜鸟"式的初学乍练者,但在气质上却要拿捏的死死的,要尽速练就几手绝活,工作上要有几把"刷子",确保关键时候拿得出手、镇得住场。当然了,若是硬生生要求新生辅导员完全"另起炉灶生火",肯定也不现实。可行的做法是大家完全可以依托自己的专长,把其作为基础来开展工作。很多时候,即便你自认为的专长,也只是所谓的专长,很难上得了台面,那你也不要轻言舍弃。新时代的大学新生,都是"00后",要说都能吹拉弹唱样样精通,这不一定,只不过随着社会的发展,他们这一代人的综合素养已经水涨船高了。实际上,更多的时候,具体活动中,学生关注的不是自己辅导员那些所谓的人前显胜的特长,有多么的高级,他们关注更多的是你这个人,是否懂得他们、稀罕他们。

三、要"导得准",做好分类引导

我认为,"辅导员"这个词里,"导"的功用一直占据"C位"。大学生不是其他低学段的学生,他们的心智、思想、观念都已经成熟,诸如生活照料、日常提醒、吃喝拉撒等其他"低端"事项的观照已经退居次要位置。新生辅导员要学会选择性"撤退",只有如此,才能把"导"的位置凸显出来,真正彰显辅导员的价值。怎么导?首先要导思,引导新时代大学生坚定理想信念,培育和践行社会主义核心价值观,坚定"四个自信",做新时代全面发展的社会主义建设者和接班人。其次要导学,引导学生矢志创新,坚持自主学习、主动参与、合作探究,做好学涯规划,高质量完成大学学业,以便为后续人生发展打好坚实基础。最后,还要导行、新生刚步入大学校门,许多事情不摸底细,说话做事毛毛躁躁不可避免。平时工作中,要坚持原则性与灵活性的高度统一,努力做到"严格执规,热情服务"。对新生的行为举止,该表扬的表扬,该批评的批评,不能和稀泥。关于"导",对新生辅导员来说,很重要的一点是要严格要求自己。不能只许州官放火,不许百姓点灯,搞特殊化。直白一点说,就是要求学生做到、做好的,自己首先要做到、做好。

(写于2020年9月23日)

青年辅导员,你可要多长点"心"

从青年辅导员自身来说,其正向、积极、主动的自我呈现不可或缺。因为这既能为提升大学生思想政治工作质量助力,又能为彰显青年辅导员的责任与使命赋能,还能为青年辅导员的职业发展加分,能在最大程度上帮助青年辅导员的职业生涯从一个"高起点"起步,为青年辅导员开启职业坦途觅得"敲门砖"。

锤炼一颗"匠心"。对于辅导员而言,大量的、碎片化、工具性的理论和知识,既无法帮助青年辅导员构建完整的知识架构,也对辅导员话语权的建构和大学生的成长不利。针对这种现实情形,青年辅导员从职业生涯的起始阶段,在正向自我呈现中就要学会锤炼一颗"匠心"。所谓"匠心",指的是在工作上用心专注的态度、习惯、思维和境界。它强调对外界形色纷扰的有效"阻断",主张把时间、精力、心思、智慧都用到所从事的工作中,精益求精完成每一件作品。"匠心"之于青年辅导员的正向自我呈现,具有极其重大的借鉴价值。青年辅导员若能自内而外把锤炼一颗"匠心"作为自己的职业成长追求,就能在最大程度上确保时间、精力的定向集中投送,就能在最大限度内激发工作的动能,从而为履行岗位职责提供高水平的保障。青年辅导员的自我呈现若缺少了一颗"匠心"的支撑,没有对工作"细线条"的处理,没有对工作求新求变的执着信念,没有对职业、事业和人生的敬仰尊重,不仅工作做不好,反而会助长青年辅导员的职业倦怠,进而影响其职业生涯的方向和目标。

涵养一颗"仁心"。青年辅导员,若论及工作的热情和激情,都不存在问题,但在具体工作中容易"起急",却是出现比较多的情形。这说明什么?说明青年辅导员的工作定力、细致程度、耐受力还不够,应该努力涵养一颗"仁心"。这里的"仁心",主要是指自我呈现应该多一份细致、多一份耐心、多一份包容,真诚地对待自己的学生。在很多青年辅导员的观念里,提及工作的自我呈现,往往动辄就罗列出自己入职以来获得的奖项,申报成功的课题、项目,发表的重量级文章,好像只有这些所谓的"硬指标"才是自己工作最核心的东西、最具说服力的东西,实际上并不完全是这样。很多时候,作为与大学生存在"代沟"并不明显的青年辅导员,有的时候也许只是一次鼓励、一个赞许、一句安慰,就能对学生的成长成才产生意想不到的影响。青年辅导员越是真诚地和学生沟通交流,学生就越愿意接受他,越能够信服他,在学生中间的影响力就越大。青年辅导员的正向自我呈现要矢志于给学生传递"正能量",积极创造条件让学生能够随时、随地触碰到他们身边的正面榜样;要通过不同形式分享自己的一些经历和想法,现身说"法",激励学生扣好人生的每一粒扣子,实现人生的跃升。

秉持一颗"悦心"。既然这里论及的是工作呈现,那么主体的自我呈现首先要找到受众,并要为之所接受。青年辅导员的工作受众是在校大学生(一般情况下大都是低年级学生),其正向自我呈现就理应有效对接学生的认知与思维特点以及学生的实际需求,切实把自我呈现与学生的学习和生活无缝对接,在确保呈现有内涵、有品位、有成效的基础上,秉持一颗"悦心",致力于把工作做得"有意思"。要达成这样的目标,首先是要在隐形教育和交融渗透上做好文章,力争把工作融入日常和课堂、学习和实践,引导大学生把有关教育要求内化为他们的精神皈依,外化为他们的自觉行动遵循;其次是强化大学生的"主场意识""在场意识",谋求一种"代入感",要让大学生在主动参与中接受教育和价值引领;再次是要让学生存续一种"获得感",青年辅导员的自我呈现一定要避免为了"呈现"而"呈现",要立足让学生有所感、有所得;最后是要让学生有一种扑面而来的"新鲜感",要紧密结合学生所属学业阶段的不同需求,创新教育主题和活动形式,力避重复老套。

追求一颗"朗心"。所谓朗心,指的是对事情有清楚明白的了解,看问题时境界高远,思维宏阔。青年辅导员的正向自我呈现也应该有此种意境和追求,也应该有这样的执念,要学会体悟此间蕴含的真谛。说到底,青年辅导员工作的正向自我呈现是对自身工作的一种正向解读和昂扬展示。在这一过程中,青年辅导员要注重把日常工作通过自身创造性的展示进行转化,独特而又多彩地呈现出来,这本身就是一个令人愉悦和享受的过程。据于此,青年辅导员的正向自我呈现也应该摒弃传统观念和旧有行动上的羁绊和禁锢,借由自己的努力,让学生的身心成长都能有一个可感可触的参照,也让自己在职业发展的过程中占据主动。

（写于 2021 年 2 月 2 日）

辅导员工作"有门儿"

辅导员工作自有其规律可循。辅导员要结合时代特点、学生特点和工作特点,主动探寻其规律,辅导员工作才能"有门儿"。

一、要推得开学生宿舍的"屋门儿"

俗话说得好:劈柴不照纹,累死劈柴人。时下,大学生由于学习方式的更新、平台介质的换代、修学习惯的变化、学生个性的张杨,在宿舍里待的时间虽然会因人而异,也不一定好量化,但其时间越来越长,却是毋庸置疑的事实。辅导员的工作,必须从这样的工作实际出发,进而寻求工作上的时效、显效和实效。理之当然,不难理解。工作对象在哪里,工作就在哪里。学生在哪里,辅导员就应该在哪里。当然了,这里说的在哪里,并不是说一味严防死守,不动眼珠盯在那里、钉在那里,而主要是说要把关注点聚焦在那里、聚力在那里,把工作的重心投放在那里、锚定在那里。

道理不难理解。对于辅导员而言,工作中要精准定位找到学生,常态化推开学生宿舍的"屋门儿",见得着人,坐得下来,有眼缘;要主动贴近学生,进得宿舍聊点"家长里短",说点体惜话,有氛围;要引领成长顺导学生,让学生愿意"偎你身旁",把你不当外人,有互动。光说不练假把式,光练不说真把式,连说带练全把式。辅导员的工作定位,在客观上要求辅导员不能浮在上面,要常态化"沉浸式"融入学生的学习、生活情境之中,在接触交流中掌握第一手情况、形成第一手判断、做出第一手应对。概括说来,辅导员在工作上,不仅要放下架子,还要俯下身子,更要担起担子。

辅导员工作,其对象是活生生的"人"。辅导员主动融入学生学习、生活情境的过程,也就是其深接工作"地气儿"的过程。既然工作对象是活生生的"人",那就要与学生真实的生活在一个"层",要深接"地气儿",不能脱离生活"飘在上面"。比如,学生的话语体系辅导员就要熟知,对于他们常常逗嗑的玩笑话儿、话里话外抖出来的包袱、最流行的梗儿,要能够做到无痕切入或切出。只有深接"地气儿",辅导员才能最大程度上破除与学生之间在物理上、心理上存在的阻隔;只有深接"地气儿",辅导员才能让自身的工作有依托、有凭借、有底气;只有深接"地气儿",辅导员才能让自身的工作吸引关注、聚拢人气、开创新局。

二、找准工作的"调门儿"

所谓的调门儿,是指歌唱或说话时音调的高低。在演唱时,由于每个人的嗓音宽度不一,需要的调高也不一样,伴奏的弦乐部分就要根据演员的调高来定调。由彼及此。辅导员工作亦需精通此理。辅导员工作要校准合适的调门儿,既能保证工作的完美呈现,剔除违和感,又能张弛有度力避"心理枯竭";既能紧致精细、尚功有为,又能注重形成工作的"和弦",和谐好听、悦耳动人。如何才能找准工作的调门儿?

做一个精准的上传下达者。辅导员要想把"上传"和"下达"的工作做好,也是不容易的,这中间常常会遇到的就是"调门儿"如何把握的问题。为什么这么说? 这是因为这中间必然涉及"上传"和"下达"中时间点的把握、尺度的拿捏、舆情分析判断、工作跟进反馈等一系列问题。对于辅导员来说,把工作"调门儿"把握精准精致的表征,最关键的就是能够把上级精神、要求,全面真实及时传达落实好,助推工作健康、可持续发展;把学生的动态、诉求,在确保原汁原味的基础上迅捷反映上去,为上级、领导知悉基层情况,做出科学决断提供依据。把"上传"和"下达"办好,这既是辅导员工作题中应有之义,是辅导员工作应该守护的"基本盘面",也是辅导员工作高起点高标准的要求。

做一个精致的资源整合者。单丝不成线,独木难成林。辅导员工作最忌讳的是习惯性"单挑"和内卷。我们要清楚,学生既是辅导员的学生,也是所有教职员工的学生,只不过辅导员的主责主业是学生教育管理与服务,更多的时候是直接面对学生,倾听学生心声,帮助学生解决问题。既然涉及主责主业的问题,辅导员就不应该选择"闭门家中坐",不应该兀自"躲进小楼成一统",不应该但听"风声雨声读书声"了。怎么办? 辅导员的工作"词典"里,从来不应该缺少借势借力的理念和行动。辅导员的工作对象是学生,工作场域主要是在校内,其工作几乎涉及高校运转的每一个终端末梢,因此学生工作是高校的基础性工作。既然是基础性工作,那就必然涉及绝大多数的部门,辅导员不可避免的要主动或被动的去协调相关"口"的工作。协调的本质属性是与人打交道,是门艺术。这一过程中,"调门儿"起高了起低了都不能很好的实现协调的目的,若是工作"卡壳"在辅导员这里,由此引起来的学生利益受损、诉求满足延宕、矛盾激化等,势必会对辅导员工作甚或全校工作带来影响甚或冲击。正确的做法是,辅导员要竭力找准工作的"调门儿",在立足自我丰盈的基础上,不驰于空想,不骛于虚声,做好一个资源整合者,借势借力,为拱成工作的"大合唱"奠定扎实基础。

做一个精细的矢志创新者。不管是从外部大环境上讲,还是从工作对象的时代特点上说,辅导员的工作必须紧紧把握住创新的"调门儿"。很多时候,即便是有创新的意识,也不一定就能与学生的生活、学习和思想实现无缝衔接。辅导员要想把握住创新的"调门儿":一方面,不要寄希望于一劳永逸,一蹴而就,而要着眼于常学常新,要着眼于服务实际工作,随时纠偏,要如同子弹和陀螺一样,在不停旋转中实现向前和平衡;另一方面,工作的"调门儿"要找得准,思路要清、路径要明,既要符合学院工作的实际,有学院学科的特色,又要能提振信心、鼓舞士气、推动工作,要有一定的引领性。在实际工作中,在某些辅导员中存在的那种,为了创新而进行"为赋新词强说愁"的创新、"换汤不换药"不解决新问题的创新、"新瓶装旧酒"做表面文章的创新,均不足予取。辅导员工作只有矢志于解决实际问题的创新、立足推进工作的创新,才有可能真正熟知工作规律,提升对工作的把握程度,才有可能把工作做得有声有色。

（写于 2021 年 5 月 7 日）

现上轿现扎耳朵眼儿,来不及!

周四下午,是与学生固定唠嗑交流的时间。上周,来了一个一年级的男生,给我留的印象特别深。他来找我时,问了我一个问题:毕业年级学生推免的时候,大学生创新创业大赛项目是个重要的加分项,我们大一的,现在就动手搞这个,是不是早了点? 凭这个问题,就可以首先判断,这个孩子是个有想法的人。我猜他来我这里之前, 应该是专门研究过今年毕业生推免的材料。我没有着急回答他的问题,而是先闲聊了一会儿。问他家是哪的? 来了学校还适应吗? 知道他家是农村的,我就用了一句我老家上年岁人常说的俗话,算是变相回答了他的问题。这句话就是——现上轿现扎耳朵眼儿是不行的,来不及。

就着创新创业项目的事,我告诉了他我的意见,并给了他相关资料和资源的索取方式、途径等。除此之外,看机会难得,还借着刚才的那句俗话——现上轿现扎耳朵眼儿,临时突击不行的由头,和男生聊天,对他的大学学涯、职涯规划也提了自己的参考意见。是不是可以算"有买有赠"? 我告诉这个男生的核心意思,就是凡事预则立,不预则废。学习、工作和生活都要早做规划,不能临时抱佛脚,简单的、一时豪气冲天的寄希望于毕业前的押宝冲锋。

实际上,之所以这么直截了当的,把我的意见告诉这位同学。是因为周边的学生中,一部分人对于学业规划的事、对未来发展的事,不大上心,甚或不大感冒。有的同学本来就规划的意识不强,若加之外界指导不及时、不到位,如此一来,往往是再回首时,已然错过,想要再转身重新来过,就很可能"黄花菜都凉了"。

时下,部分学生中存在的四种现象值得关注。一是有想法,但不一定有连续性。许多学生,对于未来的规划和设想,更多的还是模糊、朦胧的,不明确。尤其是低年级学生,碰到此类问题,多少都有点盲从。二是有计划,但执行力堪忧。许多学生,对于自己大学阶段的发展,有计划(一闪而过的或宏大的规划),但很多要么是由于意志力的问题,要么是由于禁不起场外因素的"诱惑",执行起来就大打折扣,有的甚至选择了习惯性放弃。三是有不确定感,但应对举措少。许多学生,对于自己的未来有不确定感,试图寻求改变,寻找自己人生或事业发展的确定感,但很少知道,或者不知道通过何种方式、途径缓解或消除。四是想要改变,但诱惑多多。许多同学,很想在进入大学后"祭出自己的绝招",很想和程咬金一样挥好自己大学生涯的"前三板斧",但很多时候,刚想做出努力(不管是外显的,还是内隐的),却往往被外界因素诱惑、冲抵(如不切实际的物质利益的诱惑,如精神愉悦的或单纯消磨时光的网游、电玩、刷圈等)。

你的选择,是素颜的小姑娘。若是决心妆扮起来,理应是可以有很多可能的,完美的呈现是可以期待的。同理,学涯、职涯规划的事,大学生(尤其是新生)完全可以由"一张白纸"起步,为自己的未来赢得多种可能性。首先,最起码的,选择和规划的意识你要有——这是标配。那种感觉进了大学,就是"船到码头车到站"的想法绝对低级了;那种对自己的生活缺少规划,对什么都无感的,你可能真的要落伍了。不说的太高,最起码的,选择和规划的意识你还是要有的。其次,若碰见自己喜欢的——这是中配。有了初步的规划意识,并且恰巧这种规划还是自己喜欢的,那就太好了。若是把学涯、职涯规划与自己的爱好结合起来,善莫大焉。如此,我们应该好好珍惜,力保 1+1=2,若是更进一步,实现了 1+1>2,那岂不是美事一桩? 再次,若还挺有意义的——这是高配。自己喜欢,最终的受惠者是自己。若是你的学涯、职涯规划,不仅自己心心念念的喜欢,并且还能让别人受惠,给别人带来机遇、价值,在实现自身价值的同时,有社会价值的彰显,那种内里浸透的意义,值得我们自己在未来的人生路上高看自己一眼。最后,既自己喜欢,还挺有意义的——这绝对是顶配。也许,在现在的学生看来,或者说在现在学生的心底里,许多事,尤其是关乎自己切身利益的事,自己喜欢不喜欢,自己高兴不高兴是最重要的。实际上,把自己喜欢的事和有意义的事结合起来,不是件容易的事,但也绝非没有机会可寻。怕只怕,你不重视;怕只怕,你不努力;怕只怕,你什么都无所谓!

（写于 2021 年 11 月 15 日）

破防！也有"套路"

辅导员的工作对象是大学生。辅导员与学生在物理时空上，可以说是"抬头不见低头见"，但是其要想与学生在心理维度上达成"完美熔接"，实现"破防"，却也不是件容易的事。不过，话又说回来，不容易归不容易，但也并不是没有"套路"可循。总的来说，时下的工作形势，愈加要求辅导员在做好面上工作的同时，在工作方式与形式上也要着力追求多元。大概的意思就是，既要"上得了厅堂"，也要"下得了厨房"。辅导员要想实现与学生心与心的"熔接"，敢说话、会说话、善说话，这不仅很重要，而且很考究。千万不要以为，说话就是简单的说话。我认为，辅导员在工作场景中要善于"唠小嗑"。唠小嗑，说白了就是微场景下的闲谈、聊天，尤指非正式场合、平等基础上，基于自愿、真诚基础上的闲谈、聊天。诚然，唠小嗑，从名字到内容，本就是下里巴人的存在，但是它确有其自身独特的价值和功用，它甚至可以看作辅导员赢得学生信任，进入学生心理场域的基础性"套路"。人与人之间的沟通交流，自有其规律可循，但也要有自己专属的色彩。辅导员与学生之间开展沟通交流时，学会并善于"唠小嗑"，这不失为畅达双方交流的好的切入方式。至于具体是个什么样态的呈现，有赖于辅导员对它的运用和驾驭。

一、唠个小嗑，有意思也有意义

　　辅导员，大学生思想政治教育工作的主要承担者和组织者，树立起"立德树人"的工作理念，始终坚持"以学生为中心"的价值取向，这是其岗位的"内在规定性"。工作价值理念要想落细落小落实，必须要有抓手，要有工具和媒介。如前所言，辅导员在与学生打交道时，语言上的沟通和交流是其主要且有效的媒介和工具。这一媒介和工具要想运用的好、运用的妙，会"唠小嗑"是不二选择。

　　"唠小嗑"透射着辅导员的价值取向。之所以这么说，原因是，设若辅导员在实际工作中能够把"以学生为中心"的价值取向，真正内化为理念，外化为行动，深谙"唠小嗑"之道，并驾驭纯熟，那么辅导员与学生之间沟通交流的显性效果是完全可以保证的。如此一来，建立在良好沟通基础上的大学生思想政治教育工作，就会"破壁"，就会顺其自然很多，辅导员工作的呈现就值得给予高光期待。一是要彰显出真诚。若辅导员与学生在沟通时，切入上带着例行公事，话语风格上浮光掠影，一举一动夹带着"几欲先走"的不耐烦，学生感受不到你的真诚，他自然不会信任你，也不会给你真诚反馈，如此，工作的落实、推进就会失去凭借和依托。"唠小嗑"，你不真诚，根本不行。因为，"唠小嗑"的出发点就是真诚，本就是非正式场合的交心举动，你若总是藏着掖着，有话说半句，让人觉得你虚与委蛇，那就麻烦了。如此，这样的"唠小嗑"，大概率会聊死，用时下流行的话来说，就极有可能快速"社死"。二是要饱蘸着真实。"唠小嗑"，立意和出发点肯定不是"面子事"，也肯定不是"雨过地皮湿"，其必定是朴素的、真实的、有投入度的，着眼于解决问题的。一般情况下，能聊到一起的，必定是最大程度上放下社会性盔甲、愿意聊天、愿意袒露自己的人，唯有建立在这样的基础上，大家再凑在一起，也许才会聊出点真情实感来。大学生思想政治教育工作的前提和基础,很重要的一点就是要充分了解学生,了解学生中间最真实的情况。辅导员在与学生"唠小嗑"时,只有以真对真,以实对实,才能取得学生的信任,才能摸准学生思想的脉搏,进而提高工作的身体温度、定位精度、精神向度和治理深度。

二、唠个小嗑,怎么唠

首先,姿态要低。不说别人,假如是让你选择,和别人聊天的时候,你是愿意别人高高在上,还是喜欢别人姿态平等,与你平视呢? 我们肯定都会希望对方与自己保持在同一个"水平面",自内而外地给予你足够的尊重。这样的唠嗑,谁不喜欢? 辅导员与学生在小场合、私下的聊天、唠嗑,即便是谈稍微严肃点的事情,也不要动辄"拍老腔",不能主观上有谁高谁低之分,不要老是有反问"吾与城北徐公孰美"的冲动,若是这样与学生的距离会渐行渐远,你的"小朋友"会越来越少,"忘年交"会越来越少。要是觉得学生还小、什么也不懂,那可就大错特错了。人与人的交往真的是一门学问。其中,最基础的一点就是,你要想与别人聊得开、聊得好,你都要学会从所谓的高起点上,锤炼一种随时归零的能力,要学会放低姿态,与人打成一片。

其次,会说行话。《论语》之《季氏将伐颛臾》中有句话"不患寡而患不均"。套用此句式,我们是不是可以提出"不患少而患不懂"的主张。辅导员可以话不多,但要会说话,要会唠嗑,尤其是与学生谈心谈话时,更应如此,必须如此。这不难理解。你与学生闲聊,还没聊两句,直接就谈不下去了,甚或谈崩了,会是一种什么局面。如此一来,你说你想了解学生,那只能是一句空话,而那些你想对学生深度表达的,你想对学生主动导引的,肯定也会戛然而止,难以为继了。辅导员要学会说行话,别让学生觉得与你聊天,不仅索然无味不说,还没实质性内容,根本不同频、不"在线",那就麻烦了。要达到好效果,辅导员不妨事先多做功课,提前去了解学生,熟悉其家庭背景,知悉其思维特点和认知习惯,有的放矢,则无不成。

再次,知冷知热。一般情况下,人遇到困难的时候,生病的时候,往往是其最脆弱的时候,是最需要知冷知热的时候。对于学生而言,更是如此。此种时候,辅导员主动靠上去,经常唠个小嗑,嘘寒问暖,工作的实际效果肯定是个"爆款"。辅导员要勤于抓住这些小节点,并加以善用。学生遇到困难了、身体不舒服了、心情郁闷了,辅导员和他们好好聊一聊。这种情形下,就不一定非要喊着学生到办公室了,要尽可能选择宿舍、运动场、自习室等非正式场所,要为良好沟通创造条件。茶为醒脑汁,话是开心锁。学生在学校上学,一般都是离家在外,需要帮助的时候,辅导员能够设身处地帮助学生,多说一些体己话,多一些换位思考的理解,多一些知冷知热的宽慰,对他们的帮助必定是超过你说的话的本身。

最后,解决问题。主张辅导员多与学生"唠小嗑",这没错。但其实,唠嗑只是手段和方式,帮助学生解决实际问题才是初衷和目的。一般情况下,纯"闲聊闲唠"的不多,纯"尬聊"的极少,不管是辅导员主动发起的,还是学生主动提出来的,很多时候或多或少、或大或小都是有具体事情串在里面的。尤其是学生主动提出来的,找上门来的唠嗑,要么是学生遇有困难寻求帮助,要么是遇有困惑需要开解,要么是有其他事情需要协调。这时候,辅导员与学生的"唠小嗑"就特别有针对性和价值了,毕竟"话说千遍万遍,不如实事一件两件"。不管是辅导员主动作为履职尽责,还是学生主动提出寻求帮助,辅导员都要善于倾听,学会共情,学会更多的从学生的角度出发来看问题,不要盲目下结论,更不能不明就里的乱出主意。稳妥的方法是,先弄清楚事情的始末缘由,再去想尽办法帮助学生解决他们的烦心事、闹心事。

（写于 2021 年 10 月 24 日）

学生干部,心里要有点"数"

　　新学期学生干部培训会之前,团委书记说让我为学生干部说几句。有点犯难。实际上,我的性格和从事的学生教育服务工作有点"违和",那就是我在大庭广众进行发言总是有点习惯性紧张。加之,问团委书记需要我讲些什么,她也没给倾向性的意见,让我自由发挥。愁眉紧缩了好几天,夜不能寐,食不甘味的,终于在最后一刻完稿,完成了"任务"。为了能多少讲出点新意,我在发言中,尝试着用问问题、启发式的方式与大家进行交流。定了个题目:学生干部,你心里要有点"数"。

一、要有"度数"——有些事,要拿得起,还要放得下

　　有些事,我建议大家应有的态度是:要有一颗平常心,工作刻度上的"度数"不能降。首先,在荣誉面前。在校期间,会有很多先进、称号、优秀的评定。客观上说,在同等条件下,学生干部因为平时担负的工作稍多一些,所以在某些奖项的评选过程中,在某些方面是有一定优势的。对大部分学生干部来说,想真正做到这一点,不容易。评上了、选上了,毕竟是件高兴的事,想要完

全做到淡然处之、心如止水,这是需要修炼的。但不管怎样,我还是要提醒大家要学会高调做事,低调做人。学生干部面对荣誉,要学会轻拿轻放,不能因为评上了什么、选上了什么,开始尾巴翘上天,膨胀了。若如此,你就极有可能会丢掉你继续做好工作的基石——同学的信任和支持,有一天摔跟头的大概率会是你。有些事,不说自明。对于学生干部来说,荣誉来了,实际上是责任更大了,监督更多了,要求更高了,大家要继续一如既往的为师生服务,继续保持为大家服务的温度,履职尽责,要经得起被放在聚光灯下的检阅、推敲,不能前后不一,露了怯。

其次,在利益面前。在校期间奖学金、助学金、各种补助的评定,这和每一个同学的切身利益相关。虽然说,这些奖学金等的评定,不是大家围坐分果果,但是里面毕竟涉及一个评的问题,涉及一个度的问题。这时候,评给谁、不评给谁,学生干部除了配合辅导员按照上级要求开展工作之外,还有一个问题我想说一下:咱们的学生干部在条件允许的范围内,能让的是不是让一让,能放的是不是放一放。还是刚才那个说法,我是指的有些,而不是所有,我是指有的时候,而不是任何时候。对于那些符合条件,又确有亟须的学生干部,不管什么奖学金、助学金啥的,还是要积极申请,若是评上了,也就评上了,这没什么。我想表达的是,对于学生干部而言,在涉及每一个同学的切身利益的时候,若是能让的不妨让一让,可以左右环顾问问有没有更需要的同学,让一让,会让出境界;若是能放的不妨放一放,可以仔细看看有没有更合适的同学,放一放,会放出威信。这一观点,只是建议,仅供参考。

最后,在学涯规划面前。日常生活中,学生干部工作刻度上的"度数"不能下滑,要找准自己的"人设",明晰自己的定位和要求,在学业、工作、生活中都树立起学生干部的清晰形象。找准生活的参照物。大学生活重结果,也重过程。虽然说每个人都有自己的大学规划和设计,虽然说每个人的大学生活目标有高有低,虽然说大学生活更主要的是"丰俭由己",但是作为心苑的学生干部，要有自己的追求，要找准生活的参照物，并带领自己所属的团队共同向前，这才是大学应有的模样。找准职业的参照物。有句话说的好，人生朝向的选择更重要。作为学生，不可能一辈子待在校园里，有一天必定要独闯天涯。有一点是必须的，学生干部要尽速，要先于普通同学找到自己的职业参照，并善于修正，尽速习得修身齐家的品性，存身立业的本领，安心立命的根本，并示范引领之。

二、要有"底数"——有些心思，不能太重

首先，玩心不要太重。玩物而丧志，丧志必一事无成。在对自己的要求和约束上，许多学生干部把标准放得有点低。下面四种心态广泛存在：一是想玩。对于自己喜欢的东西，比如网游。心里痒，舍不得，扔不下。不仅如此，许多人对于网游还有心结、还有情结、还有"荣誉感"，总想着得空就玩。二是会玩。有的学生干部各方面能力都不错，就说玩游戏吧，一不小心就通关了，一不小心就升级了，一不小心就被玩家"宠溺"，一不小心就收获一票金、银、铜、铁"粉儿"。三是敢玩。有的人，哪管第二天考试，哪管导师近期约着谈文献、论文进展、数据处理等，哪管第二天辅导员与他和颜悦色的约谈，哪管曾经许下的或减肥或健身塑形的诺言。想玩的，照玩不误，雷打不动。四是乐玩。哪管深更半夜，哪管黎明拂晓，哪管周末周中，哪管开学初还是学期末。乐此不疲，痛快一会儿是一会儿。可以一整天，甚或周末、假期都不出门，一直赖在宿舍。床，就像是他永远的家一样。当然了，游戏，适当地玩一下，作为调节，这无可厚非。可若是通宵达旦、课间甚或课上也联机，游戏的时间占得过多，影响了身体健康，甚至耽误了工作和学业，产生了不良后果，就明显不合适了。

其次，私心不要太重。唐朝重臣魏征曾对唐太宗说：兼听则明，偏听则

暗。作为学生干部,上传下达,工作落实,人际交往中有几种现象要避免:遇事总是想着谁和我好,谁和我关系近,谁和我沾亲带故,谁和我是一个课题组的,谁和我是一个导师,谁和我是一个地方的老乡。若是这样考虑问题、处理工作,那就麻烦了,大错而特错。咱们心苑的学生干部务必要警觉。

再次,佛系的心不要太重。有时候,看淡一些事情,有选择的放下,倒也不失其是一种生活的选择。但事事看淡,事事无所谓,玩世不恭,吊儿郎当,这样的心态可行吗?显然是不行的。心苑学子,尤其是心苑的学生干部,理应树立能干事、肯干事、能成事的远大目标,锤炼强大的心理,铸就远大的基石,有更大的、更高远的追求,不能沉浸在感官的刺激和物欲的享受之中,浑浑噩噩混日子。

最后,嫉妒心不要太重。大家作为学生干部,妒忌心的问题,我不多讲,我只是抛出几个问题,大家扪心自问,看看自身是否存在这样的问题。这些问题是:别人比我好了,我心里是羡慕嫉妒恨,还是表示祝贺并效仿学习之;他或她那样,也没做多少事,凭什么在老师和同学眼里比我好;明明迎新的时候,我送学弟学妹 9 趟,他或她才送了 8 趟,为什么德育学分和我加的一样多;明明我各方面条件还可以,为什么他或她的朋友比我的多,并且比我的漂亮(帅气)。

三、要会做"代数"——有所为,有所不为

首先,锦上添花还是雪中送炭。身边的同学,遇到困难时,身体不适时,心结打不开时,考研迷茫时,学习动力不足时,想要翘课、晚归、未请假外出、面临网络诈骗时。你都说了什么,做了什么?作为学生干部要经常反躬自省。要力避总是做锦上添花的学生干部,而是要更多地做雪中送炭的知心人、暖心人。有的时候,可能只是一句暖心的话语、一个及时的提醒、一个轻轻拍肩

的安慰，一个动作酷帅的招呼，一次坐下来的促膝谈心，其价值都是巨大的、不可估量的。

其次，事后诸葛亮还是事前臭皮匠。作为心苑学生干部，我想有几种说话处理事的语式要竭力避免："你看看，当时我就想到了，忘了说了""实际上，当时我也是这么想的，没好意思说""我说吧，这事和我当时想的一模一样，你当时要是听我的就好了"……大家琢磨一下，这样说，是不是更好："咱手头的这项工作，是不是这样做更合适，要是按照眼前的方案，工作中可能会碰到……老师安排的这事，我看这样，大家分分工，一起做，改天我们凑一凑情况，咋样？""你拿不准的事，就这样点击付款，是不是冒险了点，哪有这样的好事，绝对不靠谱"……设想有的同学，上网一时迷糊想点一些有诈骗嫌疑的链接时，有你及时的提醒，或者是平时你不厌其烦的提醒，让同学及时警觉，避免上当，你说价值大还是不大？我们要少做事后诸葛亮型的学生干部，要多做事前臭皮匠式的身边人。

最后，指手画脚还是休戚与共。我不知道，咱们的学生干部里面有没有这样的工作风格："这一拨人里面，我说的就是对的，就数我资历老，大家都要听我的""我是什么什么学生干部，你的级别比我低，理所应当听我的""这事就应该这么干，听我的绝对没错""看什么看，我就是答案"……这样的工作风格，不仅仅是不妥当的问题，而且是错误的。网上也有这样的例子，许多学生干部受老师指派完成某项任务的过程中，大呼小叫，狐假虎威，影响很恶劣。试问，你有什么权力这样？我希望心苑的学生干部有则改之，无则加勉。我们不要做指手画脚型的旁观者，而是要做与大家休戚与共的事中人。

（写于 2021 年 10 月 11 日）

研究生学涯，应自带"美感"

　　之所以谈及研究生学涯问题，是因为研究生虽然还是学生，但相较于本科生，其学涯有自身专属的特点，很不一样。恰如"研究生"这三个字的字面之义，不管是学术型研究生还是专业型研究生，其教育培养的价值旨归是提升学生研究问题和分析问题的能力，研究生学涯永恒的律动是创新和开拓。也许正因为这样，研究生学涯给人的印象，好像与生俱来充斥的都是海量的资料和数据，好像永远都是穷尽所能的思辨和实验，好像就应该是胁不沾席的"苦修"。如此认为，不能说不对，但并不尽然。可能下面这一种说法更贴切一些，那就是：研究生学涯再苦再累，它也有自己独有的意蕴和情趣，有自己专属的色彩和层次。在学院里负责学生的教育与服务工作，整天与学生们生活在一起。绝大多数研究生同学，阳光自信、目标笃定，心里有想法，脚下有行动，让人见了感觉特别舒服。当然，也少不了见到一些这样的研究生同学，尤其是其中的一些"大老爷们儿"，不管是穿着打扮，还是眼神举止，好像与这个周边火热的生活少了一些即时的联结和互动。对于后边提到的这一小部分研究生，我想说的是：退一步讲，你不修边幅，我们也可以理解为这是你与生活达不成妥协的妥协；不善言谈，我们也可以理解为这是你的一种专注的思考方式;独来独往,我们也可以理解为这是你与现世的倔强共存。即便再退一步,不修边幅我们也无权过多干涉,但是我想说的是,你能不能把衣服定期洗一洗,头发简单理一理? 难不成非要穿着油脂麻花的衣服出来进去,才是你钟情的调调? 难不成非要顶着倔强成板儿的头发,才能证明你把自己安排的明明白白?

因为负责学院学生工作的关系,经常找些学生聊一聊,已然成为我工作中很重要的一部分。见到邋里邋遢不修边幅的学生,见到萎靡不振无精打采的学生,有的时候实在忍不了就直接"提意见"了,有的时候实在忍不住就在集体场合旁敲侧击提要求了。之所以有这样貌似"洁癖"的表达,主要是因为我从骨子里觉得,研究生学涯应该是自带美感的。这里的"美感",按照时下流行的观点可理解为一种体验,是情景交融、物我同一。因为是非专业人士,所以既不想从心理学意义上,也不想从哲学角度去谈对于"美感"的理解。至于对研究生学涯"美感"的理解,我只想谈一点直观的理解。我认为,研究生学涯的美感,不是指着装的光鲜靓丽,待人接物的八面玲珑,一举一动的仪态万方,而是指新时代研究生心中有梦的时代感、应节合拍的节奏感、协调契合的适切感和奋力出彩的使命感。

美感之一:心中有梦的时代感。梦想是人之前行动力。研究生在学涯规划时应定好方向,努力做到与社会同步、与时代同频,高扬梦想之帆。这里的梦想,既指彰显自身价值的安身立命的个人之梦,更是指"在青春的赛道上奋力奔跑"矢志中华民族实现伟大复兴的中国梦。最终顺利远航的梦想,必定拥有立足时代和社会的宏阔视野;最终成功抵达的梦想,必定拥有服务于国家和民族的轩昂格局。梦想必须把现实作为最坚实的依托。研究生学涯,打一开始就不能一味埋首书斋,不能为学而学,不能只为稻粱而谋,不能做一个生活在故纸堆里的"仙儿",要与时代建立起有效的正向链接,要做"大梦",要把国家和民族的"大梦想"作为学涯发展强有力的"动力源""牵引绳"。既然研究生教育是一个国家国民教育体系的顶端,那么研究生理所应当是"人中之龙""鸟中之凤",就应做国家间人才竞争和科技竞争的有生力量,为国家实施创新驱动发展战略和建设创新型国家做出自己的专属贡献。

美感之二:应节合拍的节奏感。若是把研究生学涯比作一部话剧,这当中除了必备的时间、地点、人物、情节冲突等要素之外,研究生还要关注一下学涯的体验感(既有自身视角的主观感受,也有包括导师等在内的客观视角的体验),把准自身学涯的节奏感,注重做好起、承、转、合等细节的处理和把握,这是很基础的工作,也是很关键的环节。俗话说的好,唱歌要唱在调上,跳舞要踏在点上。这说明节奏感很重要,研究生学涯不能平均用力,也不能撒芝麻盐,更不能用蛮力硬打硬冲,要学会"弹钢琴",不能偏离主赛道。这方面,比较多的表现在部分研究生对自己的学涯缺少科学的规划。有的是感觉不用太着急,可以歇一歇、站一站;有的是外界牵扯精力的因素过多,选择等一等、拖一拖;有的是导师稍微督促不严自己就马放南山,不免看一看、缓一缓。不一而足。有的学涯过半,开题任务仍未完成;学涯临近尾声,才发现毕业设计还有瑕疵;有的外审环节没过,延毕了压力大了。究其原因,在很大程度上是因为这部分研究生,其学涯发展缺少应节合拍的节奏感,疏于规划设计,该干什么的时候没干什么,该干成什么的时候没干成什么。

美感之三:协调契合的适切感。所谓适切,即适合、贴切。一个基本的道理,研究生学涯的美感理应是适合研究生自身实际的,与研究生自身实际相贴切的,与自身学涯的逻辑内需是相匹配的。若是研究生学涯的规划与设计和研究生自身的实际情况存在相互干扰、掣肘,甚或违和,那"美"就无从谈起了。研究生学涯规划和设计中协调契合的适切感,客观上要求研究生须用整体的、系统的、相互联系的观点来看待问题。顾其一点,不及其余,不可取;聚焦局部,以偏概全,不可取;只看眼前,不计长远,不可取。这里提到的适切感,有两种关系需处理好。一方面,研究生要实现自身内部诸因素的适切。最起码的,研究生要对自身的实际情况有一个清晰且明确的研判,包括个人志趣、自身素养、既往优势、现有资源等。对自己了解得越全面,对自身学涯的规划和设计就会越有实现的可能。最忌讳的是好高骛远,固执听不进去其他人(尤其是导师)的合理意见,信马由缰,像风一样自由,追求不切实际的目标。另一方面,研究生要实现自身与外部因素的适切感。研究生要让自身与外部环境因素之间形成一种科学理性的动态平衡,存续良好的互动,集聚优质、正向外部资源为己所用。

美感之四:奋力出彩的使命感。作为新时代青年,研究生要把听党话、跟党走的信念变成自觉追求,增强使命感和责任感,以实现中华民族伟大复兴为己任,立大志、明大德、成大才、担大任,不断增强做中国人的志气、骨气、底气,在全面建设社会主义现代化国家新征程中勇当开路先锋、争当事业闯将。要如2022年五四青年节即将到来之际,习近平总书记到中国人民大学考察调研时强调的那样:"牢记党的教诲,立志民族复兴,不负韶华,不负时代,不负人民,在青春的赛道上奋力奔跑,争取跑出当代青年的最好成绩!"奋斗是看得见的哲理,奋斗的人生是最美的。研究生群体知性、富于创新精神,有干事创业不甘人后的激情和动力。具体到日常学习、科研和生活中,就是要勇担时代使命,把科研的根深扎在泥土里,要有"草根情结",把论文写在祖国广袤的大地上。要杜绝因为玩而晚上不睡、早上不起的懈怠,杜绝抱着手机电脑天天不撒手的非常态,杜绝网游玩了一局加更下一局的沉迷,杜绝动辄身陷沉沦不能自拔的定势,要努力彰显新时代研究生阳光向上的生活态度和精气神儿,热气腾腾地过好每一天,积小流以成江海,积跬步以至千里,唯有如此才能真正赢得自身人生出彩的机会。

(写于 2022 年 5 月 24 日)

学生干部搞团建需晓之以"理"

俗话说:吃要吃有味的,说要说有理的。那么,这里的"理",到底该怎样理解呢?《说文解字》:"理,治玉也。顺玉之文而剖析之。"理的本义指的是在作坊将山上挖来的璞石加工成美玉,使之成器,有形有款。"理"有纹理、道理、事理、治理等多种释义。晓之以理的"理"应该是道理、事理的意思。晓之以理,就是用道理说服对方,齐整他人的思想和行动,进而为实现共同的工作和生活目标达成共识、同向而行。"理"具有逻辑性、系统性、综合性的特点,只有将道理讲明白、讲透彻,能够自圆其说,才能够让别人听其言信其道。古人云:"势服人,心不然;理服人,方无言。"对高校学生干部来说,团队建设中必备的"手段"之一是以理服人,注重"晓之以理"。

学生干部作为学生团队管理者,面对着思想活跃、个性不一的团队成员,团队建设中单靠道德自觉肯定不行,仅靠"上纲上线",动辄祭出制度的"绝招"也不行。科学的方法是"晓之以理",努力做到事先解其迷惑,通其心性,做到正道善行。这就要求学生干部,在向团队成员传递信息的过程中,对于所传递信息的内容,要力求保持较高的合理性和可行性;对于团队成员的思想和认知的把握,要力求实现契合性和可及性;对于传递信息之效果,要注重谋求沟通过程中的说服力和信服力。那么，具体该如何去做？

一、理，首先要立得住

学生干部开展团建时，不管是事先动员、凝聚共识，还是事中督促、随时纠偏，还是事后总结、以利再战，不管是说的话、传达的理念，还是做的事、彰显的取向，都要立足"理"上。这里的"理"，应该是指"理"的权威性、合理性和可行性。

权威性是工作授权。这很关键，学生干部必须掌握好，有必要事先讲清楚。工作授权要有权威，要符合学校的相关要求，尤其是要与主管部门的精神和要求相一致，要有来自团队主管者或团队自身的授权。不能出现上级和主管部门要求这个样，我们落实起来是那个样；不能出现上级和主管部门的工作重点是这个，我们落实起来是那个；不能出现开展的工作与其所属团队大多数人的主张明显相违背的现象。

合理性是符合工作常理。学生干部作为团队的"掌舵者"，不管是自己谋划和设计工作的时候，还是带领团队谋划和设计工作的时候，应把团队工作谋划和设计的合理性放在一个突出位置。最起码的，工作的谋划和设计要符合团队的建立初衷，不能与团队追求的工作理念大相径庭，工作的谋划和设计要紧密结合团队以及成员的实际，不能好高骛远，既不做井底之蛙，但也不能玩"蛇吞象"的高难度动作。

可行性是提高保障力。最基础和最关键的是要强化制度建设。制度建设在团队建设中不可或缺，是一项基础性工作。学生干部开展团建工作的过程中，要把制度建设放在突出位置，要在广泛征求意见的基础上，形成对团队有契合性的规约，用制度的无形之手和有形之手，提高团队工作的时、度、效。

若是制度本身设计不合理,存在"先天不足",缺少针对性和可行性。极有可能的结果,要么是因为过于烦琐冗长不利于执行、不便于执行,制度落实不严不实,往往会让人无所适从;要么是部署得不到有效的执行。

二、事,要自己先清楚

学生干部开展团队建设,最忌讳的是缺少目标和规划,走到哪算哪。这样,往往是道理讲不清、说不明在前,工作开展东一头、西一头在后,基于此搞团队建设,结果可想而知。要想解决这一问题,学生干部自身首先脑子要清楚:这个事到底是个什么事、我们想要干什么、这个事具体怎么干。

这个事到底是个什么事。"晓之以理"的要旨在"说理""明道",而这的前提是要让你的团队成员明白即将开始干的事是个什么事,这个的前提是学生干部自己要先清楚和了解。你自己都不清楚是什么,那你怎么去要求别人,指望别人与你心有灵犀不点就通。

工作实践中,学生干部要学会把道理说明白讲透彻,讲清工作的渊源所在、特定背景、实践依据,要学会说理,要把鼓动建立在理性的基础上。唯有如此,才能真正解决团队成员的思想认识问题,使其信之,服之,明之,悦之,"晓之以理"的良好局面自然会水到渠成。

我们想要干什么。讲清楚事情和工作的来龙去脉有必要,但还要让团队成员明白我们想要干什么,学生干部要把目标意识、问题意识挺在前面。只有目标明确了,才能齐整大家的意识和行为,凝聚最大共识,激发同向合力。

这中间,学生干部要向团队成员讲清楚工作的重要性、必要性、可行性,以及与团队发展和成员利益的关联性,纠正、澄清、批驳模糊认识和言论,力争赢得团队内部最广泛的认同。

这个事具体怎么干。做好基础性工作,最关键的是学生干部要树立清晰的路径意识。首先是自己要清楚这个事、此项工作到底要怎样开展、朝哪个方向努力、有哪些保障举措,这样才能在最大程度上保证工作取得预期成效,达成既定目标。可行的办法是设置好工作执行的路线图和时间表。学生干部要让团队成员明晰工作的必要性和目标,并要带领团队设置好工作执行的起、承、转、合,明确方向、知道节点、有困难预期,并把工作中的特殊情况处理预案以及可资参照的时间表制定好。

三、位,不妨勤换一下

学生干部开展团队建设要做到"晓之以理",其出发点是以理服人、以礼服人,因此学生干部对团队成员的尊重和真诚必是其题中应有之义。怎么才算得上尊重和真诚? 怎么才能做到尊重和真诚? 学生干部不妨把自己和团队成员的位置以及思考问题的角度勤换位一下。

换位等于尊重和真诚。俗话说的好:人心都是肉长的。学生干部对团队成员要学会尊重,真诚以待。何况学生干部,虽然名义上是"干部",但本质上都是在校学生,与团队成员在法律上和人格上应该是一样的,不存在位荣和位卑之分。学生干部开展团队建设,唯有抱有此种心态,才能真正为优质的团队建设工作奠定坚实基础。一是会说话。学生干部的语言表达、说理明道,应该有一个高情商的表现。沟通的良好切入、顺利展开是达成团队建设所必须,要会说话,不能动辄把话聊死,要力避"社死"。二是好说话。学生干部要学会并善于倾听,忌讳动辄火冒三丈,听不得、听不进其他团队成员的意见。三是说好话。学生干部要娴熟运用"表扬和鼓励"的技巧,适切、科学、恰当的表扬和鼓励,在团队建设中发挥着润滑剂的作用,不可或缺。

换位等于广泛共识。学生干部在团队建设工作中,一项要求必须做到位的工作就是凝聚团队共识。只有团队架构的组建,只有团队人员的配备,没有团队共识的达成,没有核心理念的凝练内化,团队建设不可能走远。学生干部要学会换位,多方了解成员的想法,并引之导之。学会以团队普通一员的身份和角度看待工作,对大家多一份理解和宽容,少一份猜疑和误解。学生干部要注意从团队成员所站角度、所来自环境、所担负责任、所谋求"利益"等来看待问题。看待问题的角度不同,言辞可能就会迥异;团队成员所处环境有差异,认识问题的程度自然也会有深浅;所担负责任不同,介入工作的出发点就有可能不同;所谋求"利益"不同,对工作的期待就会有其自身专属的表征。这都可以理解,学生干部要择而导之。

换位等于推进团队建设。说到底,团队建设毕竟是每一个团队成员的事,事关每一个团队成员的荣誉、利益。学生干部要注重发挥团队每一个成员的积极性和主动性,学生干部要学会群策群力、集思广益,发挥团队建设之合力,不能太托大,不能遇事就单挑。

之所以强调换位,是因为团队成员眼光不同,对待事物的看法不同;境界不同,对待事情的理解不同;立场不同,面对问题的思考不同。这就要求学生干部团建中,必须根据成员的不同思想、性格、处境,采用不同的方式方法,把"晓之以理"作为关键"手段",增强团队建设的理性。

(写于 2022 年 4 月 18 日)

学生干部搞团建需诱之以"利"

学期开学初,想着就"提升团队凝聚力"这一话题与全体学生干部交流一下,不知道合不合大家口味。未料想,这想法一提出便得到了同事和学生积极反馈。学生干部的价值,首推是为同学发展服务、为学校治理服务,践行的是大学生自我服务、自我管理、自我教育工作理念,相伴生的是学生干部自身能力和素养的历练提升。清代袁枚诗云:苔花如米小,也学牡丹开。大意是:苔花虽如米粒般微小,依然像那高贵的牡丹一样热烈绽放。学生干部,在很多人看来,恰如苔花一样。"官"小职微,没白没黑;权力不大,承"上"启"下";信息传递,到位到底;贯彻落实,保量保质。不过,学生干部虽人微言轻,但却富于激情、有闯劲干劲、肯奉献担当。不管是大活小活,还是脏活累活;不管是常规的工作,还是紧急的任务;不管是个人之事、宿舍之事,还是班级之事、学院之事,无不活跃他们的身影,无不流淌他们的汗水。

虽然,学生干部确如"苔花"。不过,想试着问一个问题:人微言轻,是不是学生干部就只能专注于"眼前的苟且",而"诗和远方"的逸致就遥不可及了吗?人微言轻,是不是学生干部就只能徘徊于眼前的"半亩方塘",而"天高云影淡"的浩渺就只可怀想不可近瞻了吗?非也。虽小如苔花,也可学牡丹热烈绽放。既然如此,那么对于学生干部来说,不管是职责大小,还是能力高低,不管是班级干部,还是学生会的四梁八柱,遇事单打独斗,不仅逻辑上讲不通,实践上也会处处碰壁,组建一个或大或小的团队,并把团队建设好,这是学生干部带队伍、建团队的一种应然外加实然的选择。团队建设如此之重要,那么,学生干部怎么才能把团队建设好?我们的口号是:学生干部,带队伍,你得有"手段"才行!如诱之以"利"。也许,一看这个题目——诱之以"利",很多人难免为之愕然。想当然的以为,里面必定满满当当金钱的味道,实际上并非如此。对于学生干部而言,带队伍,建团队时,所强调的诱之以"利"的"利",包括个人之"利"、团队之"利"、长远之"利"。

一、个人之"利"

个人之"利"。需要声明的是,这里的"利",更多是学生干部带领团队对其所属团队未来发展的考量以及满足。这里的"利",指的是团队成员发展的平台、成长的机遇、能力的提升、素养的涵养,而不是指金钱之满足、物质之丰盈、手头之阔绰、衣禄之光鲜。有一个人之常情:凡是人都有自己的需要。只不过这里的需要,有人选择的是"鸿鹄"之需,有人选择的是"稻粱"之需。学生干部带队伍、建团队,要根据团队持续运作的需要,在满足成员成长成才基本预期的基础上,发挥自身的统领作用,彰显团队的正向效能,并对团队成员的合理诉求给予延伸关注和蓄能,进而持续激发并形成团队成员合力。

马克思主义经典作家有此相关论述。马克思、恩格斯在《德意志意识形态》中提出了一个重要论断——人的需要即是人的本质。他们指出:"在任何情况下,个人总是'从自己出发的',但由于从他们彼此不需要发生任何联系这个意义上来说他们不是唯一的,由于他们的需要即他们的本性,以及他们求得满足的方式,把他们联系起来,所以他们必然要发生相互关系。"人的发展的基础、前提、目的是个人发展,需要是实践及各种社会关系得以实现的最终动力和内在根据。

历史上的案例也可以借鉴。如三国时期刘备团队,从组建之初就满足了团队核心成员的个人之"利"。如刘备作为团队骨干,其皇室贵胄的身份、禀赋和资源,满足了关羽建功立业的宏愿,给了张飞实现从低阶阶层往上跃升的良好机遇,给了赵云远遁庸主、扶保明主的现实平台。有的人不明就里,难免疑惑:刘备一个卖草鞋的,何德何能能让关羽、张飞、赵云这些英雄人物甘心为之"驱驰"? 这背后的原因,值得学生干部在带队伍、建团队时借鉴。

二、团队之"利"

学生干部带队伍,建团队,很重要的、很基础的一个工作,就是要向有意加入团队或者已经加入团队的同学,讲清楚你的团队的现实目标以及这一目标的可及性、可行性。目标的可及性、可行性必定包括基于团队基础的发展目标、时间表、路线图和资源凭借等。

没有目标引领的团队,必定会一盘散沙,即便有幸存活下来,也大概率会成为活性不足的"僵尸团队"。校园里很多的社团,其兴也勃焉,其之也忽焉。为什么? 其中一个很重要的原因,就是团队的原初组建往往是单凭兴趣,松散拢聚而成。团队骨干,对团队建设要么是三分钟热度,要么是后续懒"政"怠"政",要么疏于团队经营,要么"领袖"禀赋不足难以为继,如此种种,团队岂有不式微之理?

在这方面,《水浒传》里的宋江团队就很有代表性,值得我们借鉴。及时雨宋江之所以能够在晁盖死后迅速上位,主要是在以宋江、吴用、李逵、武松等为核心成员的团队运作下,能够抓住梁山好汉"杀贪官"这一存在广泛交集的目标,竖起"替天行道"的大旗,并假借"天书"之名排定团队成员座次,从团队整体的角度为成员提供了现实资源。很好地满足了成员对团队的期待,这是宋江能够迅速坐稳梁山头把交椅的原因。

尤其是不要小看排定座次环节。宋江对所有好汉,不管什么背景,什么出身,本事大小,都给予一个响当当的名号,就连洒扫庭院、缝纫修补这样的工作也都有分封的头领。当然了,团队建设,尤其是学生团队建设,学生干部可学习这些技巧,但万不可机械的比样学样,简单粗暴复制,江湖习气爆棚,如此,那就丢掉了我们讲这个案例的本意。

对于一个团队来说,若是基础不行,态势不好,尤其是团队骨干不给力,那它就不能很好地满足团队成员成长成才的期待,其资源保有量难免会逐渐衰减。换句话说,不管当初团队成员是凭着激情而来,还是奔着追求而来,是感召于学生干部的个人魅力,还是心悦于团队愿景的鼓动怂恿,假如你不能在成员所能承受的范围内、时限内满足其心理预期,团队的凝聚力不可避免会渐次消退。

三、长远之"利"

一个团队,仅有对成员个人之"利"的坚定关照,仅有对团队之"利"的孜孜以求,仍是不完整的。就和对弈一样,对弈过程中,作为当局者,仅仅看到了这一步是不够的,还想到了下一步也还是不够的,仍缺了对最终目标的规划和设计。善弈者谋势,不善弈者谋子。谋势,就不能只看到脚下的方寸之地,要有长远的眼光和恢宏的格局才行。

还是举刘备团队的例子。刘、关、张三人初次碰面,刘备就把自己"匡扶汉室"的抱负做了交代。这说明,"匡扶汉室"从团队组建之初就已经成为且事实上已经成为他们团队的目标。后续,刘备不管是通过动辄哭鼻子抹眼泪的形式,还是借助虚情假意摔孩子的举动,还是对暗弱刘璋取而代之谋定西川,无一不是在进行着持续强化。千万不要小看这一先入为主的灌输和持续不断的强化。恰恰是这一定调,为后续刘备团队三分天下有其一奠定了坚实基础。

再比如,中国共产党的成长史就非常有说服力。中国共产党成立之初,全国才有五十多名党员。但中国共产党自成立之初就把实现共产主义作为自己的最高理想,并百折不挠的为之奋斗着。历经28年的艰苦卓绝的奋斗,最终建立了新中国。新中国的成立标志着中国人民从此站起来了,中国人民从此把命运牢牢掌握在自己手中,中国历史发展开启了新纪元。

学生干部作为学生团队的主导者、引领着,除了自己对团队建设远大目标的思考外,还要带领团队成员群策群力,把团队建设的远大目标确定好,并积极内化为团队成员的意识与思考,内化为团队生生不息的持久动力,并外化为团队成员的自觉行动。

学生干部寻求团队建设的长远之"利",有一点应该注意,那就是团队的远大目标应与党的主张、时代发展的要求、社会进步的期待,尤其是学生的需要紧密结合起来。科学的、适切社会需求的目标更能激发团队成员的内驱力,为团队接续发展创造可能的空间。

（写于 2022 年 4 月 11 日）

定制几道"思政私房菜",很有必要!

私房菜,顾名思义指的是私人的菜、私家的菜。就是在有家庭氛围的环境里,吃到的由主人做的拿手好菜。我想,最初的时候,商家敢把自己做的菜称之为"私房菜",并拿出来供客人品尝或品鉴,除了必要的商家营销炒作之外,一是诚意要足够的满,二是菜品质量要确实有独到之处。否则,光有自己"王婆卖瓜"那也白搭。

特别想说,把辅导员的工作和做饭烹饪联系起来,主张辅导员给自己所负责的学生定制几道"思政私房菜",并非小瞧或心存戏谑,恰恰相反,我认为辅导员工作和做饭烹饪有其共通暗合之处。

我的理解,辅导员为学生定制的"思政私房菜",指的是辅导员紧密结合自身能力基础、素养构成,以及所负责学生的学段、思想实际、认知特点,并结合校本文化、院本文化和外界实际条件所开展的有自己专属特色的工作。对此,一个非常重要的评判标准是这些活动得到了工作对象——大学生的喜欢、积极参与,并产生良好引育效能。

《道德经》有言:"治大国,若烹小鲜。"习近平总书记也曾引用并结合治国理政实践给予阐发。这句话的核心要义是想表达,治大国时要专心致志,火候要掌握得当,节奏要把握精准。否则"烦则人劳,挠则鱼烂"。治国如此,辅导员工作亦可借鉴,何况辅导员的"人设"是"学生的知心朋友和人生导师",责任重大,使命光荣。既然,铺垫了这么许久,也谈了自己对辅导员"思政私房菜"的基本认知,那这里还有两个问题不得不问:辅导员为学生定制"思政私房菜",关键因素有哪些? 辅导员为学生定制"思政私房菜",注意的点有哪些?

一、基础的点:理念、技艺和食材

有一个道理很浅显,那就是厨师做菜,理念上的正确、技艺上的娴熟、食材上的到位,缺一不可。辅导员工作亦是如此。辅导员要想给学生做几道有模有样,大家吃了都竖大拇指的"私房菜",理念、技艺和食材同样不可或缺。第一,理念上的事。简而言之,就是思想不能偏了。不管你从哪里出发,不管你去往哪里,方向是第一位的。对于厨师而言,必须紧紧把食客的用餐安全、菜系风格、用餐反馈盯住了,没有这些基础工作兜底,其他所有的事,从哪里谈起都会让人感觉不是那么个事儿。"私房菜"的名号更多的是对品质、层次、格调的期待,并不是在家做菜,让人来吃就是所谓的"私房菜"。空间的相对私密,相对与市井的喧嚣隔开,这只是用餐体验的环境因素,并非决定性因素。辅导员,其工作的本质属性就是其鲜明的政治属性,其职业生发的基点就是落实立德树人这一根本任务,培育社会主义事业建设者和接班人,巩固中国共产党的执政地位和根基。所以,对于辅导员来说,思想绝对不能跑偏。大的原则不能违背,大的方向不能出错,但是辅导员要想把同样的工作做的不一样,做一桌有自己鲜明风格的"思政私房菜",既是有必要的,也是有可能的。

第二,"技艺"上的事。具体说来,就是"烹饪"的基本素养要全要精。虽然,理念上的事确实很关键,排在前面,但是空有先进的理念,而怯于表达、拙于展示、弱于呈现,也是不行的。不管是对于现实生活中的厨师来说,还是对于辅导员来说,要想把工作干好,工作的基本素养,不仅要有,更要出乎其类,拔乎其萃。试想一下,若是厨师不善于营养配餐,锅碗瓢勺的事不清楚,端出来的菜品色香味少一个,常年累月菜品无更新,能说是个出色的厨师吗?同样的,若是辅导员工作的基本功,工作必备的能力素养缺乏,比如常用的"说、学、逗、唱"四门功课样样稀松,对学生的思想动态掌握不精细不精准,对学生的心理波动不敏感不明锐,对学生的急难愁盼不入脑、不上心,对发现的问题无预判无应对,对学生的学涯规划无思考、无研究,对学生的职业发展无感觉、无概念,能说是个出色的辅导员吗?

第三,"食材"上的事。"巧妇"做饭需要有"米"下锅,厨师手里什么食材也没有,还想品尝这个、品鉴那个,这无疑是逼着哑巴说话。至于食材怎么来,有人帮你及时采买并不是关键,出色的厨师都会对食材的搭配、购置有自己的一套理论。甚至,很多大厨,对于特别精细的食材,很多时候都是自己,要么到原产地,要么到早市,要么到专业市场挑选,这样能在最大程度上保证食材的质量。厨师是这样,辅导员难道就不需要挑选好的"食材"吗?当然需要。相较厨师而言,辅导员工作的"食材"类型反而更多,也更为精细,更为吃"火候功夫"。这是因为,辅导员的工作对象是大学生,要想很好地把握住他们的思想动态、心理状态、所思所想,为自己的工作提供高质量的"食材",不是件容易的事。很多时候,要学会"文武火"交替使用,"菜系风格"的设定要突出个性化,要有更强的针对性,否则即便你挖空心思的想了,辛辛苦苦做出来了,满怀期待端上来了,学生不买账也是个零。

二、关键的点：饱腹感、愉悦感

第一，要有饱腹感——管饱顶饿。不管是"私房菜"，还是什么菜，最基础的功能是什么？是要解决食客的根本问题，要管饱顶饿，或在很大程度上达到此目标。之所以如此说，是因为有的人可能会把菜定位为佐餐之物，主食才是管饱顶饿的。实际上，菜饭难道不是合一的吗？光吃菜不吃饭，光吃饭没有菜，一般人都会感觉好像少点什么。就算你做的是私房菜，宣传得再好，在付出相较平时更多费用的情况，菜量太少，没吃到什么东西，解决不了食客最低层次的需求，那肯定不行。对于做学生工作的辅导员来说，人同此心，心同此理。在具体工作实践中，部分辅导员灵光一现，想到了一个工作设计，自我感觉特别好，准备轰轰烈烈地干一场。设若此时，不注意活动设计的落地落实，不深接学生思想和认知实际，很多时候不会取得预想的育人效果，甚至有时候，还会受到学生的漠视或抗拒。这就要求我们的辅导员，工作的设计、实施，甚至从理念意识上都要有学做"思政私房菜"的主动性，锤炼自己的拿手"菜品"，把上级工作的要求、学生的实际状况、外部环境条件以及你的优势特长紧密结合起来，要让学生一见到你端出来的"菜品"就有一种雀跃感，吃了后能饱腹，吃了以后有幸福感，这些都不能使其割裂开来（当然有时候并非主观故意）。

第二，要有愉悦感——内外兼修。上面说了"私房菜"饱腹感的问题，那是菜品最基本的功用。强调其最基本的功用，但并不是说菜品外在的色、香、味、形不重要。很多时候，它们反而更为关键。总体上，人对色彩艳丽的东西，总是有一种本能的亲近感，对其更为敏感。很多情境里，人们在选择菜品时，尤其是在挑的眼花缭乱的时候，这个时候，那些色彩、样式、摆盘特别让人舒服的，能契合自己审美和格调的菜品，往往会莫名其妙的胜出。这提醒我们的辅导员,在具体的工作实践中,对工作或活动的具体呈现样式、氛围营造、流行元素的使用、现代工具平台的运用都要给予足够的重视,因为这能在很大程度上强化你的工作初衷。简单来说,你工作实施的前、中、后,要对学生中的关注热点、习惯偏好、潮言潮语、工具平台都要有基本的了解和把握。别让非智力的因素冲淡了你优质的工作设计和实施。此外,辅导员自身的颜值和气质也是个因素。因为眼缘这东西,真是个很奇妙的存在,只可意会,很难名状。反正,有个基本的事实,那就是辅导员恰当地提升一下自身形象和修养,对你开展工作,提升学生与你的亲近感不无裨益。

三、注意的点:安全感、位置感

第一,要有安全感——健康无虞。只要是涉及入口的东西,安全肯定是第一位的事。对于厨师来说,厨艺有高有低不打紧,"私房菜"品质有区别不打紧,但要是在安全健康上失位,那肯定是要出问题的。不管是食材来源的渠道也好,还是食材的产地也好,还是食材的包装运输也好,还是食材的初加工、精加工,厨师应该把安全健康意识当作"私房菜"菜品不可逾越的底线。安全平安,对辅导员来说更是底线、红线、高压线,因为即便辅导员烹饪的"思政私房菜"再好,有安全隐患或安全疏失,这都是严重问题。辅导员工作的创新、有特色,这没问题,理应如此,但安全却是第一等大事。

辅导员的"私房菜",往往会以具体活动、品牌建设的形式呈现,活动筹划期间首先应该把安全因素考虑进去,对于场地、人员构成、期间互动、紧急事项等,活动实施过程中的人员组织、用电安全、防疫事项等,活动结束后的人员疏散、场地移交、断电关灯闭窗等,都要有考虑,并做好科学预案。还有一个很关键的,那就是意识形态的安全。尤其是学生社团活动、校外人员到校或在线的报告、涉及敏感问题的解读等都要给予关注并做好应对方案。不能为了追求工作"私房菜"当中的"私"的效果，而忽略了更为关键的所在。

第二，要有位置感——换位思考。"私房菜"之所以渐趋成为一种流行餐饮模式，主要的"卖点"是其菜品的独特性、用餐环境的相对私密性等。这种餐饮模式能够存续，有赖于经营的现时可接受性。假若不被社会大众和食客接受，那它的式微就是可预见的了。既然涉及买卖双方，既然是商品，那"私房菜"的厨师就必须要考虑到社会大众、食客所在区域的文化传统、饮食喜好等因素。怎么才能很好的顾及这些因素？一个有效的办法，那就是换位思考，要更多地站在食客角度去做好菜品设计、研发等。厨师进行换位思考，需要顾及食客的感受。那么，辅导员的换位思考也有其必要性，更需要顾及学生的实际感受。自顾自的思考、自顾自的琢磨、自顾自的忙活、自顾自的嗨皮，对学生的接受能力、接受习惯等考虑的不多，或疏于考虑，此种情形下你还想指望学生获得多少、内化多少、反馈多少，统统不现实。辅导员在工作中的换位思考，如何换？一是注意考虑问题的角度。你只有真正站在学生的视角看问题，想问题，找准思考问题的切入点、出发点和落脚点，学生才能感受到你的诚意，才有可能与你形成呼应，才能形成事实上的教育引领。二是密观学生的现实需要。辅导员要想与学生实现换位思考，学生想什么、关注什么，这是你首先要清楚的，指望着猜，指望着蒙来做工作肯定是不成的。一个小经验：假若你认为学生向你反映的问题是个"小问题"，那你不妨试着把它主观放大一下来看，再对它是不是小问题下个定论，如此，也许你就能与学生迅速拉近距离。三是关注学生的成长成才。不管学生家里经济条件较好也好，较差也罢，学生无一对自己的未来成长都是在乎的。既然能找到工作的最大公约数和同心圆，那就扭住这一关键点，从学生的视角教育引导学生厚实自身素养就有了最坚实的依托，工作的效能也就会值得期待。

（写于 2022 年 3 月 28 日）

给学生开会,念广告,几个意思?

开会念广告,是怎么想的?

前段时间,有机会和我们学院毕业班的同学进行交流。为了搞好这次交流,颇费心思。讲什么,怎么讲,如何切入,我都想弄点新花样,讲点不一样的东西,以便让学生轻松的接受,愉快的听从我的建议。琢磨了很多天,最后采取了一个"投机取巧"的方案,我选择在会上给同学们读了几条广告,并做了解读。原本以为是个很不正统的开年级会的方式,不料想,同学们现场给出的反馈却非常积极,很出乎我的意料。会上,我介绍的四条广告分别是华为手机 nova 9、学校门口烧烤摊、德芙巧克力和优乐美奶茶。我以为,思想政治工作,尤其是大学生思想政治工作要注意日常化、具体化、形象化、生活化的问题,只有这样才能取得思政工作的最大公约数。下面,详细说说。

一、广告1:"精彩,由我摄定"

这一条广告语,来自华为手机 nova 9 系列的推广用语。为什么选择这一条广告语,这个在开会之前进行筛选的时候,是有过考虑的。这是因为,这一广告语,不仅饱蘸有对目标的憧憬和向往,还有对目标实现程度的标准和要求,更主要的是有对实现精彩的人之主动性的考量和期许。同学们到了毕业年级,一个非常急迫的任务就是面临着继续升学还是直接就业的选择。我把广告语的六个字,各取其二,提取了三个关键词:"精彩""由我""摄定"。选择这一条广告语,并把它放在开头位置和同学们分享,主要是给同学们一点信心和鼓励。大家,不管是选择继续深造,还是直接就业,都承担着压力,是不容易的。选择继续升学的,起五更、睡半夜,肯定是常态。大量的学习任务,各式各样的准备工作,不管是心理上、身体上,还是物质上,都要做出调整,且这种调整是实时的、适时的。直接就业的,更是不容易。不管是何种形式的就业,从求职的第一步,到最终顺利入职,其跨度、长度、难度、温度,"事非经过不知难",只有自己亲身经历才有切身体会。但是事在人为。不能因为事情难,不能因为难度大,就选择"躺平",那肯定是不行。要努力做到"由我",要靠自己的努力去实现,千万别存续着等、靠、要的心态。很多事情往往是这样。你,若是不去试、不去争、不去努力,"精彩"的考研目标学校,会轻易给你工作机会? 大家都认为是"精彩""高光"的岗位,会主动找上门来? 既要怀抱梦想又脚踏实地,既敢想敢为又善做善成,这才是打开成功大门的正确方式,这才是"摄定"精彩的正确方式。要坚信自己能够出彩,人生必定精彩,前提是要"有理想、敢担当、能吃苦、肯奋斗"。

二、广告2:"夸父"烤串

这是咱们学校老校区门口一烤串店的招牌。当时,坐班车经过的时候,就感觉这个广告很有意思,让我不由自主的为之侧目。夸父是我们国家神话里的人物,夸父追日的传说大家都耳熟能详。但是神话的主人公能被店主用在广告里,并且结合的这么有想法,实属难得。当然了,我所看中的不是这个广告的具体呈现，我更为看重的是这个广告给我们的启思。这个广告，是不是在提醒我们每一个人，不管是学习、工作，还是生活，都要注意把控节奏和火候，力争让自己有完美的呈现？我想是肯定的。先不管夸父追日的目的是什么，但说夸父追日这个场景。夸父和追赶的目标——太阳——之间，肯定是一种追赶的状态，而不是感觉没有希望的追，也不是无限接近的追。而是保持着一种恰当的距离。这一场景，不就是烤串儿加工过程中的实际状态吗？实际生活中，我们若是自己亲自上手烤串儿的话，这中间串儿离火远了，串儿是烤不熟的，离火近了，是会焦了的。大家作为毕业年级的学生，也要有这样一种状态。日常的学习、工作和生活，需要大家保持一种合适的状态和模样。这种状态，应该是张驰有度的，应该是距离合适的。凡事，欲速则不达。动辄急火攻心、急功近利、茅柴失火，如此必定会影响你的判断，影响你的备战，影响你的选择，会让你做出的选择大概率缺失理性的根基。要坚信并践行"慢工出细活"的理念。就和烤串儿一样，慢慢烤，保持合适的距离，保持自己既定的节奏，这样烤出来的串儿才有可能是外焦里嫩、卖相和品质俱佳的。

三、广告3："纵享丝滑"

这是德芙巧克力的广告语，电视端、网络端都能见到，且在青年大学生群体中，流传度很广，接受度颇高。毕业年级学生要注重调适好心态，学会享受学习、拼搏的过程，正如德芙巧克力广告说的那样："纵享丝滑"。纵享丝滑，是沉浸于其中的一种感觉和状态，其前提应该是喜欢和亲近。对一件事，对自己的主业，只有喜欢，并愿为之奋斗，才能在拼搏和努力之后，享受那份成功的喜悦。我实际上是主张同学们，不单单是毕业班级的同学，都要树立起分类发展、多元发展的理念。我相信我们的辅导员老师，在陪着大家经历大学时光的过程中,一定建议过大家,要结合自身实际,规划未来的发展路径。毕业年级的同学更是如此。大家在面临毕业选择的时候,并非只有考研一条路,并非只有就业一条路。不管你是选择哪一个方向,只要经过了自己理性的分析,有一个科学的判断,与自己的志趣有最大程度的交集,就是可以的。现在有一种误区,看到别人咋样,我就要咋样,看到别人有什么,我就要有什么,这种想法很是偏颇。表现之一:看到别人考研,我也考研,而没有对自己的实际情况进行科学理性的分析和研判;看到别人考这所名校,我也要报考,即使是在对这所学校和专业没有多少了解的情况下。表现之二:看到身边的同学考公务员,工作稳定,社会地位高,真不错,我也要考;看到身边的同学在考这个、考那个,嗯,真不错,我也想试试。这不是一种最优选择,也可以说不是种好的选择,多少带有盲从的意味。俗话说的好:鞋,是否合脚只有自己知道。选择的当口,很多勉强做出的选择,成功的几率往往很小,即便小有所成,自身的幸福感和成就感也会打折扣。所以说,"纵享丝滑"并不容易。在这里,我强烈建议大家,不管做什么选择,都要找一个厚实的依托,这个依托应该而且必须是多样化的存在。不过,这其中最基本有一条,那就是你是否认可它,对它有把握,并愿意为之付出自己的时间和精力。这很难,但只要你觉得值得就行。

四、广告4:"优雅、快乐,又美丽"

这是优乐美奶茶的广告语。之所以给大家推荐这一条广告语,我是期待大家,在大学的最后一段时光,相互加油鼓励,温暖相伴,努力成为自己想要的模样。大学时光是很纯粹的人生阶段。以前和大家交流的时候,我有一个观点,那就是,大家能够生活在一个屋檐下,四年相依相伴是很不容易的。多年之后,大家回忆起这段时光,不管是宿舍里呼噜声震天响的哥们儿,还是天天絮叨的那些"小破事",还是大家一起到处疯的"出格"举动,还是遇事大家相互之间"钢铁直男"式的关心陪伴,都会成就大家温暖的内心。相较于社会竞争的激烈,现实生活的残酷,职场上的尔虞我诈,大学阶段的人和生活,都是一种简单的存在。大家的目标很单纯,相处很单纯。对此,大家要学会珍惜和把握。让自己"优雅、快乐,又美丽",不仅如此,还要把这种优雅、快乐,又美丽,积极传递给身边人,转递给更多人。我清楚地知道,大家不管是考研、就业,还是其他,都在努力奔跑之中,累是肯定的,但我还是希望大家,保持一颗青春向上的心,劲儿不能松,神儿不能散。与合拍的人共事,与快乐的人生活。这个合拍的人,既指的是别人,也指的是你自己;这个快乐的人,同样既指的是别人,也指的是你自己。最后,真诚地希望毕业年级的同学,每人每天的状态都和优乐美奶茶一样:优雅、快乐,又美丽。

（写于 2022 年 11 月 17 日）

如何比别人先到

党的二十大报告强调:"全党要把青年工作作为战略性工作来抓,用党的科学理论武装青年,用党的初心使命感召青年,做青年朋友的知心人、青年工作的热心人、青年群众的引路人。"说实话,这一论述对我触动很大。身为一名高校思政工作者,感觉责任尤其重大,使命尤其光荣。怎么才能很好地把这一要求落实到位?这是值得每一个高校思政工作从业者深入思考的话题。我认为,应该要在工作中做到人到、心到、责任到。

一、人要先到

该你到的时候,你得到。学生需要你指导、需要你帮助、需要向你倾诉、需要你拨开迷雾、需要你导引航向的时候,你总是能及时赶到、第一时间抵达,在恰当的时候出现,在恰当的地方。

该你到的地方,你得到。学生上课的教室要定期去走一圈,学生生活的宿舍要常去坐坐,学生课余时间用功的自习室要时不时地去转转,学生组织的课外活动不妨也去参与一下。在参与中获得直接观感,在参与中获得"小道消息"。

该你见的人,你得见。学会和领导及时报告,第一时间取得领导的支持和指导;及时与家长(或监护人)沟通,为做好工作加一道凭借;定期不定期的与学生谈心(尤其是对学业预警的、心理遭遇困境的、为情所困的、人际关系紧张的、家庭突遭变故的学生),与学生保持弹性、常态化的互动。

二、心要先到

沉得下心的学习常态。工作以后,白加黑,五加二,两眼一睁忙到熄灯,可能是常态。要想沉下心来看点儿书、学会儿习、琢磨点儿东西,还真是不容易。但是高校思政工作的现实却需要每一个从业人员都要学会学习。学习点儿新观念、学习点儿新思维、学习点儿新做法,学习点儿新介质。唯有沉下心来,葆有一种学习的常态,我们的工作才能紧跟时代、紧贴学生需求、紧密服务于事业发展全局。

遇事积极的主动姿态。学生的事,一般没大事,往往是一些小事情,但若处理不好可能就是大事情。遇事的时候,抱怨不解决问题,推诿不解决问题,一味自责也解决不了问题,要学会冷静分析、快速找到问题的症结,并立刻动手解决问题,最好要学会举一反三,触类旁通,提前避免问题再次出现,或者为解决类似问题提供成熟的,可以借鉴的东西。

勇站前排的竞争心态。高校思政工作本就是常学常新的工作,这是因为时代在变、环境在变、要求在变,关键是工作对象——学生——总是在变。要想把工作做好,就要树立起勇站前排的竞争心态,勇于创新,勇于求变,勇于站在前、开新局。决不能懈怠,不能靠撞大运,不能靠"赌",不能有"树大自然直"的心态,不能等靠要,而要有战略主动。

享受工作的自在心态。高校思政工作头绪多、涉及面广、具有随时随地性,工作肯定忙,工作肯定累,但若只是单纯的工作忙碌,并不足以证明工作的高效。良好工作的打开方式,绝不应该是充塞着消极、抱怨的,而应该是自己主动找活干,并享受其间。只有学会享受工作带来的满足和幸福,这样从业人员自身的身心才能健康,干出来的工作也才能是健康的。

三、责任要先到

葆有使命感。兴趣,尤其是建立在责任感基础之上的兴趣,会使人的"内在激励"迅速迭代,成效也更持久,也更具延展性。高校思政工作中,要融入兴趣和责任,将工作视为一种生活方式,切实增强责任感和使命感,才能在关键时候看得出、站得稳、扛得住。

做个局内人。做思政工作,做的是人的工作,说到边界很多时候本身就不是太清晰、太明朗。工作中千万不要动辄以"这不是我的事""领导没说""学生没找"诸如此类的理由为借口,推卸责任,抱膀而立,置身事外,而应该抱着"学生的事就是我的事""学院的事就是我的事""学校的事就是我的事"的信念来工作。

格局要打开。无论职务高低,无论参加时间长短,无论具体分工为何,高校思政工作者都要具备团队的大局意识、协作精神和服务精神,从事业发展的整体利益出发,主动为整个工作团队解决问题,学会并善于通过团结合作来解决问题。毕竟,团结就是力量,团结才能胜利。

（写于 2022 年 11 月 4 日）

刚开学，一名新生给我上了一课

每周四，是我固定和学生闲聊的时间段。上周四，约了小何。虽然没有具体任务只是闲聊，但因为小何是名新生，刚入学也就一个月的时间，就突然间被我喊来，明显可以感觉到，他有些紧张。紧张过后，我们还是很好地聊了聊。先不说，我能给小何这孩子提供些什么"真知灼见"，倒是他的一句话，真的触动了我，给我"上了一课"。

小何同学的原话是："老师，我感觉每个学生，都有自己的发展设计，都有自己的赛道。"这话是在我们俩聊到每个大学新生都很困惑的问题——如何做好学涯、职涯规划，如何让大学生活更有意义、更有意思时说的。说句真心话，他说这句话的时候，我有两个感觉：一是这个学生很有思想，真有见地，来之前，或是自打进大学的门就有对自己未来的思考。二是这个学生情商很高，知道如何和别人聊天，懂得用合适的方式、合适的语言来表达自己的想法。

每个学生，都有自己的赛道。这话多好。还记得，习近平总书记在 2022 年五四青年节即将到来之际，到中国人民大学考察调研，在同中国人民大学师生代表座谈时，希望全国广大青年牢记党的教诲，立志民族复兴，不负韶华，不负时代，不负人民，在青春的赛道上奋力奔跑，争取跑出当代青年的最好成绩！对于小何来说，说的虽不是习总书记的原话，但大体的意思是对的。作为一个刚刚步入大学校门的孩子来说，这实属难得。我守着小何的面，就毫不吝啬地表达了我的直接观感，对他的思考和回答给予了夸张的积极鼓励。听到我的真诚鼓励，他羞涩的表情更让我坚信，他说的这话确实是他真实意思的表达，并没有掺杂表演的成分。我们辅导员开工作例会的时候，我把这个例子讲给了同事们听。大家也都感觉很惊奇。我趁机给我的同事们提醒，在开学初的时间段，与自己所带的每个学生都要推心置腹地聊一聊。通过聊天，既要实现启发学生，又要达到引导学生的目的，既要满足学生的情感需求，又要实现与学生思想的同频共振，要多了解学生的内心，不要干聊，更不要尬聊。

我们心理学院一直有个传统，那就是每个学期开学初的阶段，我们辅导员都要逐一和自己带的学生聊一遍，聊的时间可长可短，但要达到了解学生情况，解决问题的目的。聊天，顶多算个途径，并不是最终目的。聊天的最终目的是了解学生的真实思想，灵敏感知学生的情感起伏。说的显性一些，就是把工作的落脚点放在对他们成长的启发引导上，若想调子起的高一点，就是把工作的落脚点放在为党育人、为国育才上。试想一下，一个大学生，不管是什么学段的，要是辅导员不了解学生，学生也不了解你，这工作怎么做？我们每个辅导员都在做，也都在努力做，但至于说最终怎么呈现，每个人都有自己的理解和着力点。说实话，小何同学的这种表达，表达了我想表达但未能表达出来的东西。这也更加坚定了我每周抽出时间和学生"侃大山"的想法。讲了这么多细节，发了这么多感慨。与小何的聊天，他带给我最大的启发就是：我们的辅导员的工作，怎么做才是最有效的？怎么做才能做到学生心里去？假若用一句话来概括，要尊重学生，要努力把学生的主体性、主动性激发出来、传导出来。

　　不光是辅导员,就连很多任课教师,也都有这样一种感觉:对学生说的话,说了那么多,费了那么多口舌,怎么发现学生没什么感觉呢;为学生考虑的事,已经很走心了,怎么发现学生不领情呢。我的理解是,我们的主攻方向不对,工作不对路。用句时髦的话,工作的弦,没搭准。或者是,换句话说:学生,都有自己奔跑的赛道。我们做的工作,是不是做到了学生心里,是不是对学生在他(她)专属的赛道上实现青春出彩有助益。再说深一点,即便学生选错了赛道,我们要想把学生劝说、启发、引导到正确赛道上来,我们的语言、情态和行为,学生是不是认同,学生是不是接受,学生是不是领情,这也是个问题。事殊理同。有一句俗语:发回水,积层泥;经一事,长一智。学生社会阅历少。有些事,你得真正安排学生去做,只有让学生主动参与,他们的感受才能直观,比发千言万语更有效果;有些人,你得鼓励学生去接触,只有让学生与之互动,他们的体验才能触及内心,比耳提面命的效果要好一些。

　　面对新时代新形势新任务,大学生思政工作首先要做的是尊重自己的工作对象——大学生,这里面最关键的是尊重他们对自己人生赛道的选择,尊重他们"试错"的权利。其次要做的是帮助学生,不管是一开始,还是在"试错"之后,都能及时帮助学生维系、鼓荡他们那份青春的昂扬,及时回归到正确的"青春赛道"上来。

（写于 2022 年 10 月 5 日）

第二部分　思，然后有悟

要紧密结合新时代新实践，紧密结合思想和工作实际，有针对性地重点学习，多思多想、学深悟透，知其然又知其所以然。

——2019年3月1日，习近平在2019年春季学期中央党校（国家行政学院）中青年干部培训班开班式上强调

"工匠精神"之于辅导员职业能力
提升的意义

"工匠精神"指的是工匠对自己的产品精雕细琢、精益求精的精神理念和实践。联系到辅导员工作实际,"工匠精神"之于辅导员职业能力提升的路径选择具有很强的借鉴意义。

一、"工匠精神",彰显的是踏实专注的人文气质

踏实专注,就是做事认真,心无旁骛,就是全神贯注、专心致志的心理状态。踏实专注能最大程度上保证自己的时间、精力和智慧凝聚到所从事的工作上,能最大限度地发挥自身的积极性、主动性和创造性,从而为实现自己的既定工作目标提供保障。相较于其他工作,"辅导员"这一岗位对踏实和专注有着更为严苛的要求,这是由辅导员的职责和工作对象所决定的。辅导员是"学生思想政治工作的骨干力量,专职从事学生思想教育和行为管理工作,是教师队伍的重要组成部分"。辅导员要想很好地履行岗位职责,必须要具有一种踏实肯干、热情专注的态度和坚持。若工作中只有"三分钟的热

度",只有程咬金的"三板斧"技术,不仅工作做不好,反而会助长辅导员的职业倦怠感,进而影响自身的成长和发展。辅导员的工作对象是富有热情和活力、文化素质高、社会责任感强的大学生群体。面对这样的工作对象,辅导员要努力成为学生成长路上的专业化、职业化咨询服务师;面对这样的工作对象,辅导员要想把工作做出特色和成绩,无疑需要更为踏实和专注的工作态度;面对这样的工作对象,辅导员必须要踏实于工作经验的习得,专注于工作技巧的掌握,学会尽速的转变和适应;面对这样的工作对象,辅导员要学会紧跟其思想和生活需求实际,重视学生的"主观体验",创设教育情景,科学有效地服务于学生的成长成才。这其中的重点是要为学生提供健康人格培育和学业、人际交往、心理健康、创业就业、生涯规划等全方位指导。

二、"工匠精神",彰显的是对精致和完美的追求

精致和完美指的是精巧细致,精美工巧,完美无缺。对辅导员来讲,精致和完美也理应是其工作的高境界追求。这是因为高校思想政治教育工作的根本任务是立德树人,目的是"育人"。"育人"工作就必须对"人"的主观体验和要求给予充分的关切,不应该是"粗线条"的。辅导员要想很好地完成"育人"的工作任务,就必须把握住"细线条"精雕细刻的工作状态,把精致和完美作为工作的高境界追求。辅导员工作的精致和完美,不能仅仅体现在各种具体大型学生教育活动中,更多的是要体现在对工作细节的处理和把握上。细节对学生的影响是不容忽视的。大学期间,辅导员对学生生活无微不至的关爱,对学生学业的督促纠偏,对学生身心成长发展的悉心指导,每一个细节无疑都会对学生产生着直接的影响。辅导员唯有践行"工匠精神",努力通过细节的完美来提供精致的服务,方有可能追求到更为美好的教育结果。

三、"工匠精神",彰显的是对事业和人生的敬畏

"工匠精神"主张把手艺当作一种信仰来践行和传承,而在践行和传承这种信仰的过程中,伴随着寂寞和艰辛。辅导员应该践行和传承"辅导员"这一职业的理念和精神,给予自己的事业和人生足够的尊重和敬畏。只有对工作心存敬畏,才会懂得珍惜,才会有前进的动力,才会在遇到困难的时候不等、不靠、不埋怨,千方百计去解决。反之,若是仅仅将辅导员工作作为一种谋生手段,不仅难以取得出色的工作业绩,而且人生价值也会大打折扣。不过,令人欣慰的是,随着辅导员职业化、专业化的实施推进,很多人已经选择把"辅导员"这一职业作为自己的事业和人生追求。既然做出了这样的选择,每一名辅导员就更没有理由不去敬畏自己的职业、事业和人生了。当"辅导员"这一职业已然成为辅导员生活和生命的一部分时,辅导员就必须热爱自己从事的工作,并敬畏自己所从事的事业,锤炼自身过硬的职业精神,不断提高工作的质量和成效,不断开拓前进,彰显自己的人生价值。

四、"工匠精神",彰显的是对创新求变的不懈追求

"工匠精神"是追求精益求精、精雕细刻的精神,崇尚踏实专注的工作态度,但这并不意味它对创新求变是拒斥的。相反,创新求变是"工匠精神"坚持不懈的追求。高明的工匠,定是"善假于物"的,定是敏感于时代进步和科技发展对所属行业所带来的影响和变化,并善加引导,更好地去促进行业健康发展的。同样的,辅导员工作所面对的时代、环境和受众,也时时发生着变化,辅导员必须积极地应对这种变化,以创新的姿态做出适时调整。辅导员的创新求变,应该着重强调"两个创新"。一是观念的创新。辅导员必须要跟

上时代的步伐,准确把握学生的思想"脉动",根据学生工作的实际需求做好服务和管理的结合,重点做好学生人格培育和提高课业成绩的衔接,做好学生学涯规划和生涯规划的衔接,做好创新创业和就业之间的衔接,做好专业学习和未来发展的衔接。工作中,辅导员要突出问题导向,创新育人的理念和方法,善用工作倒逼机制,促使自己带着问题去研究工作,并把研究成果和经验总结反哺工作实践。只有坚持观念的创新,才能"以思想认识新飞跃打开工作新局面",掌握工作的主动权,增强工作的前瞻性和主动性。二是工具技术的创新。当今,现代信息技术支撑下的新媒体已渗透到社会的各个领域。辅导员要做好思想政治教育工作,重视新媒体的功用,因为新媒体既是信息传播的工具,更是一块竞争异常激烈的思想舆论阵地。辅导员只有对新媒体善加利用,充分发挥其宣传教化功能,传递社会和校园"正能量",才能有效拓宽新形势下的学生工作新空间和新途径。

（写于 2016 年 4 月 21 日）

工作如劈柴,要照准纹理

老话说:"劈柴不照纹,累死劈柴人。"意思是指劈柴时要找准木头的纹理,这样劈木头时才能又快又好,若是一股脑儿的蛮干,必定是大费周章,甚至很多情况下还会劳而无功。它山之石,可以攻玉。从"劈柴不照纹,累死劈柴人"这句谚语,联系到高校辅导员工作,亦同此理。辅导员工作也应该是开放的、兼收并蓄的,应该并善于学习借鉴其他领域的经验和做法,真正"照准"工作的"纹理"。

基于这样的理解,在这里辅导员应该就是"劈柴人",而照准的"纹理"就应该是工作当中存有的科学的理念和方法。既然是这样,问题就来了。辅导员怎样才能"照准"工作的"纹理",做一个称职的"劈柴人"呢? 我认为,应该忠诚的落实一个原则,那就是"分类引导"的原则。只有紧紧把握住这一点,那才能说是有效抓住了解决问题的"牛鼻子"。要想做到科学高效的"分类引导",前提是了解学生,关键是引导学生,落脚点是实现学生的科学发展。

一、了解学生:"分类引导"的前提

　　实际上,了解学生的过程就是个"分类"的过程,"分类"的过程也是真正"找到"自己学生的过程,只有"找到学生"才能分而"导"之。对学生的充分了解是辅导员工作开展的基础,更是辅导员工作智慧的体现。只有了解自己的学生,辅导员才能把话说的学生愿意听;只有了解自己的学生,辅导员才能把事做到学生"心坎里"。把不住自己学生的"脉",就理解不了他们"脉象后面"跳动的心,理解不了学生的所思所想,即便他们天天在你眼前转悠,你也不能说是真正"找到"自己的学生。辅导员是什么? 它是开展高校思想政治教育工作的骨干力量。既然是骨干力量,辅导员就不仅要了解学生普遍的认知结构、水平、规律,还要了解学生的思维习惯和学习生活的特点、动机和兴趣等,唯有如此才能"定制"自己的服务,为分类引导打下坚实的基础。

二、引导学生:"分类引导"的关键

　　只有"分类",而没有"引导",这相当于工作只是完成了一半,这样的工作是不完整的。在具体工作中,辅导员应该在了解学生的基础上,抓牢"引导"这一关键,做好"引导"的文章。如何引导学生? 其中最重要的一点就是把认识和思考问题的决定权交还给学生,发挥学生的主观能动性。因为,毕竟学生的情况多种多样,毕竟学生的特点各不相同,那么辅导员在工作中分类施策,以促带动,引而育之,不仅科学,而且可行。要帮助学生培养自己科学的思维方式,锻炼、实践勇于并善于做出决定的素质和能力。有的人认为,"分类引导"学生无非还是帮助学生甚至是替代学生对未来的职业或人生做出选择,这样看问题不仅是曲解了"分类引导"的本意,也是传统教育思维和模式变换了方式的更为"温情"的存在，对于做好学生没有积极意义。

三、实现发展："分类引导"的落脚点

　　未来的发展，对理想职业的追求，无疑是大学生最为关注的现实问题，也是学生追求上进的原动力，辅导员对此应该有一个充分的把握。辅导员应该把实现学生的发展作为"分类引导"的落脚点，把实现学生的职业和人生发展融入辅导员工作的全过程，帮助学生正确地认识自己，科学地规划自己，主动思考自己的职业发展方向，唤醒学生生涯规划的意识自觉，确立科学正确的职业目标，并引导学生为实现这个目标而努力。只有牢牢把握住了这一落脚点，辅导员对学生的"分类引导"，才能找到工作的节奏和依托，才能深接"地气儿"，赢得学生的积极回应；只有牢牢把握住了这一落脚点，辅导员对学生的"分类引导"，才能找到工作科学延续的动力之源，才能彰显辅导员的职业价值和担当，在带动学生赢得人生"出彩"的同时，赢得辅导员自己人生的"出彩"。

（写于 2016 年 5 月 3 日）

辅导员专业化生长点的选择和培育

辅导员的专业化发展持续其整个职业生涯之中，它要求辅导员不仅要具备该职业所必需的知识，而且要掌握必要的技能，把握思想政治工作规律，具备较高的职业素质和职业情感。对于辅导员来说，专业化的发展如何才能做到有的放矢？专业化的发展目标怎样才能有效实现？这应该是辅导员，尤其是刚刚入职的年轻辅导员非常关注的问题。实际上，对每一个辅导员来说，专业化的发展，最关键的应该就是找准出发点和突破口，选择和培育专业化的生长点，并以此为基石去彰显服务学生全面发展的价值实现。

一、辅导员专业化生长点的内涵

社会科学领域中的"生长点"，其内涵泛指在个人的学业、科研课题的研究以及学科的发展等方面，在原有水平的基础上向更高的水平、更新更广的领域推进时，所选定的科研项目能产生最佳效果的出发点和突破口。具体到辅导员的专业化发展上来说，"生长点"指的是辅导员有效实现育人目标的出发点和突破口。它依托于辅导员自身的专业结构、工作履历、性格特点、能力特长、兴趣爱好等,体现的是辅导员个体的素质储备和潜在素质。辅导员专业化的生长点,不会无缘无故的"萌发",要有一个选择和培育的过程,它有赖于辅导员自身主动性的发挥,必须经过一个学习提升和能力迁移的过程。

二、辅导员专业化生长点的选择和培育是应然之需

(一)这是高校思想政治教育工作的迫切要求

辅导员工作面对许多新的情况、新的问题,辅导员工作的复杂性、难度愈加深化,对辅导员的能力构成提出了更高层次、更高标准的要求。辅导员必须要很好地去了解、适应外部环境和时代特征对自身工作的要求。怎么去适应?被动的等待只会与社会和时代渐行渐远,这不足为取。别无他法,真正可行的、有效的方式应该是主动出击,以专业化的发展路径去解决实际问题。但问题是,辅导员专业化的发展路径应该有个基本的依托,不能漫天撒网的经验主义,应该有个发展的"生长点"。找到了这个"点",专业化的成长和发展就有了出发点和突破口。实际工作中的无数事例都证明,辅导员只有真正找到自身专业化发展的出发点和突破口,并把其作为生长点去积极培育,才能有效破解工作中遇到的很多难题和瓶颈。

(二)这是激发辅导员专业化发展主动性和积极性的需要

生长意味着希望和未来,它是成功的推动力。对于辅导员而言,如果能把专业化发展与自身的优势与特长、与自己的可持续发展结合起来,无疑能在最大程度上调动工作潜能,使工作主动性和积极性得到最大程度的释放。辅导员专业化发展的主动性和积极性的问题解决了,辅导员就会对自己的工作给予不用动员的关注,就会主动选择符合自身特长的专业化发展方向,

调动一切潜能和资源,创造性地去开展工作。若是辅导员对自身的特质没有一个科学恰当的把握,寻找不到自身专业化发展的生长点,就会怠于"打理"自己的专业或工作,所谓自身专业化发展的期许和规划就只能是"镜中花""水中月"。

(三)这是辅导员专业化发展过程中心理和行动的起点

前面提到过,辅导员专业化生长点的选择和培育,有一个基础性的环节就是辅导员要对自身的基础性条件进行科学的分析和判断,这是辅导员专业化过程中必须要有的一个环节。这种分析和判断能够给辅导员以强烈的心理暗示,并导引他们的行动,促使辅导员主动去思考和培育自身专业化发展的生长点。这个前期的铺垫,能很好地解决辅导员寻求专业化发展的自信心问题。自信来源于对自身潜在能力的认定,辅导员只要找到了这种自信,其自身对于专业化发展的前景才会有基本的心理和行动的依托。在此基础上,辅导员专业化才有可能找到突破方向,才有可能付诸实践,才有可能成为他们较为长久且相对稳定的行为倾向。

(四)这是工作对象发展变化的倒逼选择

辅导员专业化生长点的选择和培育,除了依托于自身的特质和条件,还应该关注工作对象——学生——的实际需求。当今时代的大学生,受到我国社会转型、西方文化以及网络文化的冲击等多重因素的影响,其思想状况、思维方式、价值取向更加复杂和多元。传统的思想政治教育方式已经很难适应当今学生的认知特点,与工作的实际需要已经很难实现"匹配",表现出来的就是教育形式与内容单一、单向,教育效果不佳。这些现实情况,对辅导员来说是一种倒逼,形势的发展客观上要求辅导员的工作手段、模式必须要及时"更新升级"。如何"更新",如何"升级"?辅导员要积极探索有利于推动工作提升的新方法、新手段、新举措,设计活动时,开展工作的过程中,要更多的选择通过"教育引导、舆论宣传、文化熏陶、实践养成、亲身体验"等形式来进行,紧密结合学生的特点,去选择和培育自身专业化发展的生长点,并在此基础上实现自身专业化发展的目标。

(五)这是辅导员可持续发展的需要

选择和培育辅导员专业化的生长点,不仅是高校思想政治教育工作的客观需要,也是辅导员自身实现可持续发展的客观需要。可持续发展能力是辅导员的核心职业能力之一。辅导员要想有效实现自身的可持续发展,应该努力去适应学校发展的大环境,要坚持不懈地开发集聚资源,回应社会关切、学校发展和学生成才的要求,积极寻求自身专业化发展的出发点和突破口,把自己的专业技能更好地发挥出来。如果辅导员意识不到这一点,跟不上社会大环境的"节奏",迟钝于自身专业化生长点的培育,不仅工作的效果得不到保证,个人的发展也会"梗阻"。

三、选择和培育专业化生长点,辅导员应该下点"真功夫"

(一)坚持"一个目标导向":价值引领

辅导员专业化的最终目的是服务于学生的全面发展,引领学生价值观的成长,那么辅导员专业化生长点的选择和培育也必须服从服务于这种工作要求。要适应这样的客观要求,把握好自身专业化发展的方向,精心培育自身专业化的生长点,并通过系统学习和锤炼,"行堪仰则人必从",实现对学生的科学指导和优质服务。辅导员专业化生长点的选择和培育就要紧密结合时代要求和学生特点,树立服务育人的工作理念,尊重、贴近、深入学生,转变传统的服务方式,注重培养学生自我教育、自我管理、自我服务的能力,立足为学生解决实际诉求。辅导员专业化生长点的培育,只有坚持"价值引领"这一目标导向,辅导员的专业化发展的方向才能不"跑偏",才能增加对学生施加影响的"带宽",把教育工作引向深入。

（二）凸显"两个意识"：学习意识和创新意识

一是学习意识。辅导员专业化生长点的选择和培育过程,实际上就是一种对自身发展的"定向"选择,是一种在原有能力基础上的提升过程,要想顺利完成这一过程,辅导员必须把学习意识的提升放在一个突出的位置。不仅如此,高等教育统一性与多样化的发展趋势,教育对象、教育手段、工作内容的变化也在不断深化,辅导员只有紧紧追上这种变化,及时更新工作观念,努力学习新的事物,不断提升自己的综合素养,才能当好学生的指导者和引路人。勤于学习,善于学习的过程中,辅导员除了必须加强自身的理论学习外,要着重加强对信息化教育手段的运用,学会利用微信、微博、博客等信息化平台,与学生信息共享,增加工作的"抓手",对学生人格的形成和固化施加潜移默化的感染熏陶。

二是创新意识。选择和培育辅导员专业化的生长点,必须要注重创新,注重打破传统。这中间切忌"不是巧合的雷同",应该展现自身的优势和特长,发出自己的"人生之彩",力争做到主动尝试、大胆选择、寻求融合、勇于创新。唯有如此,辅导员才能与时俱进,辅导员专业化的发展才能有的放矢,辅导员工作才能真正取得实效。可以说,创新是辅导员专业化发展的初始源泉和前进动力。辅导员在自身专业化生长点的选择和培育过程中,如何培养自己的创新意识,首先,要学会用新的眼光看待新的事物、勇于突破传统,打破常规,努力让自己的思想观念和时代同步,学会主动思考,对自身专业化的发展方向和生长点做出选择;其次,要主动去了解工作对象的新的特点,主动去研究学生中间存在的新的想法、新的行为、新的习惯,实施分类引导,学会用新的思维研究新的情况，从有利于学生全面发展的角度去考虑问题，创新工作方式，使工作更具个性和针对性。

（三）立足"三个着力点"

一是出发点：体认学校文化。学校文化是学校校风、历史底蕴、人文传统、人际关系、领导管理方式等的反映，它是"学校的灵魂"，是各项学校活动的精神领袖，是各种学校文化载体的"神"，也是衡量一个学校生命力的核心指标。辅导员专业化生长点的选择和培育，这其中绝不能缺少对学校文化的体认环节，虽然生长点的选择和培育，更多的是要靠辅导员自身做出切实的努力，但又绝非是单纯的"自娱自乐"，它不能脱离生长的土壤，不能超脱学校文化而存续。学校文化左右着辅导员专业化生长点的选择和培育，也自然深深影响着他们的专业化发展状况。不同的选择会给人造就不同的发展空间和发展机会。选择和培育一个对接学校文化的专业化发展的生长点，这是在为自己专业化的发展奠基，是在为自己的职业生涯发展铺路。辅导员专业化的生长点越贴近实际，越与所在学校的文化相契合，辅导员的发展道路就会越走越宽广。

二是承接点：习得工作经验。主动习得他人的工作经验是行之有效的学习途径。很多辅导员，尤其是年轻辅导员，步入工作岗位的方式是直接从学校到学校，社会历练明显不足，虽然工作的热情高、责任感强，但若从整体上论，普遍缺少从事辅导员工作的理论、技能和经验，实际工作中更多的是"依葫芦画瓢"，也许在与自己的学生沟通交流时较少有障碍，但要想完全担负起大学生"知心朋友""人生导师"的角色，距离还不是一星半点。基于这种情况，辅导员在专业化生长点的选择和培育过程中，就应该学会在"继承"的基础上实现"创新"。辅导员工作的前辈或同事，他们每个人在工作过程中间，积累了很多现成的解决困难和问题的方法和经验，这些恰恰就是年轻辅导员所需要的东西。另外,辅导员吸取借鉴工作前辈的这些经验为我所用,习得属于自己的工作套路和技巧,选择和培育自身专业化发展的生长点,这样工作就能尽快进入轨道,不仅有利于节省适应工作的过程,提高工作的效率,也能够畅达自身的专业化发展之路。

三是落脚点:服务学生全面发展。辅导员专业化生长点的选择和培育,必须落脚于服务学生的全面发展,这是辅导员专业化发展能否"走心"的关键。学生工作目标的实现,任务的达成,必须要靠出色的落实来完成,工作中有想法,有思路,不去尽责落实,那么这样的想法和思路只能是"妙手空空"。同样的道理,辅导员专业化方向的选择,专业生长点的培育,要重在解决学生的发展问题,不能"口惠而实不至"。服务学生自身综合素质的培养和锻炼,这是培育辅导员专业化生长点的落脚之处。因为学生的综合素质,关系着他们未来的发展方向和空间,关系着他们求职、择业的层次与自由度,这是大学生活的"中心"和"重心"。辅导员专业化生长点的培育过程中,要紧紧抓住学生关注的焦点,做工作要让学生"心里过电";要教育引导学生转变观念,有针对性地不断提高充实自己、修正完善自己,锤炼过硬的综合素质,为自己的发展奠定坚实的基础。

(写于 2016 年 7 月 28 日)

提升供给质量是一种应然选择

　　高等教育的改革发展，必须融入时代大的背景之中，与经济社会发展同步。在我国经济社会发展迈向供给侧改革的大背景下，高校应顺势而为，深入推进自身的供给侧改革，加强有效供给，在发展理念和思路上，要更加注重结构、质量、创新能力和效益的优化和提升，把精力转移到内涵提升的轨道上来。

　　高校供给侧改革中，思政工作的供给侧改革作为其中的重要组成部分必然不能缺席。那么，高校思政工作的供给侧改革应该怎样进行？怎样进行才能更好的适应"双一流"背景下高等教育的发展要求？我想，提升供给质量是一种应然的选择。一是由高校思政工作自身的特殊性决定的。高校思政工作是一项党性工程、灵魂工程、系统工程，是高校改革发展和稳定的精神动力和思想保证，承担着培养德智体美全面发展的社会主义建设者和接班人的重要使命。二是由高校思政工作的工作受众的特点和变化发展趋势决定的。在网络化、信息化时代的今天，互联互通已经成为大学生生活和思维的常态，为了与之相适应，高校思政工作也应该紧跟形势的发展和要求，学会并善于运用现代教育和传媒手段，有效增强工作的亲和力与黏性，对学生施加精准影响,以保证教育服务的最佳效果,要想达成这样的工作目标,提升高校思政工作的质量是重中之重。

一、靶向发力,校准高校思政供给侧改革的新方向

做好高校思政工作,就必须要对当前高校思政工作有一个准确和清晰的把握,靶向发力,以解决实际工作中的主要矛盾和矛盾的主要方面为抓手,才能校准高校思政工作供给侧改革的新方向。当前,高校思政工作中存在的问题主要是:一是高校思政工作的方式方法和大学生的思维实际存在着较大距离,工作的说教性、规约性、重复性、流变性和评价的模糊性等是一种硬性存在。二是高校思政工作中资源整合的能力偏弱,工作合力没有完全形成,建立健全协同创新机制的问题依然没有很好的解决。三是西方社会思潮和社会上不良世俗文化对大学生的渗透与影响,给大学生的思想认识带来了极大干扰,在一定程度上抵消了高校思政工作积累下来的正向效能。

摸准了脉象,对症下药才有疗效。针对这种工作实际,高校思政工作应该做好顶层设计,深入推进供给侧改革,校准高校思政工作的新方向,做当代大学生成长成才的优质营养的供给者。要在增强工作的连续性上下功夫,原创或制作一批直击大学生内心世界的深入生活、深入现实、深入校园的新媒体或传统媒体作品,在潜移默化中对大学生施加正向影响,全方位满足大学生多元化的成长需求。要形成大思政的工作理念,创新工作范式和形式,主动邀约或是工作吸纳集聚,建立健全协同工作机制。要发挥高校自身的人才和智力优势,加大理论创新力度,夺取话语权,占领高校思想文化阵地,对大学生关注关心的问题,要学会并善于直接、及时回应,解疑答惑,要尊重和发挥大学生在高校思政工作中的主体地位,让大学生在事关自身利益的问题面前有更多的话语权。

二、搭建平台，整合高校思政供给侧改革的新资源

作为一种沟通形式，平台是人们进行学习交流且具有较强互动性的舞台。高校思政的工作平台不外乎两种：传统式样和新媒体式样。传统式样的高校思政工作平台，依托于传统的思政教育模式，内容呈现单调枯燥，模式单一，讲究单向灌输，较少考虑被教育者的感受，越来越受人诟病。不仅如此，传统式样的高校思政工作模式因与当今学生的生活和思想实际相剥离，工作的能效比越来越低，这不仅制约着高校思政工作的效果，也可以说影响了高校思政工作的形象。高校思政工作要想实现与时代和学生的"和谐共振"，一个很重要的方面，那就是必须要注重搭建、利用新的工作平台整合新的资源，深入推进高校思政工作供给侧改革，提升教育供给的质量，用实实在在的成效助推立德树人这一根本任务的实现。如要注重充分发挥新媒体在高校思政工作中的独特作用。新媒体思想政治教育主要是借助数字化媒体这类载体，通过网络来实现教育者和教育受众之间的信息交互传播，产生相互影响，实现自身的教育目的。新媒体思政突破了传统思政媒体在时间上和空间上的局限，很好地迎合了大学生对各种信息的多元化和个性化的需求。

但是注重搭建高校思政工作的新平台，并不是说传统形式的工作平台就可以弃之不用。诚然，新媒体工作平台，因其更贴近学生实际，更符合学生认知和思维特点，在大学生群体中间拥有天然的亲近感，拥有更多的拥趸，在高校思政工作中所占权重越来越大。但是传统形式的高校思政工作平台，如思政课教育教学、校园文化活动、年级会、主题教育等，也有着自身独特的优势，如时间空间集中，教育主题明确或集中，营造氛围的条件很容易实现，效果基本可以预期。基于此，我们对待高校传统思想政治教育平台的科学理性态度应该是"扬弃"，对其中好的方面，要保留或在继承的基础上进行大胆

创新,对其中不好的方面则要大胆舍弃,完全弃之不用是非理性的做法。

三、队伍建设,集聚高校思政供给侧改革的新基础

长期以来,虽然近年来有部分改观,在高校思政工作实践中,思政工作者在整个思想政治教育过程中的地位高居在上,思政工作的主动性和创新性,虽然屡屡被人提及,但一直很难推动。教育形式的单一呆板、时代感差、信息流通的单向性普遍存在。这种教育的理念和形式对大学生缺乏足够的吸引力、凝聚力和影响力,甚至在一定程度上使其产生了消极抵制和心理逆反,教育效果被大打折扣。而信息化技术的飞速发展,互联网与思政工作之间的融合使得教育者和受众之间可以自由、平等地实现信息交互和流通,学生有了较大的自主权,可以较好地助推大学生对高校思政工作的主动关注和积极参与,为高校思政工作自身职能和功用的实现奠定了基础。

基于这种工作实际,高校思政工作的供给侧改革,就必须要把队伍建设提上工作日程,落细、落小、落实。这支队伍是高校思政工作供给侧改革的实施者和实践者,队伍的理念、执行力、创新性、可持续发展能力等,这些因素都直接影响着高校思政工作的实施和成效。要着力加强这支队伍的建设,一是思政工作者要把自己的本职工作置于时代和社会的大背景之下,要学会从整体性和系统性的角度来审视自己的工作,增强学习和创新意识,放低姿态,在保持工作强度和力道不减的前提下,增强工作的亲和力和精致性。二是加强工作研读,突出问题导向和目标导向。把解决工作实践中发现的问题作为工作努力的方向,并在解决问题的过程中助推工作目标的有效实现。三是善加利用新的工作平台,探索和大学生交流互动的新方式、新技能,既要注重提高工作的"颜值",又要注重提高工作的"气质"。

四、互联互通，拓展高校思政供给侧改革的新空间

高校思政工作供给侧改革，必须因应全球化、"一带一路"的大背景，要愈加重视与域外高校之间的合作与交流。要想切实推进高校思政的供给侧改革，对国内、国际两种资源的善加利用应该成为高校思政工作的一种常态，决不能关起门来"自娱自乐"，决不能只见树木不见森林。我们要注重发挥"他山之石"对推进高校思想政治供给侧改革的正向效能，更好地利用国际国内的教育资源，互联互通，优势互补，这不仅有利于高校培养大批高素质的、具有国际视野和懂得国际合作的外向型人才，也有利于丰富高校思政工作之风貌，拓展其工作内涵和外延，提升我国高等教育的整体质量和影响力。

在这中间，要找准自身定位，找准合作的契合点，立足吸收借鉴，重视与发达国家在先进项目上的合作，特别要鼓励和支持高等院校与中华文化圈内的国家和地区开展合作交流，利用"一带一路"建设的有利契机，大力推进孔子学院项目，在科教文化、青年交流项目、夏令营等方面开展合作交流，拓展高校思政工作供给侧的深度和广度。

五、着力创新，趟出高校思政供给侧改革的新路子

习近平总书记在参加十八届五中全会上海代表团审议时强调，在五大发展理念中，创新发展理念是方向、是钥匙；创新发展居于首要位置，是引领发展的第一动力。高校思政的供给侧改革，最主要的任务"思想供给"，即统一思想、凝聚共识，形成支持和参与改革的良好氛围，也必须要通过创新明确发展的方向，通过创新找到发展的路径，通过创新找到发展的自信和动

力。一是要创新工作理念,重视高校思政工作设计规划的科学性、前瞻性。围绕落实立德树人根本任务,要树立大思政的工作理念,形成工作合力,加强高校思政工作者的平等对话意识,尊重大学生的现实吁求,注重人文关怀,以学生的心理维度和生活维度为工作的切口,实现高校思政工作风格向大学生现实世界的回归。二是创新工作手段,重视新媒体工作手段的利用。充分利用新媒体的独特优势,立体化引导,提高高校思政工作的管理水平,提升思想政治教育工作者素质,积极拓展高校思政工作话语资源,增强工作的实效性。三是创新评价体系,从教育主管部门层面、学校自身层面、学生层面和社会层面四个层面着手,建立起层次清晰、指标完备、机制健全的评价体系,这不仅是正确评价高校思政供给侧改革效果的需要,更是实现高校思政工作目标的保证。

（写于 2016 年 10 月 26 日）

事业发展中的"篮板球",必须抢

习近平总书记在党的二十大开幕会上强调:"广大青年要坚定不移听党话、跟党走,怀抱梦想又脚踏实地,敢想敢为又善作善成,立志做有理想、敢担当、能吃苦、肯奋斗的新时代好青年,让青春在全面建设社会主义现代化国家的火热实践中绽放绚丽之花。"这是习近平总书记对广大青年提出的殷切希望。年轻干部作为青年中的佼佼者,面对新时代新征程,必须牢记嘱托,在奋发有为中践行初心使命。

以奋斗之我投身伟大事业就像是篮球场,年轻干部不管是被推到"锋线"位置,还是被放在"后卫"位置,都要克服资源禀赋上的"先天不足",秉要执本,增强主动性和荣誉感,学会抢得事业发展中的"篮板球"。在篮球比赛中,抢篮板球是在投篮不中后双方争夺球权的一项技术,它是攻守转换的关键。当代篮球运动愈发讲究更为激烈的攻守对抗,可以说谁控制了篮板球谁就能掌握比赛的主动权。抢篮板球很重要,不过也是有技巧的。如要有积极拼抢的意识,要利用脚步移动和卡位技术提前抢占有利的争抢位置,要有对球的落点的准确研判,要加强对篮板球的控制和保护并谋求将其转化为得分。篮球场上是这样,事业发展中亦是如此。对年轻干部而言,要想抢到事业发展中的"篮板球",不能"站桩式"地等靠要,必须发挥主动性,更不能一味使蛮劲,必须掌握住一定的方法和技巧。

主动性,必须得足。什么是主动性?它是一个人依循自己规定或设置的目标而采取的、不依赖外力推动的行为品质,由个人的需要、动机、理想、抱负和价值观等来推动。篮球比赛中,球员要想拿到篮板球,为己方取得对球的事实控制,只有发挥不依赖外力推动的积极性,主动去拼抢,才是解读比赛应有的姿势。需要说明的是,抢篮板球不一定是中锋的活儿,场上的每个人都有去抢篮板球的义务。若是把工作场比作篮球场,类同此理,干事创业,只有干出来的精彩,没有等来的"高光"。年轻干部在成长过程中必须要有的一个"小目标",那就是尽速赢得工作的主动,拿到事业发展亮眼业绩的"篮板球",这要求年轻干部必须保持一个始终洋溢着蓬勃生机活力的"抢"的状态。不难理解,年轻干部作为推动党和国家事业发展的新鲜血液,作为深耕一线的"初学乍练者",面对诸多的未知领域和陌生情境,理应学会主动践行积极进取的精神,主动干、肯干和实干,这才是人生高远格局的正确打开方式。再具体点:对于事业发展中的一道道考题、难题,年轻干部必须要有"撸起袖子加油干、风雨无阻向前行"的拼搏尽头,才能把工作局面打开来;对于急难险重的任务、担子,年轻干部必须要有"士以天下为己任,泥犁拔舌自担当"的责任意识,才能把工作担子挑起来;对于长期存在的"老大难"、棘手的问题,年轻干部必须要学会并善于"前瞻性思考、全局性谋划、整体性推进"。

位置感,必须得强。篮球比赛里的"位置感",指的是双方球员在直接对位的基础之上,强调持球者、防守者和篮筐三者之间的空间关系。若是这种空间关系利于防守者,持球者就要通过自身位移或球的转移来寻求改变;若是相反,则一般会以出手投篮作为一次进攻的结束或开始。篮球场上,不管是处于进攻态势,还是处于防守态势,每个人都有自己相对固定的位置,也都有自己的角色承担和职责范围;不管是锋线选手还是后卫选手,对比赛的有效参与，既包括对位防守，也包括换位防守，还包括补漏配合，这都能为掌控比赛的关键环节——篮板球——贡献力量。年轻干部是中国特色社会主义事业的希望和未来，必须增强自己的位置感。一是要把理想信念放在首要位置。年轻干部要做到信念坚定，对党忠诚，时刻牢记我们党为中国人民谋幸福、为中华民族谋复兴的初心和使命，知行合一，带头做共产主义远大理想和中国特色社会主义共同理想的坚定信仰者和忠实实践者，在坚定信念中甘于奉献，在实现理想中淬炼青春。二是要把担当有为放在突出位置。面对改革发展稳定的复杂局面，我们肯定会遇到各种各样的风险挑战。担当，体现着年轻干部的胸怀、勇气、格调。在成长历程中，年轻干部只有不怕事、不避事，敢于并勇于担当，善于并乐于问困纾难，才能不断突破自我，干成一番事业。三是要把脚踏实地放在兜底位置。年轻干部刚刚踏上工作岗位，忌讳的是心浮气躁，要把心放下、把神稳住，以脚踏实地的作风兜底，敢于主动应对，敢于接受挑战，才能学到真本领，练就真功夫。

预判力，必须得好。所谓预判力，就是人对事物的发展和未来趋势进行正确预判和前瞻的能力。场上有人投篮时，不管对手还是队友，都要根据投篮队员的投篮方式、出手角度和速度及球的运行轨迹，有一个大致的落点判断。一方面要根据球与筐或板的第一接触点的位置，来判断球的反弹方向和距离；另一方面要看篮球运行的弧度和速度，一般来说篮球弧度高、速度慢，弹筐而出时距离就比较近，反之则远。要想于此精熟，就需要平时多加揣摩，多积累经验，提升对球的运行路线的预判力。在现实工作中，年轻干部提升事业发展中的预判力，需要做好以下几点。一是格局要打开。年轻干部不能只顾"埋头拉车"，更要"抬头看路"。要把理想与现实结合起来，坚定理想信仰，解决好"听谁话、跟谁走"的问题；树牢宗旨意识，明白"是什么、要干什么"的答案；认识科学方法，懂得怎样办、如何办好的路径。要把眼前和长远结合起来，兼顾眼前和长远，观照事业发展过程的每一个阶段，抛弃那种急功近利的处事哲学。二是步子要迈开。事业发展中的预判力从哪里来？只能从实践中来。软肩膀挑不起硬担子，年轻干部不能做办公室里的"钉子户"，要想做个抢工作"篮板球"的行家里手，要迈开脚步深入基层、深入群众，"要把抓落实作为开展工作的主要方式"。三是状态要起来。工作状态充盈了，才能对事业发展做出及时、精准的预判。年轻干部要保持乐观向上的积极心态，保持昂扬的工作状态，保持接到工作任务后第一时间去思考的姿态，聚焦聚力于完成既定工作任务，不能一步三摇不上心、不着急。与其有牢骚太盛的闲情，不如多些实干；与其有斤斤计较的拖沓，不如起而行之。

转换率，必须得高。篮球比赛中，抢篮板球的最终目的是什么？肯定是为了获得球权，把握合理攻守转换机会，提高球权控制与实现得分的转换率，这是篮球比赛极具魅力之所在，更是一种深度现实观照。年轻干部身处事业发展场域也是如此，要提升工作接续付出与最终呈现的转换率，不仅要有对工作的主动投入，还要有对问题的清醒认识，更要有对目标的不舍追求。一是踢好"头三脚"。只有踢好工作的"头三脚"，才能为后续的转换提供基础。时下，在年轻干部中间存在一种倾向，那就是工作中不自觉的追求大声势、大动静，对工作链条的前半部分比较重视，而对于实际应该达成的工作质效则缺乏足够的思考和规划。年轻干部要踢好"头三脚"，其题中应有之义是工作自打设计规划之初就要有清晰的目标导向，有扎实的推进举措。这和篮球比赛中的抢篮板球是一样的，不能为了抢而抢，不能说把球抢到了，再去想下一步要干什么，若此，那就麻烦了。二是劈柴要照准纹理。一个简单的道理，劈柴时要照准木柴的纹理来劈，不能胡劈乱砍一气。年轻干部在工作实践中要学会照纹劈柴，要重视实现"上情"与"下情"的贯通。工作中要熟知我们党和国家的政策法规、上级的指示精神，并与个人的实际工作紧密结合起来，增强工作的针对性、契合度，如此工作落实的质量和效果才能给予一个高的预期。三是匹配"榫与卯"。中国传统建筑样式里有一种结构——榫卯，采用的是构件凹凸部位相结合的连接方式，有着极强的稳定性和柔韧性。篮球赛场上的五名球员恰如榫与卯，各有优长，只有达成和解，互相成全，善打"整体战"，才能形成稳定的得分节奏和模式，进而掌控比赛。这启示年轻干部，在工作中要学会配合，认同自身角色，"守好一段渠、种好责任田"，为团队目标的实现贡献自己的力量。否则，各自为战，遇事习惯性单挑，极易导致工作缺乏有效衔接，往往到最后谁的工作也没有完成，或者完成的工作难尽人意。

（写于 2022 年 10 月 27 日）

了解学生有门道

　　在学校 2022 年秋季学期开学干部大会上,唐洲雁书记在讲话中多次论及学校秉承并践行的"以学生为中心"工作理念,在全体干部尤其是在辅导员中间产生了强烈共鸣。对辅导员来说,践行"以学生为中心"的理念是其工作的题中应有之义,尤为关键。这是因为,辅导员的工作定位是"努力成为大学生的人生导师和健康生活的知心朋友",辅导员要想把工作做得扎实且富有成效,必须要有一个预设的"大前提",那就是要对自己的工作对象——大学生——有一个全面、透彻的了解。了解学生,这是辅导员的基本功。那么,问题来了,在实际工作中,辅导员要想全面了解学生,要了解些什么呢?

　　首先,稔知学情。学情是指大学生的专业认同度、学习投入度、对教师教学的认可度、对自我学习能力和发展潜力的评价等,是一种包括学生的学习态度、学习基础、学习习惯、学习能力、心理特点等的动态且综合的呈现。不可否认,辅导员针对学生开展的教育服务应该有更为多元丰盈的理念、方法和路径,专任教师在教育教学环节对学生学业状态的了解会更深一些。但是辅导员绝不能据此把对学生学情的把握"窄化",更不能"虚化"。没有对自己学生学情的透彻了解,就"猜着""估摸着"做工作,必定会存在话说不到"点上"，事办不到学生"心坎"里去的情形，其工作应对往往会沦为隔靴搔痒；没有对自己学生学情的透彻了解，就指望自己的工作路数上对、效果上好，无疑是痴人说梦。辅导员工作具有实操性强的特点，这决定了辅导员必须要用透彻了解学生学情之"矢"射大学生核心素养提升之"的"，工作才会深具针对性，才会契合学生的真实需求，成效才会值得期待。

具体说来，辅导员了解学生学情，有以下三个方面需要着重把握。一是了解学生的现实学业状态。辅导员要进一步强化对课堂教学、教育实践等环节的参与，加强与专任教师、教学管理人员的配合，要在参与中、互动中加强对学生现实学业状态的掌握。在此基础上，辅导员要"分类施教"，根据学生的学习兴趣、学业状态和能力层次，提供个性化、差异性的教育引导服务。尤其是对那些学习动力不足、学业业已或可能预警、家庭或外力支持较少的学生，更要制定有针对性的工作方案和跟进举措。二是了解学生的发展志趣。俗话说：热爱可抵岁月漫长。学生自己未来想干什么，他们的发展志趣在哪里，他们的内心之中肯定会有想法，辅导员要做的是激活并引而导之。志趣是人行动或意志的趋向。因为这事关学生的自身价值彰显和未来发展，学生必定高度关切，辅导员必须把学生的"脉象"号准，使自身工作与学生的志趣精准对接、同频共振，集聚起学生实现自身发展的内生动力。三是了解学生的学涯规划。辅导员及时、动态了解学生的学涯规划状况，有助于帮助学生在学业上实现高质量的进步和发展。辅导员要建立起科学连贯的教育指导体系，帮助学生把学涯规划好，并督促其分阶段区别次重点的推进实施；要注重整合队伍、课程等各类指导资源，集聚起多方合力，为我所用；要注重开展深度学涯辅导，为学生提供更多契合度高的个性化服务。

其次，察识闲情。这里提及的"闲情"，指的是大学生日常生活中按照个人意愿休息、娱乐和满足自身个性化需要的思想、情感和行为。比如，除了在大学生这个年龄段普遍具有的关注点之外，当下大学生喜欢的人物、爱听的歌曲、经常逛的网络平台、关注的"UP主"、流行的着衣风格等。不管是校园生活,还是社会生活,其构建与实现都离不开"人"这条主线,在马克思看来,这里的"人"指的是现实的人,是生活在社会实践中的人,而现实的人的一切生命活动的总和也就构成了生活。不容否认,大学生的校园生活不仅是现实的,还是多元的,而且还有着强烈的自我色彩。加之,现如今物质条件极为丰富,网络极其畅达,大学生的物质生活需要得到了极大满足,在此基础之上学生不仅有更多的时间、精力和物力涉足"闲情"之中,而且在精神、文化等方面也有更强烈的意愿,表达自身合理的诉求与更高层次的期许。恰恰是因为学生的这些"闲情"是学生内心感受和需要的真实意思表达,因此作为称职的辅导员要对此做到明察识别,心里面要有一个清晰的底数。唯有做到这一点,辅导员的工作才能做到学生心里去,才能触及学生内心"最柔软的地方"。

对此,辅导员应注意三个问题。一是认识上的差异性。辅导员要洞悉一个不言自明的事实,那就是对于"闲情"的认识和理解,辅导员和学生之间在认知上肯定会存在差异,甚至有的时候还会存在激烈的"冲突"。不过,这实属正常,可以理解。因为辅导员和学生,各自所处位置的不同,出发点也不一样,看待问题和理解问题的角度也就不同。二是存续上的合理性。辅导员必须明确,尽管不同时期大学生群体中间的"闲情"表现不一,但之所以能够存续,主要是相较于主流教育范式而言,它具有鲜明的生活性、专属性和流行性,能在很大程度上满足学生个性化的心理需求。毕竟,人的需要深受一定社会环境的制约。当前,我国面临百年未有之大变局的时代态势,改革深入推进,社会转型日趋深化,大学生与其他社会群体一样,产生多种多样的需要也是很自然的,无可非议。三是辅导员作为大学生日常思想政治教育和管理的组织者、实施者、指导者应知悉,新时代大学生的需要比过去任何时期,不管是在内容的丰富性上,还是在需要的影响上,无疑都要强得多,这是时代与社会发展的必然。辅导员要更多地站在学生的角度看待他们对于世界的观察、对于爱的理解、对于文化的择取，要学会在包容的基础上，善加引导，引导大学生培养发展健康、积极、向上的"闲情"，涵养身心，敦品美行。尤其忌讳上纲上线，用简单粗暴、压服的方法去解决问题，如此以来往往会适得其反。

最后，审悉心情。审悉指的是建立在仔细思考、反复分析、推究基础之上的细致了解。近年来，大学生心理健康状况深受社会关注。辅导员要高度关注大学生的心理健康状况，审悉大学生的"心情"，动态掌握大学生的心理状态，探究其变化规律，提升应对的科学性、有效性。大学生在校期间尤其是入校初期，面对着诸般转变，不可避免会产生对校园生活的诸多不适应，形成学习上的巨大压力，产生心理困惑。有调查表明，大学生遭遇心理困境与家庭状况、学业进展、精神状态、人格特征等有密切联系，可大体归为环境变化引起的心理不适、学业受挫带来的焦虑、恋爱问题带来的困惑、人际关系问题导致的孤独和自我封闭等类型。若设这些问题不能进行科学应对，必定会导致大学生对自己的主业——学习——产生消极的态度和抵触的情绪，缺乏学习的动力，找不到积极奋斗的目标，陷入学习受挫的心理阴影里，造成自卑、抑郁、焦虑等心理问题。不单单如此，大学阶段的学习有着自己的特点，其目的业已由单纯地追求文化课成绩的高分数、高排名转变为以提高自身技能、挖掘自身潜力为最终目标。面对专业知识学习和综合素养竞争双重的压力，部分学生不堪重负，学业状态不断下滑，自尊心遭受打击，这往往会使他们处于紧张焦虑的情绪中，甚至产生各种不良症状。

辅导员做好大学生心理健康教育工作有自己的重点，那就是指导大学生学会一些基本的心理调试方法、助其树立健康的意识和自信心，强化社会适应及自我心理调整的能力，预防各种心理问题的发生。细而言之，辅导员应扮演好四个角色。一是做好协调员。做好与学生本人的沟通，这是了解问题、解决问题并避免产生心理突发事件的关键;做好与学生家庭(或监护人、亲属等)的沟通,充分发挥家庭成员在处理学生心理危机时的作用;做好与主管部门的沟通,发现问题及时汇报,为主管部门及时采取措施和进行正确决策提供备询;做好与校内外专业机构的沟通,根据专业建议,确保针对心理遭遇困境学生采取的咨询或治疗有正向效果。二是做好信息员。细致观察、详细了解并及时反映大学生中间潜在的心理异常情况,这是辅导员的独特价值在大学生心理健康教育工作中的有力彰显。三是做好联络员。辅导员要发挥自身的功能,在做好大学生心理健康教育工作的过程中,彰显自身在年龄、时空、性格、工作勾连等方面的优势,助推形成工作合力。四是做好初期处置员。辅导员要熟练掌握大学生心理健康教育的基本知识和技巧,内化职业伦理,深化对大学生心理问题及特征的了解,能够做到及时发现和甄别,并能做到把大学生的心理问题与思想问题清楚地区别开来。

(写于 2022 年 9 月 8 日)

高校思政干部要从"心"出发

2022 年 3 月 1 日,习近平总书记在中央党校(国家行政学院)中青年干部培训班开班式上发表重要讲话,强调年轻干部要筑牢理想信念根基,树立践行正确政绩观,在新时代新征程上留下无悔的奋斗足迹。在新时代新征程上,年轻干部是国家之栋梁,民族之希望,是党和人民事业后继有人、红色江山代代相传的新生力量。在高校思政干部中,年轻干部是骨干和主力。作为大学生健康成长的指导者和引路人,高校思政干部应直面新征程的考验,要进一步学懂、弄通、做实习近平新时代中国特色社会主义思想,深刻领悟"两个确立"的决定性意义,切实转化为坚决做到"两个维护"的高度自觉,深刻理解把握"国之大者",不断提高政治判断力、政治领悟力、政治执行力,拥护核心、围绕中心、不忘初心、守住匠心,做到从"心"出发。

拥护"核心",厚植根基育好自己人。习近平总书记在庆祝中国共产党成立 100 周年大会讲话中强调,新的征程上,我们必须坚持党的全面领导,不断完善党的领导,充分发挥党总揽全局、协调各方的领导核心作用。中国共产党的领导地位具有充分的哲学理论依据、坚实的历史国情基础,是历史性、人民性、合理性、合法性的有机统一。正是因为有了中国共产党的坚强领导,中华民族才迎来了从站起来、富起来到强起来的伟大飞跃,实现民族复兴进入了不可逆转的历史进程。拥护中国共产党的领导地位,最根本的是坚定维护以习近平同志为核心的党中央权威和集中统一领导,坚持党对一切工作的领导,着力增强坚决维护党中央权威的思想自觉、政治自觉和行动自觉。思想政治工作是学校各项工作的生命线。办好我们的高等教育,必须坚持以马克思主义为指导,坚决拥护党的领导,发挥党总揽全局、协调各方的领导核心作用。高校思想政治工作与生俱来的这种阶级属性和政治特性,决定了其骨干从业群体——高校思政干部的职业内核里应然和实然的阶级性、政治性。高校思政干部工作鲜明的阶级性、政治性对其职业目标和岗位职责具有规制性,它规制着高校思政干部工作的目标首先是要坚决拥护中国共产党的领导,满足党和国家对高校思想政治工作的确定性预期,增强政治意识、大局意识、核心意识、看齐意识。工作实践中,高校思政干部必须时刻把握自身工作的阶级性、政治性,确保高校思想政治教育工作不偏离党的教育的根本目标,在作答"培养什么人、如何培养人、为谁培养人"这张时代考卷时,不仅要取得好成绩,还要力争答出中国特色、中国风格、中国气派,牢记为党育人、为国育才光荣使命,在彰显忠诚担当中厚植党的执政根基。

围绕"中心",找准坐标不做局外人。在高校思想政治工作体系中,若是把高校思政干部比作"节点"的话,其应具有"枢纽式"的存在属性。不管是从高校思政干部主动作为的视角,还是从高校思想政治实践倒逼的角度,不断提高做好工作的本领,不断开创高校思想政治工作新局面都是其题中应有之义。既然身处高校思想政治工作体系之中,高校思政干部就应该切实提高政治站位,锤炼格局境界,聚力主责主业,围绕工作"中心",找准坐标,不做局外人。一方面,要聚心聚神教育的根本问题。习近平总书记在全国高校思政工作会议上的讲话中指出,我国高等教育发展方向要同我国现实发展和未来方向紧密结合,做好"四个服务"。高校思政干部要深化对自身工作价值和重要性的认识，不宜妄自菲薄，正确的打开方式是领好任务、扎稳马步、练好内功，高举中国特色社会主义伟大旗帜，以习近平新时代中国特色社会主义思想为指导，不断增强做为学生工作者的思想自觉、政治自觉和行动自觉。具体说来：要在历练党性上躬行，赓续红色血脉，发扬光荣传统，用建党精神滋养党性修养，始终用党性原则修身律己，发挥对新时代大学生的引领示范作用；要以理想信念教育为核心，培育践行社会主义核心价值观，通过各种平台、介质，开展生动活泼、形式多样的主题教育活动，引导新时代大学生坚定理想信念，把握好"中国梦"这个时代主题，"系好人生第一粒扣子"，切实解决好"总开关"问题。另一方面，要聚焦聚力中心工作和目标任务。高校思政干部面对中心工作，不仅要心中有数，还要胸中有谋，更要手中有策，不能置身世外，要有"三股劲儿"。一是要有股拼劲儿。紧紧围绕事业发展过程中面临的紧迫任务和突出问题，主动担当有为，多做一些打基础、利长远的工作，做到心中有学校发展、心中有师生冷暖、心中有责任担当。二是要有股干劲儿。要坚定不移落实好各项部署要求，尤其是对于高校思政工作方面的针对部署和具体要求，在为学生服务上力行，对于事关学生切身利益的问题，应想方设法、千方百计去解决好，当好学生的知心人、贴心人、领路人，用心、用情、用力解决好他们的急难愁盼问题。三是有股闯劲儿。工作筹划和落实，决不能戳一下动一下，而应该把推动工作与党史学习教育结合起来，坚持求真务实、担当作为，敢于闯、敢于试、敢于改，对工作部署进行创造性落实。

不忘"初心"，笃学力行做好答卷人。习近平总书记指出，一个人也好，一个政党也好，最难得的就是历经沧桑而初心不改、饱经风霜而本色依旧。作为一名高校思政干部，我们也应该像总书记说的那样，时常问一问自己：我们做这份工作、谋得这个岗位、投身这份事业的初心是什么，我们的使命是什么，如何才能做到不忘初心，而决不能越瘦秦肥，喜戚不加于心。对于高校思政干部来说，"培养什么人、怎样培养人、为谁培养人"这个题目是一道"必答题"。而这道"必答题"恰恰是高校思政干部的初心和使命,即为党育人、为国育才,培养堪当中华民族复兴大任的时代新人。高校思政干部的工作繁杂且具体,践行"初心",不能光停留在嘴上、画在纸面上、挂在墙壁上,而是要真正落到最细处、落到最小处、落到最实处。一方面,下足工作效能集聚的"绣花功夫"。一是要理清工作理路。高校思政干部要做新时代高校思想政治工作优秀答卷人,有效增强工作的预见性、针对性和指导性,要了解政策精神、熟悉规则程序、掌握规律办法,提高工作筹谋的针对性和实效性。二是要扣准大学生思想脉搏。遵循大学生认知与成长规律,进行体系化布局设计、工程化推进实施、精细化管理协同。三是要强化系统集成。高校思政干部要围绕"四个服务"的培养目标,树立大思政工作理念,把高校、家庭、社会资源衔接起来,把课内课外、线上线下效能集聚起来,实现全程育人、全员育人、全方位育人,将思想政治工作自始至终贯穿和融入教育教学、管理服务全过程。另一方面,写好提升人才培养质量的"锦绣文章"。一是要确立"以学生为中心"的工作理念。高校思政干部要构建平等兼容、开放合作、共建共享的工作范式,把提高工作的吸引力、实效性作为立足点和落脚点,坚决纠正以往工作中教与学、引与育融合上存在的"两层皮"问题。二是要因应社会境域。当前,多元文化交融、多种思潮涌动、多样价值并存,高校思政干部要紧紧扭住提升人才培养质量这一工作的"牛鼻子",擅于借助传统的、现代的理念和技术手段,在接续发挥课堂主渠道作用的同时,注重发挥新媒体技术相较于传统工作介质的优长,准确把握大学生的心理特点、认知习惯和接受规律,提供精准的个性化教育和引导,提供精致的、针对性强的服务与支持。三是精准对接学生现实的、即时的需求。要把握新要求、展现新作为,工作中不能新瓶装旧酒、穿新鞋走老路、抱着老黄历不撒手,要用好发挥真理力量和人格力量,用事实说话、用理论阐释,在解疑释惑、凝聚共识中不断给大学生以思想启迪和文化滋养,做大学生健康成长路上的"铺路石""大先生";要提高解决问题的本领,在"情境沉浸"中发现问题、分析问题、解决问题,有效提升思想引导、情感指导和心理疏导的质量和水平。

守住"匠心",臻于至善做个内行人。高校思政干部的匠心是指高校思政干部在工作上的踏实肯干、热情专注、精益求精和矢志创新的个体态度和价值取向。新的时代背景下,高校思政工作的内外环境变化剧烈、头绪杂责任大、任务重要求高,这对高校思政干部工作上的投入度和悦纳感提出了更高要求,客观上要求高校思政干部锤炼一颗"匠心",追求臻于至善做个工作的内行人。一方面,要勤于修正自己职业发展的"路线图"和"任务书"。当下,高校思政干部职业发展的个性化和多元化日趋深化,职业发展的信息化和科技化样态愈发鲜明,新平台、新工具对工作的渗透和介入越来越强。高校思政干部尤其是新入职的高校思政干部,要想很好的因应这样的社会实践,必须要做好职业规划,为自己的职业接续提供清晰的"路线图",并勤于进行修正。这是因为,清晰、科学、理性的职业规划能够导引高校思政干部廓清自身个体特质与职业之间的契合匹配程度,弄清个体目标与现实之间的物理距离和心理距离,进而不断纠偏,引导自己臻于至善。要达此目标:一是要专注于实现自身职业的系统性、科学性规划和发展,要以清晰的职业发展目标为统领,明确职业发展定位和方位,并辅之于科学理性的方法,坚决有效地行动;二是应认真审视高校思想政治工作内部外部环境的特点变化,不断修正自己的职业发展方位,强化职业修养和技能淬炼,为职业发展奠定坚实的根基;三是要耽于知识内化、巧于布局谋篇、勤于总结提炼、精于细腻表达,"扮演"好职业角色,丰满职业理想,致力于实现人生境界之跃升。另一方面,要淬炼自己职业平面铺陈和立体延展的"几把刷子"。一是工作理念及时"上新"。高校思政干部要随时关注社会文化热点焦点话题,探索学生成长和教育教学的规律,更新育人理念和方法,带着问题审视世界,并以成果心得反哺工作实践,并重视锻炼收集掌握信息、提取有效信息、归纳整理信息的能力,牢牢把握住大学生思想动态和心理样态,有针对性地开展工作。二是工作素养突出"专业"。高校思政干部要重视提高业务素养,强化学习意识,在实践中总结,在工作中积累,全面提升开展思想引领、心理疏导、就业指导和学业辅导等方面的能力,争做一名精细化、精致化、专家型的高校思想政治工作者。三是落实呈现跟上"节拍"。高校思政干部要坚持以学生为中心的工作理念,促进大学生的全面发展和特色发展,要把学生的事情抓在手上、扛在肩上、放在心上;要注重教育形式与时代深度相融,多利用新媒体介质和学生易于接受的教育形式,发挥高校思想政治工作全要素作用,不断打造出能够深度体验互动的情景式活动,提升学生的主体获得感。

（写于 2022 年 4 月 10 日）

惟笃行不怠，方能向未来

习近平主席在 2022 年新年贺词中强调"踔厉奋发、笃行不怠"，这要求我们，不能满足于眼前，要振奋精神，继续努力向未来出发。对于山东师范大学来说，在刚刚过去的 2021 年，各方面工作呈现出稳中有进、进中提质的良好态势，这其中思想政治工作同样是卓有成效，成绩斐然。而 2022 年，是党的二十大召开之年，也是学校"十四五"发展承上启下的关键之年。面对学校繁重的改革发展任务，思想政治工作怎样才能接续彰显其价值，迈出新步伐、再上新台阶？这值得每一个师大人思考。对于思想政治工作者而言，应主动回应唐洲雁书记在校党委八届九次全会工作报告中"没有等出来的精彩，只有拼出来的辉煌"的号召，踔厉奋发、笃行不怠。

要守得住立场，始终做"明白人"。习近平总书记指出："立场，是人们观察、认识和处理问题的立足点。"高校思想政治工作关系高校培养什么样的人、如何培养人以及为谁培养人这个根本问题。高校思想政治工作的具体组织者和实施者必须要坚持正确的政治方向，守得住鲜明的政治立场，这是题中应有之义。一是要强化政治认同。政治认同指的是人们在社会政治生活中所产生的一种感情和意识归属。对于思想政治工作者而言，其政治认同主要包括对国家和民族认同、对中国特色社会主义道路认同、对中国特色社会主义理论体系认同、对中国特色社会主义制度认同等。政治认同过程中，思想政治工作者要以习近平新时代中国特色社会主义思想为指导，不断提高政治判断力、领悟力、执行力，始终做政治上的明白人。二是要注重理论内化。思想政治工作者要先受教育，牢记"为党育人、为国育才"使命，增强理论学习力度和深度，用习近平新时代中国特色社会主义思想武装头脑，着力增强"四个意识"，心系国之大者，明辨是非，分清美丑，不能走岔了、走偏了；要知行并进，认真贯彻理论与实际相结合的根本原则，增强思想政治教育工作的科学性、针对性、说服力和实效性。三是要践行"以学生为中心"的理念。践行"以学生为中心"的理念，是坚持人民至上这一我们党的根本政治立场在思想政治工作中的直接体现。思想政治工作者应坚定正确的教育立场，校准正确的育人方向，把党性的鲜明底色和人民性的价值取向高度统一起来。

要定得住心神，多琢磨"手头活"。心神，就是人的心理状态，主要是指情绪状态，它直接影响人的思维质量和行为效果。在改革发展稳定任务之重、矛盾风险挑战之多、治国理政考验之大前所未有的当下，思想政治工作者要定得住心神，保持良好状态，多研究工作，多琢磨"手头活"。一是要入脑入心。思想政治工作者要稳住心神，以坚定的党性、强烈的事业心和健全的责任感，围绕中心、服务大局，坚持党的教育方针，守好思想政治工作这条学校各项工作的"生命线"，教育引导大学生肩负时代责任，高扬理想风帆，做"有理想、有追求的大学生，做有担当、有作为的大学生，做有品质、有修养的大学生"。二是要走深走实。思想政治工作者要把"以学生为中心"工作理念落到实处，要有热爱高等教育的定力、淡泊浮名薄利的坚守，围绕学生成长成才，结合学校和学院工作实际，多琢磨、多研究，谋划富有针对性和实效性的真招实招硬招，努力"在服务引导中加强思想教育，把解决思想问题与解决实际问题结合起来，做到既讲道理又办实事"。三是见行见效。思想政治工作者要创新高校思想政治工作话语，聚焦聚力于立德树人这一根本任务，感知新时代大学生接受信息方式的变化并主动求变，精熟运用新媒介新平台，既要敢于发声，遇到问题不绕行，又要善于引导，提升主流意识形态的亲和力、说服力，提升大学生对主流意识形态的认知度和认同度。

要驾得住车辕，有一股"稳当劲"。有句俗语说得好，"兔子驾不了辕"。辕指的是畜力车伸出车前套住牲口时用到的两根直木。这句俗语比喻是，只有能力强或本质好的人才堪当大任。思想政治工作者是先进思想文化的传播者、党执政的坚定支持者，担负着大学生健康成长指导者和引路人的责任，责任重大，使命光荣，要能驾住车辕，有谋事之策、干事之才、成事之力，有一股让人信赖的"稳当劲"。一是要树立起理论思维。思想政治工作者要讲清楚马克思主义为什么行，中国共产党为什么能，中国特色社会主义为什么好的理论和实践命题，要从党的百年奋斗中看清楚过去我们为什么能够成功，弄明白未来我们怎样才能继续成功，从而更加自觉地践行初心使命。二是要树立起战略思维。习近平总书记在全国教育大会上强调："思想政治工作是学校各项工作的生命线。"思想政治工作者要善于进行战略思维，善于从战略上看问题、想问题，并把战略的坚定性和策略的灵活性结合起来，在确定工作思路、工作部署、政策措施的时候，自觉地同党的理论和路线方针政策对标对表、及时校准纠偏。三是树立起创新思维。要不断优化"线上引导"与"线下教育"相结合的教育模式，增强高校思想政治工作的趣味性和实效性；要形成全员全过程全方位育人格局，充分发挥课程、科研、实践、文化、网络、心理、管理、服务、资助、组织等方面工作的育人功能，实现思想政治工作的物理空间拓展，提升思想政治工作的心灵掘进成效。

要把得住底线，经得起"心诱惑"。习近平总书记在2021年秋季学期中央党校（国家行政学院）中青年干部培训班开班式上发表重要讲话，强调年轻干部必须讲规矩、守底线。这既是对年轻干部的谆谆教导，也是对全体党员干部提出的共同要求。底线是什么？底线是最低的标准、条件、限度，是事物由量变到质变的分界线、做人做事的警戒线。思想政治工作者必须要树牢底线意识，耐得住寂寞，扛得住诱惑，时刻警醒自己把住底线，做到"守乎其低而得乎其高"。一是知道一个"畏"字。讲规矩守底线，首先要有敬畏心，对党纪国法要永葆敬畏之心。心有所畏，方能言有所戒、行有所止。思想政治工作者要带头尊崇党章，做党章党规党纪的尊崇者和捍卫者；要树立起正确的育人观，增强规矩意识，坚守纪律底线，时刻绷紧纪律规矩这根弦，真正把讲规矩守底线作为一种思维方式和工作理念确立起来。二是力避一个"私"字。思想政治工作者要注重涵养道德操守，要能管得住自己的行为、守得住做人的清白、稳得住廉洁的心神；要能公平处事，在工作中处理问题不能偏狭而有私心，不能让带有个人恩怨的情绪影响自己判断是非的能力；要能听得进去别人的不同意见和建议，悟得出来身边人的善意提醒和关心帮助，勇于承认并改正自身的缺点和不足。三是突出一个"实"字。思想政治工作者要履职尽责，坚决不比"唱功"，而要比"做功"，要以务实担当回应实践挑战，坚持从小事做起，从身边事做起，把出真招、办实事，下真功、求实效的工作风格营建起来并付诸实践。

（写于 2022 年 3 月 17 日）

做工作落实上的"场面人"

新学期开学干部大会为学校新学期的改革发展明晰了方向，确定了目标,提出了要求。会上,唐洲雁书记着重对如何落实新学期工作进行了强调:"我们要扩大优势,就必须进一步强化根基、狠抓落实。""高质量发展等不来、要不来、靠不来,必须实打实地拼、实打实地干,不能等着天上掉馅饼。我们要把一切工作做到前面,为抢抓机遇、赢得主动打牢基础。"可以这样说,目标已然确定,重点已然圈出,要求已然明确。接下来,如何找准着力点,下足真功夫,做工作落实上的"场面人",需要每一个"山师人"做出思考、给出答案、见诸行动。

领会精神踩准鼓"点"。这里提及的"点",指的是我们对提升学校综合实力和核心竞争力的期许和孜孜追求。唐书记在会上强调,学校发展"应该有一个正确的努力方向,那就是把深化教育评价改革作为强大动力,把学科建设作为发展根基,按照超越当前的目标去培育、去建设,真正练好内功、强筋健骨,大力提升学校综合实力和核心竞争力"。这是我们新学期接续奋斗,顺利推动学校事业大踏步前进的动员令和进军号。对此,我们要给予足够的重视和深入的理解,要领会会议精神踩准鼓"点"。一是要进一步增强紧迫感。

领会贯彻会议的精神要求,绝不能"决心"在嘴上,"打算"在会上,"落实"在纸上,要明确事业发展思路,静下心来好好盘一盘自己的家底,努力抓重点、补短板、强弱项,精确制导、精准发力、精致呈现,致力于推动本学科本单位核心竞争力实现大幅度的、质的提升。二是要认真做好会议精神的传达。要通过学习会议文件,完整、准确传达好会议精神,进一步提升思想认识,把本单位教职员工的思想、认识和行动聚焦到落实会议精神上来,凝聚到提升学校核心竞争力上来。三是做堪称表率的"场面人"。要进一步细化落实整改举措,以更加昂扬的精神、更加积极的作为,坚决扛起"领跑者"的使命担当,奋力展现"领头雁"的昂扬风采,为推动学校学院实现高质量发展提供"硬"的支撑。

对标对表始终在"线"。抓好工作的落实,要对标对表,靶子明确、基线清楚,应"指哪打哪",不能"打哪指哪"。一是葆有时不我待的姿态。当前和今后一个时期,学校的主要任务是推动学校高质量发展、争创"双一流",学校的改革发展已然进入向纵深推进的关键阶段,正是"吃劲儿"的时期,我们要坚持问题导向、目标导向和结果导向,以时不我待的紧迫感,在领会会议精神中深化思想认识、在协作协同上彰显正向效能,全力推进工作走深走实。我们每一个人都要珍惜可以而且应该踔厉风发的时光,赋能前行的脚步,将个人小目标与学校发展愿景熔接,做新时代的奋斗者。二是涵养不务虚功的心态。成功不会从天而降,梦想不会自动成真。我们每一个山师人都应把兴校荣校作为份内事,不务虚功,自觉把个人理想融入学校事业发展的大的视域之中,做学校事业蓬勃发展的主角,工作落实绝不能"雨过地皮湿",更不能"只闻楼梯声,不见人下来"。也恰恰是因为不务虚功,聚焦聚力主责主业,我们学校才能在2020年省属高校"双高"遴选中位居高水平大学"冲一流"第一名,才能连续两年在省属一类高校绩效考核中获得优秀等次,才能本科招生最低分数线连续两年领跑山东省属高校,才能在国家科学基金申报中连续两年创造新纪录,等等。三是鼓足永争第一的干劲。人要有点精气神,有点力争上游的劲头儿。个人如此,单位亦然。现在,学校的改革发展,前有标兵,后有追兵,形势逼人,我们等不起、靠不起、拖不起,推动事业前行的路上需要我们敢为人先,永争第一。

紧扣大局独当一"面"。近年来,学校的发展站上了一个新高度,稳固了在省属高校中的排头兵位置。我们学校有责任,也有底气和实力扣紧全省全国发展大局,谋求独当一面。拿科研工作来说。会上,唐书记对学校近年来科研工作取得的成绩给予了充分肯定,同时也指出了工作中存在的重大、重点项目数量整体偏少,科研项目所属学科领域过于集中,协同创新力度不足等问题,要求大家加强集体攻关,整合校内外资源,形成合力,形成"拳头","履行我们师范类大学的责任""探索形成可供借鉴和推广的经验,形成我们自己的品牌特色"。履职能力强、工作素养高,对一个人来说是立身之根基,对一个单位来说是应对发展挑战、乘势而上的最大底气。每一个山师人都要抓住并珍惜学校发展中的良好机遇,扣住发展大局,锤炼过硬素质,做到在工作上独当一面。一是要秉持"用宏取精"的理念。学校工作涉及面宽、覆盖面广、社会关注度高,我们要善于站在高处,从宏观上来认识和把握,既要努力提升自身能力素质,也要重视工作落实中的整体联动,既要坚持守正创新、主动担当作为,也要追求工作效能最优化、最大化,推动学校工作上水平、上台阶。二是深谙"皆在于实"的诀窍。在工作落实上要始终坚持"以人民为中心"的立场,做到深接地气,将工作的事办好、办扎实、办透彻。同时,要协调好基础性工作和中心任务之间的关系,对每一项工作不马虎、不懈怠,在不断地的积累中提升自我,练就独当一面的能力,向落实要效率、要成果。三是要把握好"轻重缓急"的节奏。我们在工作中要把握住思考问题、顶层设计、推进实施、反馈评价的节奏,善于在千头万绪之中厘清工作规律、分清轻重缓急,结合学校和本单位本部门实际进行落细、落小、落实,注重实现机制和流程再造,致力于提升学校核心竞争力。

新时代大学生思想政治教育工作"微"思考

握指成拳，版筑成"体"。基础不牢，地动山摇；脚下没根，心里不稳。工作落实上，构建科学、系统工作体系的事，要讲究，不能将就。只有握指成拳，把工作落实链条上的每一个环节都明晰了，把每一个流程都厘清了，把每一细节都墩实了，才有可能如版筑承重墙体一样，把事业发展的"共同体"一层一层夯筑成型。一是要把学生的事办好。立德树人，是大学的主责主业。我们要坚持不懈培育优良校风、教风、学风，为学生成长成才营造好气候、创造好生态，让更多的家长"把孩子送到山师就放心了"；要做好教育服务工作，积极回应学生诉求，着力为学生解决实际困难，强化大局意识、服务意识、协调意识，不断提高服务质量和水平；要帮助学生培养良好心理品质，要通过多种形式的心理健康活动，教育引导学生掌握心理调节的有效方法，培养理性平和、积极向上的心态。二是要把发展根基筑好。要深化综合改革、扩大发展优势，旗帜鲜明讲政治，全面加强党的领导，为学校改革发展提供坚强保证、创造良好生态，把工作一项一项地落地、一锤子一锤子地砸实；要强化综合应对，始终维护好全体师生员工的切身利益；要瞄准推动学校高质量发展、争创"双一流"的主要任务，同时要强化机遇意识，毫不动摇抓社会服务、抓战略合作、抓成果转化、抓基础教育拓展、抓继续教育综合教育培训，综合施策、多措并举解决好制约学校发展的瓶颈问题。三是要把育人环境建好。唐书记在会上指出："理性平和、宽容包容、和谐向上，人人关心学校、人人爱护学校、人人以校为家，是我们应该追求的山师文化、山师气质。"这就要求我们应在优化改善师生学习工作生活环境上下功夫，在培养文明开放的校园氛围上做文章，在营造风清气正的改革发展环境上出实招，着眼细节，立足坚持，致力成长，下最大气力消弭学校的"软实力"与"硬实力"之间的差距，实现完美匹配。

（写于 2021 年 9 月 30 日）

党史学习教育：要有准儿、有料儿、有调儿

2021 年，是中国共产党成立 100 周年，党中央决定在全党开展党史学习教育。对各基层党组织而言，应把握住哪些环节和要点，才能确保党史学习教育取得扎实成效呢？

"事必有法，然后可成。"各基层党组织要准确提取党史学习教育的"关键词"，厘清思路、敲定规划、明确要求，要清楚党史学习教育的初衷、目的、方法、路径等，知道本单位工作上的弱项和短板具体有哪些、在哪里、往哪改，做好学习教育与本单位主责主业的结合工作，并重视工作呈现的形式和效果，真正做到学党史、悟思想、办实事、开新局。简而言之，党史学习教育要做到有准儿、有料儿、有调儿。

谋划统筹上要"有准儿"。准者，依据、依照也。习近平总书记在党史学习教育动员大会上强调，要切实增强工作的系统性、预见性、创造性。这要求各基层党组织在工作中，必须要在谋划上聚力，在统筹上着力。一是要坚持"学而思"。各基层党组织要善于从"两个一百年"奋斗目标的历史交汇关键节点上来审视问题、谋划工作，把我党"矢志践行初心使命""筚路蓝缕奠基立业""创造辉煌开辟未来"的奋斗历史、奋进之路学习好、总结好、宣讲好。二是要

坚持"思而行"。思深以致远,谋定而后动,事之理也。各基层党组织要紧紧结合自身职责定位,在学深学透上下功夫,做到全面了解不偏颇,深入了解不肤浅,动态了解不僵化,切实把党史学习教育的目标、内容、原则、要求等,了然于胸、融会贯通。三是要坚持"行而立"。各基层党组织要根据党中央决策部署和省委工作要求,在通盘思考党史学习教育的计划措施之时,就要明晰工作重点,密切联系自身工作实际,定出"路线图",增强工作的主动性、创造性和实效性,用优质的学习成效为本单位奠定事业生发之坚实根基。

实施推进上要"有料儿"。料者,材料、原料也。习近平总书记指出,在全党开展党史学习教育,是党的政治生活中的一件大事。全党要高度重视,提高思想站位,立足实际、守正创新,高标准高质量完成学习教育各项任务。践行这样的要求,达成这样的目标,各基层党组织都要备好"料儿",确保工作立意不"打滑",实施推进不"空转"。一是要树立正确党史观,宏阔视野看历史。要认清当代中国所处的历史方位,增强历史自觉,锤炼思想的深度,始终心怀"国之大者",切实把增强"四个意识"、坚定"四个自信"、做到"两个维护"落到实处,不断提高政治判断力、政治领悟力、政治执行力,坚决纠治口号喊得震天响,行动起来轻飘飘等问题。二是要锚定工作大目标,搭准能开锁的"簧"。各基层党组织要找准党史学习教育的切入点、契合点、发力点,把上级要求与自身具体情况进行深度结合,抓住要害、靶向发力,积极寻求突破口,抓牢发展主动权,解决那些削弱党组织威信的问题、影响单位团结的问题、掣肘事业发展后劲的问题,每一名党员,尤其是领导干部要主动认领责任,强化责任担当,做到问题不解决不松劲、解决不彻底不放手、群众不满意不罢休,以解决问题的实效,掌握事业发展的历史主动权。三是要把制度挺在前面,稳住工作的预期。成事以立制为先。我们清楚地知道,在全党开展党史学习教育,是党中央作出的重大决策,各基层党组织必须要承担好主体责任,注重发挥制度在确定界限、形成秩序、提供预期、营造环境等方面的优势，组织引导全体党员学有所思、学有所悟、学有所得，把党史学习教育的部署和要求落到细处、落到小处、落到实处。

工作呈现上要"有调儿"。调者，风格、才情、气质也。习近平总书记在党史学习教育动员大会上指出，党史学习教育要推进内容、形式、方法的创新，不断增强针对性和实效性。这就要求各基层党组织在工作的呈现上要有"调调儿"，要适应成员的社群属性、认知特点和接受习惯等方面的差异，增强党史学习教育的黏性和渗透性。一是要有代入感。各基层党组织要在坚持应有"学习灌输"之力度、深度、广度的基础上，要在坚持领导干部带头学、坚持制度集中学、互相讨论交流学、个人坚持自己学等传统学习形式的基础上，愈加重视外出观摩学、现场实地学、角色扮演学等富于"感同身受"体验的那些学习形式，使全体党员在观摩、体验的过程中，不自觉地融入相应情境，在自身与情境、人物的情感交互中获得感官和心理上的体验，达到激发其学习主动性，增强其学习成效的目的，从而在本单位形成爱学、乐学、勤学、善学的浓厚氛围。二是要有设计感。设计感就是经过思考和精心琢磨后的可执行的方案。它以表征丰富的创意和想法见长，其充盈艺术性的设计，能够让人眼前一亮，能够助推工作风格、才情和气质的提升。各基层党组织在党史学习教育中，要特别重视方式方法的创新，勤于采用新形式、新手段、新介质，善于利用 VR、大数据、云技术和人工智能等，丰富学习载体，积极构建活跃在"指尖上"、触动于"心底里"的学习载具和阵地，多视角、全天候开启智慧教育引擎，提高党员干部学习过程中的科技感、沉浸感和获得感。三是要有期待感。在党史学习教育中，各基层党组织也要学习中国画里的"留白"技法，工作呈现上要给党员干部留有空间，预置一种内生的期待。要关注大家的"心事"，让党史学习教育与每一名党员的现实生活"接上头""有交集"，聚焦他们的"急忧盼"，纾解他们的"心里烦"，注重形成工作闭环；要解决大家的"难事"，注重末端抓落实，打通工作落实的"最后一厘米"，把每一名党员工作学习生活中遇到的难事逐一落实好，在使其拥有更多幸福感和获得感的同时，葆有对未来的踊跃期待；要发挥大家的"本事"，充分尊重大家首创精神，鼓励大家深入基层开展调查研究，在大胆探索实践中提高具体问题具体分析的能力，提升每一名党员借由党史学习教育进而推动工作提质增效的首位度。

（写于 2021 年 3 月 25 日）

研究生思政要强化"四个引导"

2020 年 7 月,习近平总书记关于研究生教育工作的重要指示,为新时代加快研究生教育强国建设指明了方向、提供了根本遵循。研究生教育是一个系统工程,提升研究生培养质量,研究生思想政治工作必不能缺位,更不能失位,且要有所作为,要着力为研究生教育融入新发展格局助力护航。这是因为,研究生思想政治工作是高校全面贯彻党的教育方针、提高人才培养质量的生命线,完成立德树人根本任务的重要保证。做好新发展格局下的研究生思想政治工作,要立足厚基础,落脚开新局,要突出做好"四个引导"。即引导研究生站稳人民"大"立场、引导研究生树立出彩"芯"意识、引导研究生厚植创新"核"动力、引导研究生涵养理性平和"好"心态。

引导研究生站稳人民"大"立场。为什么人的问题,是科学研究的根本问题。对于处在国民教育体系顶端位置的研究生教育来说,为国家、为人民培养高素质专门人才本就是题中应有之义。研究生思想政治工作必须服从服务于这样的目标要求,引导研究生主动有所作为,站稳人民立场,始终坚持把以人民为中心的思想贯穿于自己的学习、研究之中。我是谁、科学研究为了谁、学有所成之后服务谁,这是每一个研究生从入学那一天开始就必须搞清楚的问题。忘了自己是谁,迷失了自己的"初心",找不到根基,到最后只能是"身世浮沉雨打萍";搞不清楚自己学习研究的目的,稀里糊涂,为了谁都搞不明白,说其是架学习的"机器"也不为过;学有所成之后,视野和格局打不开,不知应该服务于谁,常常把个人的"算盘"打得响,总是在个人得失上计较不完,于国家和人民无益,难逃"精致的利己主义者"的窠臼。研究生思想政治工作要教育引导研究生真心诚意向人民群众学习请教,自觉把小我融入人民群众的大我之中,在与人民群众的实践互动中认识真理、习得经验、解决问题。研究生只有坚持不断向人民群众学习,才能筑牢学术研究基础、把握研究的重点与方向,才能实现"把论文写在祖国大地上"的宏大叙事。

引导研究生树立出彩"芯"意识。芯者,核心也。研究生教育的核心定位就是培养具有创新意识和研究能力的高素质专门人才,为人民服务、为中国共产党治国理政服务、为巩固和发展中国特色社会主义制度服务、为改革开放和社会主义现代化建设服务。研究生思想政治工作必须要因应这样的工作定位,引导研究生树立强烈的出彩意识,勇于站在学术创新的"前排",把不忘初心、牢记使命、奋发有为作为自己人生的核心注脚。研究生只有敢于出彩,树牢争先进位意识,才能透彻价值追求、责任担当、精神动力,完美展现新时代研究生的新形象、新作为;只有善于出彩,才能克服本领恐慌、提升专业素养、展现真本领,最大限度把个人的命运与国家的发展、人民的需要紧密结合在一起;只有乐于出彩,才能最大限度激发自身的潜力和动能,形成各尽其能、各张其长的生动局面。怎么去做? 一是激发研究生的出彩意识,人人争当先行者,个个走在最前列,发挥意识对行动的引领作用;二是提升研究生的科研执行力,创新研究不能只耽于想象,要瞪起眼来、沉下心来,不能仅有"心动"还要有"行动",任何事情都是干出来的,真正创新的研究成果等不来、靠不来、换不来,更买不来;三是强化研究生的责任担当,要引导研究生敢想、敢闯、敢干，主动营建起学术和职业发展的大格局，凝聚起实现人生更加出彩的强大内驱力。

引导研究生厚植创新"核"动力。面对新时代、新任务、新要求，在决胜全面建成小康社会、建设社会主义现代化国家、实现中华民族伟大复兴的中国梦之中，研究生思想政治工作必须要与时俱进，不断地增强创新意识，引导研究生厚植"创新是第一动力"的理念，把创新作为学涯和职涯向前的"核"动力。一是引导研究生在推动发展中创新。创新不是凭空而来，不是无根之木、无源之水，而必须要从实践中来，最后还要落脚于推动社会发展。研究生思想政治工作要引导研究生把关注的重点、研究的热点与中国新发展格局的需求紧密结合起来，增强学术研究的针对性和主动性，唯有如此才有可能抓住问题的关键，更好地找到突破口，取得更大的业绩。二是引导研究生在解决问题中创新。研究生思想政治工作要引导研究生坚持在解决实际问题中进行创新，要引导学生关注不同层级的课题研究导向，关注社会的现实期待，主动对接这些需求和期待，在呼应社会期待的过程中坚持创新，在解决实际问题的过程中谋求创新。三是引导研究生在开放交流中创新。学术研究因交流而多彩，因对话而精彩，因互鉴而溢彩。在新时代背景下，深度开放交流是大势。研究生思想政治工作要引导研究生主动扩张视野，走出"舒适区"，到外面去看一看、闯一闯；要引导研究生主动与国际社会接轨，用好国际创新资源，增强参与国际"大舞台"竞争的信心和能力。

引导研究生涵养理性平和"好"心态。良好心态是个人进步的重要心理基础和行为动力。不可否认，对研究生来说，科研是其学涯或职涯的主线，是衡量其综合素养的核心指征。但同时我们也都知道，科研本身就是件需要艰苦付出的事情，保持理性心态，保持心情愉悦是每一个研究生都应该必备的技能。研究生思想政治工作要坚持"主动引导、及时引导、深度引导、优化引导"，善于洞察情绪，引导研究生自塑理性平和的心理素养，为研究生的学术修习、科研创新和人生发展筑牢心理根基。一是要坚持培根铸魂。研究生思想政治工作要坚持不懈地用习近平新时代中国特色社会主义思想武装研究生头脑,巩固并强化马克思主义在研究生意识形态中的指导地位,进一步凝聚起思想上的共识、消弭思想上的分歧;要坚持不懈地用社会主义核心价值观浸润人心,引导研究生以理性平和的心态对待科研、善待他人、看待社会。二是要重视人文关怀。研究生思想工作要懂得心理援助技术,善于做好思想深处的工作;要学会换位思考、将心比心,从认知和思维层面对研究生中存在的不良情绪进行纾解,引导其正确看待自己、对待他人和适应社会,正确对待困难、挫折和得失。三是要帮助研究生解决现实诉求。研究生思想政治工作要把纾解研究生的不良情绪与帮助他们解决现实利益诉求放在同等重要的位置,要把正视和解决实际问题置于纾解不良情绪过程的首位。要关注研究生的差异性感受、个性化需求,特别是对那些学业出现困难、家庭突遭变故、人际关系遇到危机等的特殊学生群体,要及时关注,及时解决他们遇到的现实困难,为其成功走出困境提供心理助力。

(写于 2021 年 1 月 7 日)

做好调研:这"四样东西",你得带上

近日,中共中央办公厅印发《关于在全党大兴调查研究的工作方案》,把在全党大兴调查研究之风,作为在全党开展主题教育的重要内容。

做好调研工作的题中应有之义,是先要了解调研是什么、调研的价值和意义在哪里。调研,乃调查研究之义。它是我们党的传家宝,是党员干部的基本功,是做好工作的必备业务素养之一,是谋事之基、成事之道。调研具有重要意义,它可以提升党员干部了解民情、掌握实情、破解难题的质效,推动党的决策部署落到实处,是党员干部转变工作作风、密切联系群众、提高履职本领、强化责任担当的有效途径。

那么,关键问题来了。既然知道了调研的内涵和必要性,到底如何才能做好调研? 我认为,调研时,必须带上这"四样东西"。

一、带着耳朵去

调研,是要去摸情况的,所以不能寄希望于隔空操作有成效,不能寄希望于光看材料找答案,要注重通过听、通过真诚交流了解调研目标单位的真实情况。一是带着诚意去听。到部门调研、到单位摸情况,要带着真查摆、动真格的诚意去听一听。调研中,态度必须要有,那就是不兜圈子、不躲猫猫,要真正把问题摆进去、把自己摆进去、把职责摆进去,把工作摆进去,不能给人一种不得不来、走过场、应付事的感觉,要是让人感觉问题向你反映和不反映一个样、意见给你提和不提一个样,想法和你说与不说一个样,那就麻烦了。二是带着问题去听。调研是去了解情况、解决问题的,而绝不应该是去听阿谀奉承溜须拍马言辞的。调研时,要带着问题,带着思考去,只有注意倾听一线师生的牢骚声、"情绪"性意见,带着任务去真查摆问题,真整改工作,才能充分彰显调研的价值,才有助于基层单位明确未来工作的方向和目标,才能真正找到解决问题的办法,真正解决好服务基层的问题。三是带着感情去听。调研时,切忌在对部门或单位实际情况不摸底的情况下,随便批评人,随便下结论。调研要带着感情,与一线师生进行有温度的交流,要围坐一张桌、同坐一条凳,多聊聊家常、听困难、记诉求,学会换位思考、设身处地,站在一线师生的角度去看问题,要知冷知热,打破畅达交流的坚冰,让一线师生敞开心扉,和你掏心窝子讲真话。

二、带着眼睛去

一是要睁开眼。调研时,睁开眼仔细看是基本要求。因为实地查看,才有可能看到最真实的情况。睁开眼、瞪大眼、仔细看,建立在这样基础之上的调研,才能提升党员干部敏锐的洞察力、准确的判断力、深度的思考力,才能在最接近实际情况的基础上作出相应的判断和理解,进而提出针对性和可行性强的意见和建议。工作实践中存在的部分党员干部,眯着眼听汇报、拍脑袋做决策,这不仅与实事求是的思想路线背道而驰,而且也与中央决定在全党大兴调查研究之风,推动全面建设社会主义现代化国家开好局起好步的号召相背离，也与"调查研究是获得真知灼见的源头活水，是做好工作的基本功"的精神相悖，必然会掣肘学校中心工作，必然会给党和国家的事业，会给学校的事业发展造成伤害。二是要低头看。发现问题并解决问题是调研的目的，但问题从来不会自己跳出来呈现在我们面前，更不会自己解决掉。调研要想发现问题、问策于民、见到实效，就得眼睛向下，盯住问题，想师生之所想、急师生之所急，在"低头看"中实现对中心工作的推动，实现对事业发展的促动。具体来讲，就是要放下架子、扑下身子、沉下心来，多到师生中间，多嘘寒问暖、征求意见，在"沉浸式"调研中，摸清调研单位情况、指明未来发展、明确发展路径，确保学校各项决策部署落实落地。而不接地气的调研、"走秀"式的调研，自然就不可能看清实情，听到真话，提出的意见和建议，有时候甚至就是典型的冬箑夏炉。三是要看清路。看清路，是说调研中要突出问题意识、目标意识，要以解决问题、促动工作为根本目的，把问题找准，把决策落实，切实提出能解决问题的新思路、新办法。绝不能为了调研而调研，调研了一圈，啥事也不管，什么作用也不起，那就失去了调研的本来和价值。基于此，要精准调研，到最能发现问题的地方去，把情况摸准摸透、把数据搞准搞实，找准师生的急难愁盼问题，发现工作中的淤点、难点、重点和突破点；要对发现的情况进行系统分析，做到有的放矢，切忌蜻蜓点水、盲人摸象、以偏概全；要结合基层单位实际，扭住发现问题、解决问题这个根本，扣紧学校工作的重心，针对师生关注的问题去进行深入的调查和研究，进行剖析和梳理，对存在的问题提出针对性和契合性强的对策。

三、带着腿脚去

《关于在全党大兴调查研究的工作方案》提出，广大党员干部必须坚持党的群众路线。在高校，坚持群众路线，就是要心系师生。调研时，只有走进师生中间,才能了解师生的真实思想,才能真正了解学校政策的执行情况。一是要在"走深"上下功夫。调研中的"走深",首推要解决的就是思想充不充分、认识到不到位的问题。要加强理论学习,特别是加强对习近平新时代中国特色社会主义思想的学习,掌握其科学要义和深刻内涵,深刻把握贯穿其中的立场观点方法,把握规律性的东西,不断增强调研工作的科学性、预见性、主动性;要坚持正确导向,怀拥直面问题的自觉和刀刃向内的勇气,在广泛听取师生意见的基础上,认真检视查摆问题,从意识和作风等各个方面把问题找深找透,找出破解学校改革发展中一系列难题的办法;对发现的问题,要坚持立查立改、即知即改,决不能任其存在,要有计划、有步骤地进行全面整改,破解影响学校事业发展的深层次矛盾和根源性问题。二是要在"走真"上做文章。调研不仅是了解基层实情、密切联系师生的过程,更是总结经验、寻找计策、科学决策、解决问题的过程。因此,调研要在"走真"上做足文章,彻底改进调研工作作风,广泛听取师生意见和建议,掌握第一手材料,及时、彻底解决好基层师生的"急难愁盼"问题,力戒形式主义、官僚主义;调研必须端正态度,常怀"空杯心态",努力通过深入开展调查研究,解剖麻雀,从中找出事物有规律性的工作方法,真正把师生面临的困难问题完整呈现出来,把师生的意见真实反映上来,把师生创造出的好做法、好经验总结出来。三是要在"走实"上见真章。调研是谋事之基、成事之道。所以,调研要敢于碰硬,要坚持"事上见""实上见"。要多到历史遗留问题积攒多、师生意见较为集中部门和单位进行重点调研,对调研中反映和发现的问题,逐一梳理形成问题清单、责任清单、任务清单,倒排工期,逐一列出解决措施、责任单位、责任者和完成时限,在"走实"上见真章;要注重边调研边梳理边运用,边实践边总结边转化,通过出台政策举措、创新制度机制、改进工作方式等路径,将成功做法经验化、有效措施制度化、零散认识系统化,使调研成果及时"落地开花",为学校各项工作高质量发展提供"源头活水"、良方妙策。

四、带着脑子去

说调研带着脑子去，其义是指调研前要思考问题、收集问题，调研过程中要发现问题、直面问题，调研之后要研究问题、解决问题，多问"为什么"，少问"是什么"，多问"怎么做"，少问"凭什么"，善于透过现象看本质，把提升调研质效置于一个突出位置。一是要有记录问题的"本子"。调研的过程，理应要将工作中遇到的难点问题、师生关注的热点问题作为出发点。有的时候，一些事情可能不大，也可能很琐碎，为了避免遗忘，为了时时地地不忘推动工作，调研时要找一个记录的"本子"，随时随地把有关的信息记录下来，以便随时查阅，经常翻一翻，注重发现问题的基础性积累，提升发现问题、解决问题的能力。二是要有洞察问题的"眸子"。调研时，不仅要多观察、多换位，而且更为主要的是要多思考、勤思考，要能敏锐捕捉问题、清醒正视问题，坚决摒弃"我以为""差不多""应该是"的工作观念和方式。同时，要在提升洞察问题能力的基础上，在调研中要提升问问题的艺术性，掌握一些沟通技巧，通过观察和交流牢牢把握住调研中出现的各种新情况，注重边调研边思考，对具有反复性、复杂性、长期性的问题，更要进行深入的分析研究。三是要有解决问题的"方子"。调研不是走过场、装样子，其目的必须是解决实际问题，如果只是踩点加采风、走马加观花，则会背离调研初衷，于事无益。没有调研做基础，要想做到科学决策、找准"病根"、找到解决问题的措施，这无疑是痴人说梦。此外，还要注意加强对调研成果的运用，健全完善调研成果转化之长效机制，对调研过程中发现的经验做法、形成的思路举措，要及时转化为助推工作的实际行动、实在成效。

（写于 2023 年 4 月 7 日）

课程思政语境下大学生理想信念教育的
社会功能及其强化

教育部印发的《高等学校课程思政建设指导纲要》,强调在高等学校中全面推进课程思政建设,致力于构建各类课程与思政课程同向同行的全员全程全方位之育人格局。推进课程思政建设,必须把大学生理想信念教育置于首位,充分发挥其"灵魂"的作用,并以此为基础实现德育与智育的统一。具而言之,课程思政就是要发挥各类课程所蕴涵的价值属性,实现知识输出与大学生价值形塑的深度结合,实现大学生世界观、人生观和价值观教育的广度覆盖、深度触及;要彰显大学生理想信念教育在大学生思想政治教育中的核心地位,并以此为基础集聚各类课程资源中的思想政治教育元素,在各类课程与思政课之间营建良好的协同联动模式。

一、内涵廓清

课程思政是指任课教师运用马克思主义基本原理,密切联系新时代高等教育发展实践,瞄准价值塑造、知识传授、能力培养"三位一体"教学目标,对蕴涵在各类课程中的思想政治教育元素和精神内核进行挖掘和阐释，并将其融入具体的课程教学活动之中，让价值的引领与知识的传授相得益彰，潜移默化地对学生的思想意识、行为举止产生正向影响的综合性教育理念。

课程思政的核心意涵是育人协同。课程思政作为一种思想政治工作理念，其生发基点是各类课程所内蕴的价值特性。课程思政理念的提出，其初衷就是为了实现知识教育与学生价值观引领的深度结合，实现各类课程与思想政治课的联动协同，构建起全员全程全方位育人之格局。

二、特征探究

（一）价值塑造与知识传授双向赋能

在课程思政中，价值性与知识性两者不可分割。我国社会主义国家的特殊属性，决定了高等学校的主要任务是必须要培养拥护中国共产党领导和我国社会主义制度，锻造矢志推动中国特色社会主义事业发展的有用人才。"有用人才"，一方面要是"根正苗红"好青年，另一方面还要谙达服务社会主义现代化建设的知识和本领。从教育的基本规律层面来说，教育的任务，不仅仅包括要向学生传授知识技能，更重要的是塑造学生正确的价值观念、人格品质。知识性是课程思政的生发基点，没有课程教学的存在，没有知识传授的过程，课程思政便失去了最基本的场域。价值属性是课程思政的存续发展的旨归，是课程思政之所以为课程思政的专属标签。

（二）与时俱进与实践指向联结统一

课程思政在坚持马克思主义基本原理的前提下，坚持以习近平新时代中国特色社会主义思想为指导遵循，紧扣高等教育的具体发展实践，并以此为前提开展思考和创新，具有鲜明的与时俱进的理论品格。同时，课程思政把立德树人作为目标指向,立足高校思想政治教育工作实践,深刻把握思想政治教育理论的学科定位、逻辑层次、结构框架和运作体系,尝试突破原有理论体系和实践方法,着眼于发挥各类课程、不同资源的协同育人功能,谋求把立德树人融入具体的课程教学实践之中。

（三）教育共性与学科个性交相辉映

课程思政作为一种教育理念,其共性的意义和价值集中体现于立德树人,所借助的主要形式是把思想政治教育元素融入各门课程之中,对学生的思想观念、言谈举止产生潜移默化的影响,终极目标是涵育全面发展的社会主义建设者和接班人。课程思政的载体无疑是课程,不过也应该注意到,每一个单体的课程,"既是静态物化的所在,即师生教与学的场所,更是灵动思想的栖息之陆,即师生生命成长的原野",背后都有自己类属的学科属性、学科体系、界定范围,相互之间存在着差别,具有多样化的特征。这带来的启示是,课程思政目标的达成,要把教育普遍性与学科个性统一起来,除了坚守住课程思政普遍性的意义和价值之外,还应重视课程教学中学科个性的彰显、专业特色的浸透,发挥各类课程的独特育人功能。

（四）显性表达和隐性浸透有机相融

课程思政具有实现育人上显性表达与隐性浸透相统一的天然条件和资源。课程思政主张扎根中国厚壤办教育,坚持社会主义办学方向,在各门类课程中强化思想政治教育内核的把握和实践,用马克思主义的立场、观点和方法去施教育人,把政治认同、国家意识、文化自信、人格养成等思想政治教育理念导向落实到课程教学活动之中,为学生构筑起牢固的思想防线,抵制各种错误思潮言论对大学生思想的侵害,促进大学生自由全面发展。同时,课程思政具有渗透性、隐蔽性的特点,能使学生在接受专业知识和技能的学习训练时受到科学精神、文化自信的熏陶，从而潜移默化地影响学生的思想、行为和价值选择，有利于教育者与学生建立尊重、友好、融洽的互动关系，更易于他们接受，更易于他们由知到行的顺畅转化。

三、社会功能及其价值

习近平总书记指出："信仰、信念、信心，任何时候都至关重要。"他还用"钙""人生的第一粒扣子""总开关"等比喻来强调大学生理想信念的重要性，为新时代大学生理想信念教育的创新开展提供了根本遵循。根据大学生理想信念教育发挥作用的方式和特点，其社会功能主要有方向引导、正向激励、社会整合三个方面。

（一）方向引导

理想信念教育的方向引导功能要通过社会成员个体不自觉的意识和行为来实现。大学生理想信念教育以未来的美好和圆满为确定性的目标指向，通过课堂教学、理论内化、校园文化建设、社会实践等形式，能够为大学生成长指明正确方向，解决大学生往什么方向发展、实现什么样发展、依托什么路径达成发展的问题，引导他们不断追求并趋近于自身发展愿景。从本质上说，理想信念在大学生成长过程中发挥导向作用的过程，其实就是大学生在社会化进程中一个必不可少的组成部分，既然这是一个社会化的进程，那么其间大学生主动或被动接受来自社会的引导和帮扶就是顺其自然的事情了。社会所提供的引导和帮扶举措中，开展大学生理想信念教育是普遍实行也是行之有效的举措之一。大学生理想信念教育的主要内容，是引导新时代大学生进一步坚定马克思主义的信仰和共产主义的信念，坚定对中国特色社会主义道路自信、理论自信、制度自信和文化自信。这能在最大程度上教育引导大学生自觉追求远大理想,廓清思想的迷雾,明晰未来的发展方向,并为之努力拼搏,实现个人前途与国家发展的有机融合。大学生理想信念教育方向引导功能的实现,在里面起主导作用的是教育者。教育者主导作用的彰显,要求教育者在"闻道在先""术业专攻"的基础上,必须加强对大学生理想信念教育活动的领导组织,帮助他们明确学习目的、努力方向,引导他们选择科学恰当的方式方法,激发其学习主动性,培养其自主学习精神和自我教育能力。

(二)正向激励

不管是从推动社会进步的角度来说,还是从激励个人发展的角度而言,理想信念都具有十分强劲的能动作用,是激励人们向着既定奋斗目标进取的不竭动力源泉。大学生理想信念教育的工作指向是激发大学生个人和群体的各种正向能效,推动大学生持续强化"四个自信",引导其把个人发展愿景与社会共同理想有机结合起来,把个人目标的实现与对社会价值的追求有机结合起来。崇高的理想和坚定的信念,能够激发大学生的奋斗热情,鼓舞大学生的旺盛斗志,焕发大学生的昂扬精神,助其形成美好的道德情操。大学生的正向理想信念一经形成,便会激励大学生向着既定奋斗目标努力拼搏,从而成为大学生埋首学习、做好工作、矢志发展的驱动力量。大学生有了坚定的理想信念,就能够主动培育和调动自己的意志和情感,就能够以坚定的意志和顽强的毅力成就学业、谋划职业和开拓事业;如果没有正确的理想信念,就很可能会虚度光阴、一事无成,甚至思想滑坡堕落。

(三)社会整合

社会整合是社会全体成员思想、规范及行为的一体化过程。法国社会学家迪尔凯姆认为,使社会得以维系的是每个个人对社会的共同的情感和信仰。伴随着社会环境日益复杂和各种内外因素的影响，大学生在思想、行为、规范、职业等方面的分化日益明显，若是教育引导跟不上形势的发展势必会增加社会的离心趋势，基于此，就有必要对大学生中存在的这些分化趋势进行相应整合，尤其是要强调认同性整合。理想信念教育是实现社会认同性整合的重要举措之一。大学生理想信念教育有助于实现大学生在文化认同、价值信仰、思维方式、心理习惯等方面的同一性，能够更简洁的使整个大学生群体具有共同的意志和统一的行动，助推强大社会内聚力的形成。具体来说，大学生理想信念教育有助于大学生强化对民族血缘、语言、历史、文化的认同，增强大学生对国家和文化的归属，自觉坚定"四个自信"。因此，大学生理想信念教育是一种能够号召、激发、引领大学生为实现中国特色社会主义建设目标而采取共同行动的有效形式，能促动大学生对国家和民族产生持久向心力，这是大学生理想信念教育之社会整合功能的重要表征。

四、课程思政语境下强化大学生理想信念教育社会功能的路径探寻

（一）深挖课程蕴涵的思政元素，对大学生理想信念进行价值形塑

一是强化通识教育类课程的育人功用。依照哲学社会科学类、人文艺术类、自然科学类、实践类等课程的学科特点，挖掘并拓展运用好各类课程中蕴涵的思政元素，对大学生的理想信念进行价值引领。教育引领大学生把社会主义核心价值观作为一言一行的自觉遵循，把爱国主义、民族情怀熔铸于内心，树立起文化自觉和自信，担负起人类命运共同体发展前进的历史担当，以健康体魄为基础发展健全人格。二是发挥专业课程的育人功能。专业课程的教学实施，要重点涵育大学生务实求真、精益求精、开拓创新的精神，着力培养大学生严谨踏实、友善诚信、矢志卓越的品质，引导学生成长为心系社会并有担当意识和能力的专门人才；要明确课程思政的教学目标，传播

爱党、爱国、爱社会主义的积极向上正能量,培养大学生的科学精神,实现价值形塑与知识传授的融通;要把价值形塑贯穿于课程计划、标准、内容、评价等环节,为专业课程发挥育人功能提供"硬"支撑。三是注重开设思政元素丰盈的特色课程。要依据学校办学定位和学科优势,组织知名教授、教学名师、科研骨干开展具有学科特色的必修课、选修课、讲座、教学展示活动、报告会等,宣传展示新时代中国特色社会主义事业发展的崭新建设成就,为大学生坚定理想信念提供实体佐证素材。

(二)优化教学介入的方式方法,对大学生理想信念进行全域渗透

一是做好与大学生现实境遇的结合。课程思政必须要因应大学生理想信念教育的特点和要求,优化教学介入与呈现的方式方法,协调处理好大学生理想信念教育与各专业教育之间的关系,实现全域式的介入和浸润。要深度挖掘各个学科、各类课程中有利于提升大学生政治认同感和文化自信度的内容,畅顺话语风格切换,把相关理念和内容,用贴近大学生实际的话语、案例等形式呈现出来,让学生能够听懂和理解,只要用心就能可感可悟、可触可及。二是用好隐性浸透的教育方式。大学生理想信念教育所诉求的个体思想的内化与外化,要高度重视人的情感、意志、信念、行为等的涵育,因为缺少了这一历程,不可能达成可给予预期的由知到行的转化。与高校思想政治课的显性表达相区别,高校中的专业课、人文素养课涵盖了知识拓展、能力提升、价值引领的多重维度,蕴涵着丰富的隐性思想政治教育元素,藉由课堂主渠道作用的发挥,隐性浸透的教育方式能把大学生理想信念教育融于课程教学或活动。因隐性浸透的教育方式更贴近大学生的学习和生活实际,有利于建立起教育者与大学生之间友好尊重、融洽和谐的交互关系,克服了传统教育方式的弊端,因此教育浸润的能效很高也更有存续基础。三是强化课程思政教学改革。强化教师的主题教育与专项培训,转变其重知识授

受、重技能培养、轻价值引领的观念；强化学科小组讨论、拜师学艺、集体备课等手段的运用，让广大教师把知识传授、价值形塑、能力培养融入每门课程的教学活动之中；强化榜样带动，利用学校思想政治教育优质资源，发挥其辐射带动作用，引导形成思政课教学名师、骨干教师与专业课教师的育人合力。

(三)激发课堂主体的参与热情，对大学生理想信念进行实践延展

课程思政必须要能够激发大学生这一课堂主体对课堂教学活动的参与热情，才能为大学生群体的理想信念教育提供时间和空间。同时，大学生理想信念教育侧重于心灵的沟通和交流，所要影响的主要是学生的情感、价值观、认知模式、行为习惯等，这就要求大学生理想信念教育必须要"深接地气"，要主动契合大学生的生活生态和现实际遇，并以此为基础进行实践延展，决不能沉浸在"自娱自乐"、单向输出的模式里，懒于创新，怯于改变。一是让课堂教学有意义也要有意思。在利用课堂主渠道对大学生进行理想信念教育时，要把"有意义"放在首位，引导学生认清个人成长与国家发展之间是紧密依存的关系，是"大河有水小河满、大河无水小河干"的关系；同时，还要把工作开展得"有意思"，要教育引导大学生善于从"小切口"来理解个人与国家之间的关系，注重教育学生精于从"身边事"来理解党的路线方针政策，从而让大学生理想信念教育既来源于生活又高于生活，既坚持教育的通俗化但又力避庸俗化，努力让大学生在主动参与中，感受时代发展的脉动，找寻解疑释惑的答案。二是让课堂教学有"育"也要有"授"。课堂思政，作为一种教育理念，不能脱离教育的本质顾左右而言他，理应遵循教育的基本规律，让课堂教学既要有"育"的功用也要有"授"的践行。不仅要教会大学生如何学习应用专业知识，让大学生获取直面社会激烈竞争的专业力量，更要致力于让大学生拥有推动社会正向发展的良好品行。

（四）紧扣教学要素的效能彰显，对大学生理想信念进行制度护航

推进课程思政，要提升制度意识，善于在制度的轨道上推进工作。充分挖掘和拓展各类课程的育人元素，强化大学生理想信念教育的价值，推动专业课程走向课程思政，同样有赖于相关制度的建立健全。要建立课程思政的组织领导、管理运行、评估评价制度机制。要对课程思政的相关资源进行融通，拟定课程思政的实施规范和评价标准，强化对试点类课程、示范类课程和培育类课程的分层次、分类别指导；要深度挖掘课程中的思想政治元素，明确在教学目标、教学内容、教学方法、教学平台、成效体现和教学评价等环节上的育人要求，提高课程思政的水平和水准；要完善教学质量评估监控体系，从源头、目标和过程上强化课程融入大学生理想信念教育理念的力度，并确保真正落到实处；要健全教材建设制度，突出专业类课程的价值取向，形成科学有效、特色显著、互补交叉的教材内容体系；完善教师培训制度，进一步加强对专业课程教师的培训力度，鼓励其在教学科研工作中体现课程思政的要求，践行大学生理想信念教育理念。

（写于 2020 年 6 月 12 日）

高校思政工作要会使劲、使准劲

当下，我国新冠肺炎疫情已基本得到控制，疫情防控也业已进入常态化运转模式。对于高校思政工作者来说，应该适势求是，主动对标"后疫情时代"的新形势、新要求，因应社会期待和学生需要，要会使劲、使准劲，着力增强工作的思想性、理论性和契合性、实效性。具体说来，就是要提升中国之治"认同感"、织密校园安全"防护网"、讲活疫情防控"好故事"、躬耕学生发展"责任田"、精炼网络思政"金刚钻"。

提升中国之治"认同感"。中国之治，指的是我国的治理体制和治理道路。"中国之治"的密钥在于"中国之制"，在于我国国家制度和国家治理体系的显著优势；"中国之制"的根本在于坚持党的全面领导，党的领导是中国特色社会主义制度的最大优势。"后疫情时代"，高校思政工作者要用好用活抗击疫情这一鲜活素材，面向全体学生，系统讲解"中国之治"在这场疫情阻击战中体现出来的显著优势，实现"三个讲清楚"。一是讲清楚以习近平同志为核心的党中央发挥的"定盘星"作用，这是我们打赢这场疫情防控阻击战的根本政治保证。疫情期间，以习近平同志为核心的党中央把握方向、谋划大局、敲定政策，始终发挥总揽全局、协调各方的领导核心作用，实践证明，越是面临困难和风险挑战,中国共产党的坚强领导核心作用就越突出,党的强大领导能力就越得到彰显。二是讲清楚我们集中力量办大事的制度优势,引导学生爱党、爱国、爱社会主义。抗疫期间,我们党始终践行以人民为中心的理念,坚持全国一盘棋,动员全社会力量、调动各方面资源,构筑起最严密的防控体系,全国各族人民都以不同方式积极参与了这场疫情防控斗争,集聚起了坚不可摧的强大合力。三是讲清楚中国负责任大国的担当。要全方位展现中国在全球新冠肺炎疫情防控之中的大国担当,借助内外数据对比、案例比较、民众反应等,展现中国共产党的领导和中国特色社会主义制度、中国国家治理体系所具有的强大生命力和显著优越性,增强学生的国家认同感和民族自豪感,引导学生自觉增强"四个意识",切实做到"两个维护"。

织密校园安全"防护网"。疫情是命令,防控是责任。安全工作永远在路上,思想上的盲目乐观、麻痹松懈往往是最要不得的。"后疫情时代",高校思政工作者要接续强化底线思维,增强忧患意识,做实风险防范准备工作,织密校园安全"防护网",做到"四个到位"。一是认识到位。要提高站位,深化认识,绷紧校园防控"弦",不妨把困难估计的更充分一些,宁愿把情况考虑的更周密一些,坚决把中央关于疫情防控的各项决策部署落实到位。二是责任到位。要明确责任,要知责担责尽责,充分认识"后疫情时代"疫情防控任务的复杂性,做好秋季开学时段以及后期日常疫情防控的各项工作。三是落实到位。要提升校园和公共场域的精细化、信息化管理水平,精准掌握每名学生的身体健康状况,继续做好教室、食堂、宿舍等重点区域的消杀和通风工作,重视学生防疫知识的普及和日常预防措施的督促,并多措并举做好学生心理援助工作。四是协同到位。要主动协调对接,谋求形成合力,健全"大思政"工作体系,整合校内外各方资源的正向效能,统筹推动工作落细落小落实。

讲活抗击疫情"好故事"。"后疫情时代",高校思政工作者要学会从波澜壮阔的抗疫斗争实践中汲取营养，主动适应学生的思维特点和认知习惯，转换话语体系，讲活讲好抗击疫情"好故事"，抓好"三个融入"。一是融入思想引领。高校思政工作者要把抗击疫情中涌现出的触人心灵的"好故事"，要把中国人民在抗击疫情中彰显出来的共克时艰的精神风貌，提炼、加工、转化为思想引领的鲜活素材，引导学生礼敬英雄，内化精神，凝聚起迎难而上、无私奉献、守望相助、敢于胜利的强大思想共识。二是融入学风建设。要把抗击疫情"好故事"融入思政课程、课程思政，充分发挥课堂教学主渠道作用，在讲好基础概念、基本原理的同时，根据不同专业课程特点，合理嵌入育人要素，使课堂教学过程成为引导学生学习知识、锤炼心志、涵养品行的过程，使德育与智育相统一，推动实现全员全程全方位育人。三是融入主题活动。要组织好抗疫主题教育活动，通过邀请校内外战"疫"典型集体和个人开展事迹宣讲、分享，用身边事教育身边人，启悟学生内化榜样身上蕴藏的思想内涵、精神实质、使命担当，感受中国力量、中国精神、中国效率，弘扬中华民族扶危济困、协作互助优良传统，不断汇聚起奋进新时代、开启事业新征程的磅礴精神力量。

躬耕学生发展"责任田"。学生成长成才是高校思政工作的出发点、落脚点，是高校思政工作的主线、生命线。疫情之下，不仅学生的学习、生活受到影响，就业、择业也受到冲击，而且学校作为师生之间"介质"的价值也出现了一定意义上的衰减。"后疫情时代"，高校思政工作者应守好学生成长成才的"责任田"躬耕不辍，努力做到"三个聚焦"。一是聚焦育人效能提升。育之道，人为先。高校思政工作做的是"人"的工作，不应是空洞无物、干瘪无味的单向说教，也不应是降格以求、丢掉立场的一味逢迎，而应是解疑释惑、唤醒灵魂的双向对话。高校思政工作者要学会研判"后疫情时代"的工作形势和要求，聚焦立德树人，把德育、人格树立结合起来，注意贴近生活，学会从社会热点、生活"头条"中搜集鲜活育人素材，不断更新自己的理念、知识和工作介质,切实提高提升育人之效能。二是聚焦学业能力提升。疫情期间,很多学生只能在"云端"上课,受限于网络教学的天然不足,许多学生的课业进度、考研备考、留学计划受到相当大的影响。"后疫情时代",高校思政工作者要与任课教师紧密配合,指导学生迅速完成课业规划,提高其学习、生活的计划性;督促学生补齐自律"短板",激发学生的自我意识,引导学生审视自己、约束自己,让良好自律为学生学业上的查漏补缺保驾护航;要逐一排查课业遭遇困难学生的情况,建立精准帮扶机制,"一人一策"确保不掉队。三是聚焦服务水平提升。"后疫情时代",高校思政工作者要更加注重解决学生遇到的实际困难,要不断优化思想沟通渠道,洞悉学生思想动态,及时帮助学生解决学习、生活中现实困难,聚焦服务能力和工作水平的提升。此外,高校思政工作者要加强人文关怀,精准开展心理辅导和谈心交流,塑造学生自尊自信、理性平和、积极向上的健康心态。

精炼网络思政"金刚钻"。随着疫情期间"线上"教学模式的推开,可以想见,以信息科技革命为先导,以互联网、大数据、人工智能等为代表的信息技术革命,必将继续深刻改变"后疫情时代"教育的理念、方式、生态。高校思政工作者要深刻认识这种变革带来的影响,主动迎接挑战,精炼网络思想政治工作的"金刚钻"。一是要勤学。学习是看得见的哲理。面对着瞬息万变的外部工作环境,面对着"网络的原住民",高校思政工作者唯有通过不断学习,才能实现与学生的同频,才能更好把握学生的心思与脉搏,才能习得运用新技术工作开展工作的经验,直面工作的现实挑战,履好职尽到责。二是要敏思。一味的"死"学,大门不出二门不迈的琢磨,不是一种真正的学习态度和方法。高校思政工作者要敏思善学,乐于思考,重视做好网络与实际工作的结合,只有这样,学生才能眼里有光、心里有爱、脚下有路。

（写于 2020 年 11 月 6 日）

青年辅导员的正向自我呈现

当下，高校辅导员队伍中"90后"的青年辅导员逐渐成为主力。不可否认，青年辅导员在学历、年龄、精力、工具运用上有自己的优势，但是他们在职业发展的起始阶段必须要回答并且要答好下面这些问题。比如怎样才能把立德树人根本任务有效落到实处，怎样才能真正成为大学生的"人生导师"和"知心朋友"，怎样才能提高工作的认同感、使命感，怎样才能形成深具自己专属烙印的工作范式。这些都是青年辅导员必须要回答并且要答好的问题。

要回答好这些问题，从青年辅导员自身来说，其正向自我呈现不可或缺，这能使青年辅导员的职业发展从一个"高起点"起步，为职业坦途找到"敲门砖"。青年辅导员的正向自我呈现，既能为提升大学生思想政治教育工作质量助力，又能为彰显青年辅导员的责任与使命赋能，还能为青年辅导员的职业发展加分。

一、青年辅导员正向自我呈现的内涵

在社会学语境下,自我呈现是指"个人通过调控情绪、仪表和举止等来控制或引导他人对自己的印象,在他人心中塑造一个自己所期望达成的形象这一过程"。自我呈现一般包含自我展示形象的选择和呈现方式的选择两个方面,依据实际产生的效果的不同,自我呈现可分为正向的自我呈现和负向的自我呈现。

对于青年辅导员来说,自我呈现是指这一群体在工作、学习、生活诸方面,藉由自己的一言一行、待人接物影响他人(主要是自己负责的学生)对自己的评价,塑造自身所期望形象的过程。这一过程包括青年辅导员对自身职业形象的选择和工作呈现方式的选择两个方面,其效果和水平主要取决于环境期望与青年辅导员个人发展之间的相关性、职业目标设定的高低,以及自我呈现效果的反馈和"纠偏"。青年辅导员要学会正确认识自我,学会通过正向自我呈现帮助自己树立起正确的职业价值观,畅通职业发展路径。

二、青年辅导员正向自我呈现的价值彰显

(一)有助于固化"情感积极"的职业认同

青年辅导员正向自我呈现实际上就是一个积极协调自己与周围环境之间关系的过程,无论是从立意生发到落地实施,还是从主观到客观都致力于追求自身完美的呈现,并谋求周围环境的积极回应。在这一过程中,青年辅导员若是能够通过自己的努力,有效抵近或完全实现了自身设定的职业发展目标,其职业价值认同必定会得以固化,进而向更高层级运动,这是青年辅导员职业发展的逻辑起点和内生动力。青年辅导员的职业价值认同在形

成的过程中,初期的"根基"或是"生命力"不一定很稳固,但会随着自身认知的深化和外界环境的影响而进行主动和被动的调整。这种调整,若是有正向自我呈现的助力,必定会对固化青年辅导员职业的认知、情感、期望、意志等产生积极影响。

(二)有助于构建"内视反听"的育人模式

辅导员工作本就不是一个封闭的场域,这要求辅导员必须因应社会大环境的变化,构建开放式的育人模式。实际上,广泛挖掘校内外教育资源,形成整体合力,努力构建辅导员开放式的育人模式,这是辅导员工作的题中应有之义。而对于青年辅导员来说,要达成这样的工作目标,必须要把正向自我呈现置于一个突出位置,主动出击,并要体现出工作的包容性,要学会并善于集聚校内外工作资源中的积极效能为己所用。在现实工作情境中,青年辅导员的工作不仅更易受到学生及家长的广泛关注,也更易受到学校教职员工、校友、社会大众的广泛关注。青年辅导员在工作、生活中呈现出来的工作风貌、个人品格等,这都会成为校内外不同人群观察、了解青年辅导员的窗口。而这恰恰在很大程度上影响了他们和他们所在单位或部门关注、关心和支持青年辅导员工作的程度和力度。青年辅导员的正向自我呈现有助于推动工作形式和内容的创新实践,实现工作主导性和实施多样性的统一,使工作不偏离正确的方向,既契合学生需求,又回应家长关切;有助于彰显其良好的个人风貌,使全校更多教职员工重视并主动加强对青年辅导员工作的配合;有助于借助不同媒体介质,在校外形成良好社会反响,让大学生教育管理的"利益攸关方"对青年辅导员多一些了解和宽容。

(三)有助于营造"群情欢洽"的小微环境

青年辅导员工作中的小微环境是指他们所属团队中,每一个成员个人品行、职业操守,以及工作习惯、节奏、思维方式等的集中体现,它影响着内部每一个成员的职业动机、态度、信念和价值观。辅导员一般都从属于一个团队,对于青年辅导员而言,更会最大限度地被"裹挟"其中。青年辅导员若能体认团队文化,顾及所在团队成员的普遍性态度和相应的情感反应,最大程度上取得团队成员的认可与支持,其正向自我呈现就能助其改善工作的小微环境,为其职业发展提供正向效能。可以说,健康向上的小微环境是优秀工作团队的必选项,这是团队实现可持续良性发展的动力源泉。如果团队成员之间在工作协助、相互认同、尊重信任、融洽合作上达成共识,形成"群情欢洽"的风气,则能促动青年辅导员良性小微环境的形成;反之,如果成员之间怀疑猜忌、相互拆台、关系紧张,那就一切无从谈起了。青年辅导员要学会优化自身所处的小微环境,协调好自身与团队成员之间的关系,用自身的正向自我呈现为所属团队建设赋能。

(四)有助于提升"精致走心"的生活品质

青年辅导员的正向自我呈现是其现实才能的表征和自身潜能的深度发掘,由于这一过程是辅导员的有意主动为之,其自带着"正向""积极"属性,所以它必须是发源于内心的,且会伴随着对品质自然而然的追求。如此,这样的正向自我呈现能有效"反哺"青年辅导员的个人生活,促进其身心获得健康发展。青年辅导员的正向自我呈现能帮助他们有意识地和科学地认识自身特质、现有与潜在的优势;帮助他们客观分析自身面临的机遇和挑战,审视自己的职业定位和价值;帮助他们确立职业发展目标,有效提振自信心,提升生活品质和职业幸福感。

三、提升青年辅导员正向自我呈现效果的实践应对

(一)锤炼一颗"匠心"

对于辅导员而言,"大量的、碎片化、工具性的理论和知识,无法构建完整的思想政治教育的体系,这对辅导员话语权的建构和大学生的成长都不利"。针对这种现实情形,青年辅导员从职业生涯的起始阶段,在正向自我呈现中就要学会锤炼一颗"匠心"。所谓"匠心",指的是在工作上用心专注的态度、习惯、思维和境界。它强调与外界形色纷扰的有效"阻断",主张把时间、精力、心思、智慧都用到所从事的工作中,精益求精完成每一件作品。"匠心"之于青年辅导员的正向自我呈现,具有极其重大的借鉴价值。青年辅导员若能自内而外把锤炼一颗"匠心"作为自己的职业成长追求,就能在最大程度上确保时间、精力的定向集中投送,就能在最大限度内激发工作的动能,从而为履行岗位职责提供高水平的保障。青年辅导员的自我呈现若缺少了一颗"匠心"的支撑,没有对工作"细线条"的处理,没有对工作求新求变的执着信念,没有对职业、事业和人生的敬仰尊重,不仅工作做不好,反而会助长青年辅导员的职业倦怠,进而影响其职业生涯的方向和目标。

(二)涵养一颗"仁心"

青年辅导员,若论及工作的热情和激情,都不存在问题,但在具体工作中容易"起急",却是较多出现的情形。这说明什么?说明青年辅导员的工作定力、细致程度、耐受力还不够,应该努力涵养一颗"仁心"。这里的"仁心",并不是要求每个青年辅导员都婆婆妈妈的,主要是指自我呈现应该多一份细致、多一份耐心、多一份包容,真诚地对待自己的学生。在很多青年辅导员的观念里,提及工作的自我呈现,往往动辄就罗列出自己入职以来获得的奖

项,申报成功的课题、项目,发表的重量级文章,好像只有这些所谓的"硬指标"才是自己工作最核心的东西、最具说服力的东西,实际上并不完全是这样。很多时候,作为与大学生"代沟"并不明显的青年辅导员,有的时候也许只是一次鼓励、一个赞许、一句安慰,就能对学生的成长成才产生意想不到的影响。青年辅导员越是真诚地和学生沟通交流,学生就越是愿意接受他,越是能够信服他,他们在学生中间的影响力就越大。青年辅导员的正向自我呈现要矢志于给学生传递"正能量",积极创造条件让学生能够随时、随地触碰到他们身边的正面榜样;要通过不同形式分享自己的一些经历和想法,现身说"法",激励学生扣好人生的每一粒扣子,实现人生的跃升。

(三)秉持一颗"悦心"

既然这里论及的是工作呈现,那么主体的自我呈现首先要找到受众,并要为之所接受。青年辅导员的工作受众是在校大学生(一般情况下大都是低年级学生),其正向自我呈现就理应有效对接学生的认知与思维特点及学生的实际需求,切实把自我呈现与学生的学习和生活无缝对接,在确保呈现有内涵、有品位、有成效的基础上,秉持一颗"悦心",致力于把工作做得"有意思"。要达成这样的目标,首先是要在隐形教育和交融渗透上做好文章,力争把工作融入日常和课堂、学习和实践,引导大学生把有关教育要求内化为他们的精神皈依,外化为他们的自觉行动遵循;其次是强化大学生的"主场意识""在场意识",谋求有一种"代入感",要让大学生在主动参与中接受教育和价值引领;再次是要让学生存续一种"获得感",青年辅导员的自我呈现一定要避免为了"呈现"而"呈现",要立足让学生有所感、有所得;最后是要让学生有一种扑面而来的"新鲜感",要紧密结合学生所属学业阶段的不同需求,创新教育主题和活动形式,力避重复老套。

(四)追求一颗"朗心"

所谓朗心，指的是对事情有明白清楚的了解，看问题时境界高远，思维宏阔。青年辅导员的正向自我呈现也应该有此种意境和追求，也应该有这样的执念，要学会体悟此间蕴含的真谛。说到底，青年辅导员工作的正向自我呈现是对自身工作的一种正向解读和昂扬展示，这是育人艺术的体现。在这一过程中，青年辅导员要注重把日常工作通过自身创造性的转化，独特而又多彩地呈现出来，这本身就是一个令人愉悦和享受的过程。据于此，青年辅导员的正向自我呈现也应该居于高出看待自己的工作，摒弃传统观念和旧有行动上的羁绊和禁锢，藉由自己的努力，让学生的身心成长都能有一个可感可触的参照，也让自己在职业发展的过程中占据主动。

(写于 2021 年 1 月 25 日)

提升组织力:增强高校院(系)党组织治理能力的应然选择

高校院(系)党组织作为党的基层组织的重要组成部分,在高校组织体系中处于承上启下、统领各方的枢纽地位,其治理能力是国家治理能力的重要组成部分,是新时代背景下推进高校内涵式发展,提升高校综合竞争力的内生性动能。高校院(系)党组织治理能力是指院(系)党组织在高校党委统一领导下,彰显政治核心作用,创新治理方式、完善制度体系,发挥多元治理主体作用,强化制度落地执行,不断增强服务意识,推动师生个人及院(系)整体和谐发展的能力,主要涵盖政治领导、依法执政、服务师生、驾驭风险、制度执行等方面。院(系)党组织在院(系)治理实践中要注重彰显自身的组织优势,通过提升组织力,娴熟运用内部组织、机制、制度等,不断助推自身治理能力的有效提升。具体来说,需要牢牢把握住"四个定位",致力于实现"四个到位"。

一、把握住"四个定位"

院（系）党组织作为高校基层治理的核心，在院（系）治理中居于政治核心的地位，发挥着监督保障作用。要有效实现高校院（系）内涵式发展的可持续推进，院（系）党组织一方面要强化整体发展的顶层设计，另一方面还要在如何引领师生积极性和主动性上做出规划和设计，要紧密结合院（系）发展规划，激发教职员工和全体学生的创新活跃度和发展贡献度。基于此种意义辨识，通过提升院（系）党组织组织力来引领高校基层治理，既是高校党的工作的基本需求，也是师生的基本需求，是院（系）党组织完善治理体系、提升治理能力的重点。对这一重点工作，需要牢牢把握住下面这"四个定位"。

实现新时代党的奋斗目标的需要。为了顺利实现新时代中国特色社会主义发展的宏伟战略目标，包括高校院（系）党组织在内的所有基层党组织都必须在党的坚强领导下，有效地组织和动员起来。要达成如此系统性的目标，必须要以提升组织自身的组织力为重点，突出政治功能，彰显服务动能，把政治功能寓于服务之中，在服务中体现政治功能，创新工作方式，采用行之有效的措施，教育引导院（系）师生听党话、跟党走，更好地发挥宣传、组织和动员广大人民群众的作用，最大限度地凝聚人心、汇聚力量，形成推进中国特色社会主义事业发展的磅礴之力。

写好高等教育"奋进之笔"的保障。院（系）党组织作为党的基层组织，必须因应"努力培养德智体美劳全面发展的社会主义建设者和接班人"这样的工作任务和要求，必须要注重从推动学院事业高质量、科学发展的高度着眼，从促进学院事业发展举措有效落实的角度入手，结合院（系）工作实际，多一些学习、多一点思考、多一点创新，努力写好高等教育发展的"奋进之笔"。实际工作中，要以提升组织力，增强治理能力为前置抓手，解决好关系师生实际关切的问题,积极探索党建与学院中心工作的交叉点和结合点,有效破解党的建设工作与教学科研工作存在的"两张皮"难题,有效落实好立德树人这一根本任务,为学院实现科学、健康和可持续发展提供强劲领导力和推动力。

院(系)党建工作的题中应有之义。时下,部分高校院(系)党组织弱化虚化边缘化之问题仍在一定程度上存在,理念不到位、制度不落实、管理不规范、专职人员配不齐、活动无场所等问题严重影响和制约着组织力的发挥,对院(系)党建工作目标的有效实现形成了掣肘。这些问题的最终解决,有赖于通过院(系)党组织加强自身建设的路径来解决,具体实施过程中应以政治建设为统领,以提升组织力为重点,把治理体系建设和治理能力跃升作为主攻方向,着力解决自身建设中存在的现实矛盾和突出问题,实现自身治理能力和水平的显著提升,以党建工作的卓有成效助推院(系)发展。

能激发"院系办大学"的动力和活力。国家"双一流"(一流大学、一流学科)建设工作正在有条不紊地顺利推进,院(系)办大学理念和实践已成为新时代高等教育的发展趋势。院(系)党组织应主动适应这一趋势,因应相关要求,注重发挥自身的政治优势和组织优势,通过完善院(系)内部治理体系,加强院(系)党政联席会议制度、学术委员会、教师代表大会、工会、团委、学生会、学术团体等与之相关的制度建设,确保学校已经下放到位的各项自主权力能够规范、公正、公开且有效地得以运行,切实增强院(系)办学之活力,实现"院系办大学"之工作目标。

二、坚持做到"四个到位"

增强院(系)党组织的治理能力具有极其重要的理论价值和实践意义。一方面,这是切实加强党对高校领导,有效推进党的基层组织建设,办好中国特色社会主义大学的重要途径;另一方面,这是院(系)党组织带领师生贯彻党的教育方针,推进大学治理体系与治理能力现代化,落实立德树人根本任务的必然要求。组织力是实现组织目标和计划的保证。院(系)党组织必须要理性审视当下院(系)治理模式的不足之处,进一步明确自身组织力在治理实践中应发挥的作用,找到工作的现实生长基点,提升组织力向治理能力的转化效能,实现"四个到位"。

现实审视要到位。一是组织力偏弱。部分院(系)党组织组织力偏弱,工作的主要着力点甚或是全部精力仍停留在做好党员发展对象培养、党员教育管理、师生思想政治工作等基础职责层面,对现代大学治理体系建设缺乏理论认知、主动思考和实践顿悟,没有实现从"管理"到"治理"理念或格局的转换,体现在工作中那就是强化治理的紧迫感和责任感存在明显不足,更遑论治理能力的提升和治理实践的实施了。二是作用发挥不充分。在院(系)具体工作中,党委(党总支)、行政之间工作深度交叉叠加,职责不能很好的得以厘定,"两张皮"的现象极易出现且大量存在,很多时候在工作上,或是"调同频不同",或是"调不同频不同",工作合力的有效形成打了折扣,院(系)党组织的组织力彰显受到一定程度的消解,以至于在决策过程中,院(系)党组织的政治领导和监督保证作用不能得到充分发挥,其形象和威望无形当中受到了影响。三是责任者综合素养欠缺。院(系)党组织负责人一般由专职党务行政干部担任,尽管事务性工作经验丰富,但对现代大学治理的理念和内涵认识不足,既有的理念和经验也与实际工作存在着匹配度不高的问题;加之党务干部学科专业背景较弱,普遍缺乏学术存在感和影响力,在学科建设、教学科研等工作中缺乏更多发言权。以上这些因素都对院(系)党组织治理主要责任者的作用发挥产生了影响。

责任担当要到位。一是强化政治担当。院(系)治理理念和模式的更新,治理能力的提升,必须要立足加强党的领导,院(系)党组织的政治核心作用必须要得到保障,中国特色社会主义的办学方向必须要给予确保。院(系)党组织应主动担负起院(系)科学治理主体责任者的角色担当,激发内部治理潜能,履行好政治领导职能。必须突出政治建设的首位度,强化"四个意识",增强"四个自信",做到"两个维护",不断内化信仰的力量,外化组织的力量;把政治建设落到基层,认真执行党委会议制度、党政联席会议制度,坚持民主集中制,实施目标引领,强化监督考核,凝聚起全部工作合力和正向效能。二是落脚于事业发展。院(系)党组织的组织力,既要在院(系)实现有效治理的实践中不断提升,也要用院(系)事业发展的实际成效来检验来评判。做院(系)事业发展的"定盘星",应以提升组织力为重点,找准党建引领院(系)改革发展的切入点和着力点,把自身建设成为凝聚、带领师生员工推进事业发展的坚强堡垒;做院(系)事业发展的"主心骨",应带领党员、干部突破利益固化的藩篱,调动一切积极因素,把全体师生员工"拧成一股绳",让组织的资源、优势、活力分别转化为推动事业发展的资源、优势、活力。三是不断创新组织活动方式。院(系)党组织要不断创新组织活动的方式,总结推广行之有效的方式方法,把群众观点植根于思想的深处,把群众路线落实到每项活动之中,只有深入到师生中间,相信师生,依靠师生,得到师生的呼应,才能实现有效组织、动员和引领。院(系)党组织要秉承扩大党员参与面、提高实效性的原则,畅通组织力"主动脉",促进效能提升"微循环",推动下辖基层党组织在活动载体、工作方式、运行机制等方面推陈出新,使党组织活动与院(系)中心工作、党员需求、师生关切更好地熔接。

宗旨意识要到位。一是凸显服务功能。院(系)党组织必须要树立起"以人民为中心"的工作理念,注重解决好师生工作生活中的困难和问题,落细、落小、落实做好服务师生的工作,满足师生多方面多样化的需求,把有效提升师生的幸福指数作为工作目标和不懈追求,把党建和思想政治工作做到师生心坎上。同时要特别注重利用新媒体工作,主动搭建反映师生意见、汇集师生智慧、凝聚师生共识的信息化平台，帮助师生在思想上解惑，在精神上解忧、在文化上解渴、在心理上解压。二是严守纪律规矩。院(系)党组织要做学院事业发展的"压舱石"，切实意识到自身所肩负的职责与使命，做严格遵规守纪的典范，发挥好示范引领作用。应围绕推进院(系)治理制度化、科学化，班子成员要率先垂范，提高依法办事能力，自觉运用治理思维和方式化解矛盾、维护稳定、推动发展；必须严格执行党的群众纪律，以铁的纪律规范党员、干部行为，严肃查处损害师生利益的行为，维护院(系)发展的大局。三是强化制度保障。发挥制度之保障作用，强化运用制度实施治理的能力，是衡量和评价一个组织治理体系完善与否的重要标志。院(系)党组织要着力加强相关制度建设，强化制度保障能力，保运行、促发展；要通过提升制度保障能力，确保党组织有人管事、有制度理事，保障院(系)运行有效；要落实党建工作责任制，深入开展院(系)党组织党建述职评议考核工作，加强对内设组织机构的监督管理，确保党建工作的每一项任务都落实到支部，落实到每一个党员。

体系建设要到位。一是扩大覆盖面。虽然院(系)党组织是党的基层组织，但更要主动担负起管党治党的主体责任，党委(党总支)书记必须要亲自抓，要把支部建设置于院(系)党建工作突出位置，把"消除空白点、增强有效性"作为目标。抓好支部设置，统筹推进组织覆盖、工作覆盖、思想覆盖、平台覆盖；推进支部标准化、规范化、科学化建设，创新党建工作机制、延伸工作臂展、克服"本领恐慌"，实现支部建设从有形覆盖向无形覆盖，从全面覆盖到有效覆盖的转变。二是为支部赋能。党支部处于党的整个组织体系的末端，但却是信息敏感的"神经末梢"、保证各项方针政策和工作任务落实的"毛细血管"，其重要地位决定了院(系)党组织必须要党支部健康有效运转赋能。要把党建和思想政治工作落到支部，把教育监管党员落实到支部，把群众工作落到支部，发挥其凝聚师生、团结师生、服务师生、引领师生的天然职责,为基层党支部发挥作用赋能;应加强分类指导和督促检查,不断创新支部活动方式,把支部活动深度融入院(系)中心工作、党员需求和师生关切之中。三是健全民主渠道。院(系)党组织应建立健全民主协商、民主决策、民主管理、民主监督机制,搭建科学化体系,充分发挥各个治理主体的独特作用,激发师生党员的归属感、荣誉感。积极运用当代信息化平台,推进党务公开,扩大党内基层民主,尊重党员民主权利,引导师生积极参与院(系)治理,整合资源形成推动发展的正向效能。

(写于 2020 年 4 月 16 日)

思政工作干部须淬炼四门"硬功"

如何培养人？对于高校来说，做好思想政治工作，抓牢建好工作队伍是个关键。高校思想政治工作事关"培养什么样的人、如何培养人及为谁培养人"这一根本问题，它是战略工程、固本工程、铸魂工程。高校要切实加强思想政治工作队伍建设，努力提升思政干部的素质能力和工作质量，着力培育一批骨干力量，办好新时代教育。而提升高校思政干部的素质能力和工作质量，就必须要从淬炼"基本功"入手，做好"说学逗唱"四门功课。

说要到位。语言是交流沟通的工具。工作中，高校思政干部面对的是新时代的大学生，只有能说、敢说、会说，才能为顺利开展工作，达成既定目标"起好头""搭好台""唱好戏"。只有能说，才能工作布置的条分缕析，才能把需要解释的解释到位，才能让学生心里"亮堂堂"的。只有敢说，才能把想表达的呈现出来，才能把对学生的引导工作做到明处，让学生明晰边界意识，言不出"圈"行有所止。只有会说，才能在把道理讲明白的基础上，讲得精彩，讲得大家愿意听，让学生未来有期待，当下有行动。试想，若是我们的高校思政干部，在工作中面对着自己的学生"讷于言"，不能说、不敢说、不会说，师生之间的交流不能很好地实现，那教育效果肯定不能得到保证。当然了，能说、敢说、会说,也并不见得一定需要华丽辞藻的包装,眼花缭乱的技巧,只要能学会给学生充分的尊重,多从学生的角度考虑问题,并保证"传情达意"的效果就足够了。

学要透彻。学得透彻,具体来说就是要做到"顶天立地"。"顶天"是指对党和国家,尤其是教育方面的大政方针要学得透彻。因为大政方针是管"总"的,高校思政干部在学习的过程中就不能似是而非,必须要学得透彻。实际工作中,比如学生资助、学费代偿、违纪处理、助学贷款等,原则性、政策性都很强,社会、家长和学生关注度高,可谓是"牵一发而动全身"。那么,在政策的理解和具体执行中,高校思政干部必须要"门清",必须"钉是钉铆是铆",来不得半点含糊。"立地"是指高校思政干部学习工作实务要学得透彻。光眼睛向"上",紧盯着政策和制度,对高校思想政治工作中的具体操作规程一知半解,对学生学习生活中的困惑,找不到原因,分不清主次,不足于取;光眼睛向"上",对高校思想政治工作中的新成果、新介质囫囵吞枣,不愿钻研,分不清前后,找不到症结,不足于取。

逗要有味。高校思想政治工作做的是"人"的工作,面对的是朝气蓬勃的大学生群体,高校思政工作干部要学会放低身段,要学会"逗"的技巧,善于利用学生喜闻乐见的语言、"段子",用带有时代印记的幽默感去破除师生之间的疏离感。说到放低身段,高校思政干部要多一些生活上的倾听和工作上的商量,多深入学生群体中间,在与学生的平等交流相处中取得学生的信任和支持。实践经验证明,高校思政干部越是习惯于拉着脸、打着"官腔",学生与你就会刻意保持距离,心灵之间就越是疏离,越是如此工作的瓶颈就越难打通。另外,高校思政干部还要善于学习在学生中间传播的"流行语""段子",找准学生的关注点和兴奋点,明白学生的心理需求。只有学会使用学生们听得懂的"语言",才能把准学生的"脉",才能开准工作的"方";只有真正走进学生的世界,才能与学生的思想产生"共鸣",才能用真情拨动学生的

"心弦"。

唱要响亮。高校思政干部"唱"的功课主要是指要唱响时代好声音，唱出时代正能量，唱好时代主旋律。高校思政干部不能"闷"着做工作，"闷"着是做不好高校思想政治工作的。高校思政干部要熟知当代大学生认知和思维的特点，要善于利用"唱"的形式，引导学生歌唱新时代、弘扬正能量、传播主旋律，用高校思想政治工作独有的方式和形式对新时代进行回应。高校思政干部不仅要唱，还要唱得响亮，要学会有为有位，主动融入国家发展大格局，唱响时代乐章。有人可能会认为高校思政工作中类似于"唱"的形式上"虚"的东西较多，但是高校思政干部要"善假于物"，学会虚实结合、"虚功实做"，锤炼自己的"唱"功，用自己的主动作为、勇于担当，为书写新时代的"奋进之笔"提供有力的思想保证、精神动力、道德滋养和文化条件。

（写于 2018 年 11 月 2 日）

理想信念教育须在内化上下功夫

党的二十大报告指出:"加强理想信念教育,引导全党牢记党的宗旨,解决好世界观、人生观、价值观这个总开关问题,自觉做共产主义远大理想和中国特色社会主义共同理想的坚定信仰者和忠实实践者。"大学生作为伟大理想的追梦人,伟大事业的生力军,理想信念是大学生成长成才的"精神之钙",大学生要坚定理想信念,紧跟党的步伐。与此同时,新时代大学生理想信念教育处于百年未有之大变局的时代态势之下, 全球思想文化交融交锋愈加频繁、全媒体态势深度发展、改革逐步推进,以及社会转型日趋深化,加之大学生思想之流变性与高自由度、网络场域的特殊性、教育者的弱权威性等因素的影响,如何推动大学生理想信念教育内容入脑入心显得更加重要,也更具挑战。解决之道是深度探究大学生理想信念教育内化理路,谙熟大学生之认知特点、思维习惯和接受规律,教育引导大学生建立起对马克思主义的深厚情感和持久信任,让马克思主义成为大学生内心坚实的精神支柱,并外化为实现共产主义远大理想和中国特色社会主义共同理想自觉的、具体的行动,在审时度势、掌握节奏、讲究策略和建好队伍上下功夫。

时:洞谙事业发展的时势方位。"时",不仅有时代、时势、时事、时俗之意,而且也有及时、时机、节点之意。因此,把握好"时",既要把握好教育时势,也要融入网络时代,还要注重整合各种时令资源,更要把抓住教育时机。第一,把握时势。要从国内、国际两个视角把握好大学生理想信念教育内化之时代形势。国内方面:中国正在走向崛起、已然走近世界舞台的中央,实现中华民族伟大复兴进入不可逆转的历史进程,大学生与全国人民一道"正在意气风发向着全面建成社会主义现代化强国的第二个百年奋斗目标迈进";国际方面:中国面临多元复杂的国际安全风险。处于中华民族伟大复兴战略全局和世界百年未有之大变局之下,国际政治经济版图正历经持续变化和调整的震荡期,多元思潮之间的交锋愈发激烈,新冠肺炎疫情持续冲击世界经济格局,引发各国间经济实力出现此消彼长的变化,全球治理体系正在发生着深刻变革。教育者要引导大学生认清国内国际的时与势,正确认识理解身上肩负的使命担当。不忘本来,引导大学生传承中华民族优秀传统文化和时代精神,涵育中国精神;立足现在,树立起坚定不移听党话、矢志不渝跟党走的信心和决心;放眼未来,为实现中华民族伟大复兴的中国梦而努力奋斗,争做堪当民族复兴重任的时代新人。第二,融入网络。网络时代的到来消融了校园围墙、课堂边界,师生的身份定位在知识传输过程中被不同程度的异化。这在客观上要求教育者对此种特征必须进行精准把握,实现方式方法创新的常态化、制度化,实现教育者的内在需求与外部"倒逼"机制的同频共振,这不仅对教育者的基本功力提出了更高要求,而且也对教育者的时代情怀提出了更高要求。大学生理想信念教育内化应紧扣这一时代特征,主动占领网络阵地,实现工作的线下与线上的熔接,创新教育新形态,彰显大学生理想信念教育内化"因势而新"的要素禀赋。第三,善抓时机。教育者要"真正把为学、为事、为人统一起来"。要学会抓住教育的"微契机""微端口",将理想信念教育内化与大学生的现实关切和发展期待结合起来,为教育的入脑入心提供深接"地气"的选择。同时,现实生活中的重要时间点的节庆活动因其鲜活性、共鸣性、资源易得的特质,也是大学生理想信念教育内化的良好契机和优质平台。

度:找准进阶提升的平衡重心。这里的"度",既包括内容上的"量"与"质",也包括供给上的"实"与"虚",还包括目标上的"高"和"低"。第一,在内容上谋求"质"与"量"的平衡。大学生理想信念教育内化是在社会发展导向下,在教育目标指引下,积极回应大学生全面发展期待,把由教育者精心组织的信息、观念等,有组织、有计划地施教给大学生,引领大学生思想成长,这中间必然涉及到教什么、怎么教、教到什么程度等问题。大学生理想信念教育内化要实现"质"与"量"的平衡,不能单单以量取胜,避免出现教育者不分重点和主次的高频次呈现,也不能疏于理论知识传递,避免存续"无用论""虚无"的观点。第二,在供给上实现"实"与"虚"的平衡。教育者要拿捏好大学生理想信念教育内化供给上的度,欠了火候,实与虚之间必定失之于平衡,教育效果肯定达不到预期;过了火侯,实与虚之间错位甚或失位,犹不及也。教育者要力避调门过高、内容空洞、形式单一、自说自话等问题,要把在教育实施过程中与大学生产生同频、共鸣的效果作为一种极致的追求。同时,在科技进步日新月异的当下,大学生理想信念教育从业者必须筑实质量至上的观念,遵循适度的原则,坚持教育为体和技术为用,探索二者之间相融共生的实践模式,运用新介质新技术创新教育形式、丰富教育内容。第三,在目标上达到"高"与"低"的平衡。大学生理想信念教育目标是大学生理想信念教育内化成功的起点,是大学生理想信念教育内化的核心要素,是一种社会预设的预期和希冀。教育者要掌握好大学生理想信念教育内化目标上的度,把握住"高"级阶段目标与"低"级阶段目标之间的平衡问题。具体说来,大学生理想信念教育内化的目标,应该要有从低到高、由简单到复杂的层级感,既要巩固马克思主义的信仰、共产主义的远大理想、中国特色社会主义的共同理想,这一我们保持团结统一的牢固思想基础,又要回应时代和社会的热切期待,还要紧扣大学生全面发展的所思所需。

效:提升优质动态的供给效能。接受、认同和转化是一种理念的内化须经过的三个阶段。大学生理想信念教育内化应着力提供优质的、动态的供给,把道理讲深、讲透、讲活,把内化的实效性置于核心地位。第一,增强大学生理想信念教育内化的适切性。大学生理想信念教育内化要接入现实生活,主动围绕大学生的活生生的现实世界展开。要结合我国的现实国情与大学生发展的个体差异,客观分析新时代大学生面临的现实情境,精准认识新时代大学生成长成才的特点和规律,科学把握大学生的社群行为模式和心理特点,强化大学生理想信念教育内化与大学生现实生活的关联度,做到因时而变、因需而进、因人而异;要密切大学生理想信念教育内化和国家发展与民族使命的联系,全面且客观地分析国家与民族的发展现况,启发引导大学生从党和国家事业发展全局的战略高度,明晰新时代坚定理想信念的现实必要性,自觉内化其要求。第二,增强大学生理想信念教育内化的认同度。这是确保新时代大学生理想信念教育内化走深、走实、走心的着力点。大学生理想信念教育内化的目标就是实现价值认同,实现对大学生内在思想的引导与外在行为的规范。正如马克思所说:"就单个人来说,他的行动的一切动力,都一定要通过他的头脑,一定要转变为他的意志的动机,才能使他行动起来。"要重视增强大学生认知与接受的自觉性,使大学生在理解历史发展必然性的历程中内化理想信念教育内容和要求,把内化建立在对科学理论和历史规律的整体认知之上;要按照大学生理想信念形成的规律,准确把握大学生群体的认知特征和思维习惯,借由多场域和情境的营建,增强大学生对理想信念教育内化的认可与转化的主动性。第三,增强大学生理想信念教育内化的体察度。教育与引导若片面注重知识的灌输与识记,忽视教育与引导过程中的主体的内心体验,往往会适得其反,影响主体对教育内容和要求的接受和悦纳。大学生理想信念教育内化更是如此,要注重在提升体察度上下功夫，融入大学生的日常生活，把解决思想问题与解决实际问题结合起来，把推进教育的生活化作为主攻方向之一。要通过开展以理想信念为主题的多种形式的社会实践活动，增强大学生理想信念教育内化体察度，并使之转化为价值自省与实践行动；要通过日常思维锻打与学习生活实践，让大学生在重复性思维熏染和常态化实践中，深化对理想信念内容与要求的认同；要借助家庭教育的示范作用与情感共鸣效应，把来自家庭内部的天然情感认同转化成自觉的行为习惯和规范，彰显家庭示范与家风教育的独特影响力。

人：打造素养厚实的工作队伍。对于大学生理想信念教育内化来说，发挥教育者之教育引领的主体性，打造一支素养过硬的工作队伍是关键。教育者的主体性体现在教育者以大学生理想信念教育内容为依托，对大学生的精神世界进行滋养与化育的自主性、能动性和创造性上，而这种主体性的发挥有赖于教育者厚实素养的支撑。第一，教育议题的设置要聚焦聚力学生的理论需求。大学生理想信念教育是落实立德树人根本任务的基础和关键，大学生理想信念教育内化应以学生的理论需求为导向，把"以学生为中心"的理念落到实处。大学生的思想成长有着自身的专属轨迹，他们关注思想理论、社会现实及其思想困惑问题的视角，或者具有大学生群体的共性，或者具有个体固有特点，这无疑都需要得到教育者的及时解答或科学指导。因此，教育者应采用需求导向的原则，进行教育议题设置，借此来影响大学生"想什么"，并把其作为实现大学生"怎么做"这一理想信念教育目标的重要参照。大学生理想信念教育内化中议题的设置，可以在教育教学过程的多个环节、以多样的样态呈现，落脚点是聚焦聚力于大学生的理论学习需求，满足大学生对党的一系列理论创新成果的学习辅导需求，在解疑释惑的同时，实现对大学生思考关注内容的把握和引导。第二，方式方法的选择要把激发大学生的主体性作用当作目标导向。教育者要根据教育内容选择方式方法，尤其是在面向大学生开展政策宣传、价值引导时要根据内容的差异而采取相应的方式方法，而不是将"讲完了"当作"讲好了"；要根据大学生的心理特点和需求选择方式方法，做到方式方法的及时更新，不能用"老办法"解决新问题，应遵循大学生心理发展规律，通过解决大学生所面对的实际问题，赢得他们的认可；要根据外界环境的变化选择方式方法，及时关注社会热点，关注大学生发展历程中的焦点，采取适宜的方式和方法，提高大学生的环境"免疫力"。第三，工作实效的取得要把提升教育者的思想政治素质和教学能力作为基础。教育者要以习近平总书记提出的"政治要强、情怀要深、思维要新、视野要广、自律要严、人格要正"的要求为根本遵循，提升自身综合素养，既做学术功底深厚、理论阐释能力出众的"经师"，又做浸润学生心田、影响学生人生的"人师"。教育者要增强自身素养，自觉夯实理论基础，丰富知识架构，构建"高势位"的主流价值文化，把理论讲透彻，用真理的力量感召人，使大学生信服；要不断打磨自己的教学呈现，把晦涩艰深的教材体系转换成通俗易懂的教学体系，构建大学生愿意听、听得懂、听得进的话语风格和话语体系；要深具世界眼光和全球格局，要善于用理论阐释实践，用实践回应理论，赢得大学生喜爱、信任。

（写于 2023 年 3 月 2 日）

用"认同"答好理想信念教育之问

习近平总书记在党的二十大报告中指出:"加强理想信念教育,引导全党牢记党的宗旨,解决好世界观、人生观、价值观这个总开关问题,自觉做共产主义远大理想和中国特色社会主义共同理想的坚定信仰者和忠实实践者。"青年大学生作为伟大理想的追梦人、伟大事业的生力军,理想信念是指引其成长进步的灯塔,青年大学生要坚定理想信念,紧跟党的步伐。但实践和理论都已证明,理想信念不会自发地产生和接受,其中教育的作用是巨大无比的。大学生理想信念教育是指大学生理想信念教育从业者通过科学的理论,运用各种先进的教育方式与方法,对大学生施加有目的、有计划、有组织的影响,引导并激励大学生形成对马克思主义信仰,树牢共产主义远大理想和中国特色社会主义共同理想,以及对实现中华民族伟大复兴中国梦的信心的普遍认同,并使之最终转化为大学生的价值取向和精神追求。同时,习近平总书记特别强调:"坚定理想信念,必先知之而后信之,信之而后行之。""一种价值观要真正发挥作用,必须融入社会生活,让人们在实践中感知它、领悟它,达到'百姓日用而不知'的程度。"可见,理想信念要真正被社会成员"信"且"行",形成强大的社会凝聚力,基础和关键则是实现社会成员的个体对理想信念的认同。因此，大学生理想信念教育应把提升大学生的个体认同作为工作实践的底层逻辑和现实逻辑，着力提升大学生理想信念教育的质量和效果，深度优化大学生理想信念教育路径，把理解和共情有效地传递出去，把话语体系和不同年龄、不同学段、不同地缘个体的叙事方式融会贯通，把大学生真正置于主体地位予以尊重，承认他们的主观能动性，最大限度地凝聚共识，使其在知、情、信、行等心理品质作用下，激活对社会主义理想信念的内心需求，并实现认知上的认同、情感上的认可、信念上的笃定、行动上的自觉践行。

筑实政治认同，答好"举什么旗、走什么路"的时代之问。政治认同是一个政治体中的成员对政治系统的认知、情感和评价，是其成员对其所持价值倾向。政治认同是维系国家和民族向心力、凝聚力的关键性因素，具体来说包括政治实体（如国家、政党、政府等）、硬件系统（如制度、体制、规范等）和软件系统（如信仰、文化、价值观等）三类，具体体现为政党认同、国家认同、制度认同、体制认同、理想认同、文化认同、政策认同，等等，它是社会成员国家认同、政党认同的心理基础，也是社会成员开展政治参与活动的重要影响因素。政治认同最核心的就是对中国共产党领导的认同。对于党和国家事业来说，大学生是可以依靠的力量，人才培养的首要问题是他们的政治认同状况如何。对大学生进行思想政治教育，并引导其形成正确的政治认同是大学生理想信念教育的首要目标。据此，大学生理想信念教育应突出政治认同的中心地位，任何淡化和弱化其政治属性和意识形态属性的思想和做法，都是对理想信念教育的正确方向的离弦走板。大学生理想信念教育要学会把问题讲清楚，要把中国共产党为什么能、中国特色社会主义为什么好的道理讲清楚，要把归根到底是因为马克思主义行、中国化时代化的马克思主义行的问题讲清楚，帮助大学生解答"举什么旗、走什么路"的时代之问，把政治上的认同感转化为爱国热情、爱党情怀，在政治上、思想上、行动上自觉与中国共产党同心同德、同舟共济,引导大学生深刻理解"两个确立"的决定性意义,增强"四种意识",坚定"四种自信",做到"两个维护"。

增强认知认同,答好"是什么、要干什么"的时代之问。认知是指人获得知识或应用知识的过程,或信息加工的过程,是人的最基本的包括感觉、感知、记忆、思考、语言、想像等在内的心理过程。认知心理结构是一个全面的有机整体,包括认知系统、情意系统和操作系统,其中认知系统是居于核心地位。以认知为基础而生发的思想观念是支配和制约其他心理要素的主导力量,是情感、意志、信念得以形成并进而发展的必要条件。大学生理想信念教育中的认知认同,是指以理想信念教育理论的全面性和彻底性,使大学生在思想上认同其精神内涵和价值理念,进而纳入其自身的价值体系,从而说服和引导他们达成理性的共识,使他们在思想上认同大学生理想信念教育的精神内涵和价值理念,成为有机的组成部分。这种认知认同主要来自理论本身具有的吸引力和说服力,来自马克思主义理论本身具有的科学性和真理性。大学生理想信念教育要赢得大学生的认可和支持,前提是要解答好"是什么、要干什么"的时代之问,关键是其内容要对大学生具有吸引力、凝聚力,要得到的认知认同。正如马克思所说:"理论一经掌握群众,也会变成物质力量。理论只要说服人,就能掌握群众;而理论只要彻底,就能说服人。"这种理论上的全面性、彻底性只是为实现对大学生的理性说服提供了现实可能性,而科学的大学生理想信念教育认知认同应努力做到以此为依托,首先在逻辑思维上深深吸引住大学生,并逐步积累和形塑其正确认识世界和改造世界的思维框架。无疑,大学生理想信念教育在把这种可能性真正转化为现实性的过程中发挥着主渠道的作用。马克思主义理论体系涉及的领域很多,大学生唯有经过系统的学习才能掌握其真正的精神。实现大学生学得懂、学得通、学得真、用得上,是大学生理想信念教育的根本任务。

厚植情感认同,答好"为什么人、靠什么人"的时代之问。心理学研究表明,相对于理论形式的价值教育的社会导向,情感因素的适度参与和有效介入将使价值教育更具感染力和说服力,教育的触达性和实效性也更为明显。习近平总书记指出:"为什么人、靠什么人的问题,是检验一个政党、一个政权性质的试金石。"在实际工作中,大学生理想信念教育要尤为注重答好"为什么人、靠什么人"的时代之问。厚植大学生对中国共产党的情感认同,厚植大学生对中国共产党"以人民为中心"执政理念的情感认同,这是大学生理想信念教育的题中应有之义。这种情感认同指的是建立在对大学生理想信念教育内容和要求认知认同的基础之上,充分调动和激发大学生的愉悦、信任、感激、热情与激情等积极情感资源,进而筑实大学生理想信念教育认同根基的过程。大学时代,大学生群体的社会性情感得到迅速发展和提高,突出表现在大学生对国家的使命感、对社会的责任感、对集体生活的荣誉感和道德感等方面。大学生理想信念教育中的中国共产党精神谱系、民族精神、时代精神、荣辱观念、优秀传统文化等所蕴含的积极情感因素,在情感上能对当代大学生产生强烈而持久的吸引力,并借由情感的作用逐步内化,对大学生形成正确认识世界和改造世界的思维框架产生影响和促动。大学生理想信念教育的情感认同,因应了当代大学生群体情感丰沛、热情洋溢,但情绪起伏大、控制力偏弱、易受环境和事件影响等特点,通过引导大学生在思想上、道德上获得正面理想信念教育的情感体验,进而使大学生在政治上、道德上的认知和发展与中国特色社会主义新时期的事业相适应,并升华为相应的政治信念和道德信念。

优化信念认同,答好"以什么样的精神状态"的时代之问。信念认同是主体基于一定的认知图景和认知维度,对自身是否有能力去践行某种价值观、社会环境是否适合践行该种价值观的判断,正向的判断有助于形成接续践行的信念和意志。信念的认同,显示了主体主动发挥其内在认同机制的主体性,这种主体性在整个认同中起着最重要、最关键作用,是认知、情感、意志三者的统一,其自主性、自觉性和持久性都很高。信念认同有三个来源,那就是深刻的认识、深厚的情感和坚定的信念,且都指向和体现于具体的行为之中。自心理学的角度,主体对某一事物产生情感上的笃信,最先不是建立在对某一事物的全面认识和了解基础之上,而是取决于某一事物与先前存在于主体内里的价值观和社会期望的相契合,若相契合,主体一旦建立起了对于某一事物的信念,外在就会直接转化为具体行动的呈现。一个政党或一个国家或一个民族,其内部只有建立起共同的理想信念,才会形成一种强大的动员力、凝聚力、向心力。对政党、国家或者民族而言是这样,对社会的个体成员,尤其是对大学生——中国特色社会主义事业的建设者和接班人而言亦是如此。新时代大学生坚定理想信念,优化信念认同,包含马克思主义信仰、共产主义远大理想和中国特色社会主义共同理想三个维度。大学生一旦形成了这三个维度的信念认同,他们对马克思主义的信仰、对共产主义的信念和对中国特色社会主义的信心,就会不断坚定起来,进而积极投身于中国特色社会主义建设,会主动克服和排除各种阻碍、侵扰和诱导,牢固树立与时代主旋律同心同德的理想信念,就会具有坚定的价值信念,就会具有不需动员的行动自觉,就会具有强大的思想动力,就会具有稳定的心理状态,坚定不移听党话、感党恩、跟党走。

提升实践认同,答好"怎么办、怎么干"的时代之问。所谓的实践认同是指认同主体在自觉内化社会的价值要求和规范下,发挥情感、意志、信念的支配和调节作用的过程。这一过程建立在认知认同的基础上,并在社会实践中把这种对社会的价值要求和规范尊崇外化为自觉行动的过程。实践是社会关系的本质和基础,其作用体现在它能够使主体在实践活动中不断体验、反省自己的价值观念是否与时代发展的要求相一致,是否具有合理性、可行性和有效性,并在实践的过程中对价值观念不断进行动态自我修正。对大学生而言,实践具有非常重要的意义。一方面,它是大学生建构一定思想政治观念体系的现实基础；另一方面，它是大学生改变业已形成并存续的政治心理和道德心理及相应观念体系的现实基础。毋庸讳言，如果仅仅是在思维和意识中形成并存在，而不是用来代替旧有价值观念，并引导他们的行动付诸社会实践，大学生对理想信念教育内容和要求的认知认同、情感认同、意志认同和信仰认同就会流于形式，这是没有价值的，也是没有意义的。大学生理想信念教育必须要把实践认同作为最终落脚点和根本归宿，必须把实践认同作为检验其工作质效的标准。马克思认为："全部社会生活在本质上是实践的。""哲学家们只是用不同的方式解释世界，问题在于改变世界。"大学生理想信念教育的题中应有之义就是，既要使大学生把理想信念教育的内容和要求"内化于心"，又要使大学生自觉地在自己的实践中外化有关内容和要求，也就是在实践中实现认同。具体来说：一方面，要扩大教育的维度和空间，使教育的内容、形式更加丰富，拓宽教育渠道和载体，创新教育理念和呈现；另一方面，要坚持做好知识教育、生产劳动和社会实践的统筹，使之有机结合，教育引导大学生在广阔的社会大课堂沃土上认识世情、国情、党情的深刻变化，自觉在社会实践中接受教育、增长才干，提升实践认同。

（写于 2023 年 4 月 1 日）

从单向教育向体系导引

——谈传统文化传承与大学生学风建设熔接问题

优秀传统文化传承与大学生学风建设,在目标、内容、教育导向和教育功能等方面有许多共同点,把优秀传统文化同大学生学风培育进行熔接具有很强的现实意义。但长期以来,在大学生学风建设工作中,没有对优秀传统文化的独特价值给予足够重视。工作中更注重于学风建设理念的单向传导和规约,忽视了学风建设的多维把握;更注重于自外向内对大学生施加影响,忽视了大学生群体自我意识和效能的激发;更习惯于采用有限参与式的工作模式,忽视了发挥体系资源的主动导引合力。这些问题的存续,在一定程度上加剧了大学生群体的心理冲突和选择困惑,最明显的表征就是学风建设中大学生的主体性和积极性没有得到充分彰显,学风建设的育人成效打了折扣。

优良学风是高校落实立德树人根本任务的保障,也是高校彰显自身职责担当的重要显性指标。长期以来,传统模式下的大学生学风建设强调单向的说教,更重视那些发力于外部的硬性规约,近年来虽有调整或改善,但在向度把握上仍然存有欠缺。应该看到,大学生学风建设从来不是,也不应是一种单向的存在,我们要因应这种逻辑和现实,深度挖掘优秀传统文化内涵,着眼于从价值观塑造、反躬自省、社会践行三个向度,审视大学生学风建设的现状,廓清其发展方向。

价值观塑造的向度。学风建设是高校人才培养的关键环节,学风建设的过程实质上就是价值观培育的过程。当下,大学生学风中存在的突出问题是学习态度散漫、刻苦精神缺乏,以及学业选择上的功利性和盲目性。这些问题的存在,不否认有社会大环境的影响因素,但背后透出来的实际上是大学生价值观的变化和影响。所以,大学生学风建设中要尤为重视价值观的塑造。而优秀传统文化主张"君子喻于义,小人喻于利",倡导或要求人们节制私欲,重视调节个人欲望与公众利益之间的关系,这对消解大学生学风建设上的一些不正之风,固化大学生价值观塑造成效无疑有重要作用。

博文约礼的向度。由于受到外部大环境的影响,时下一部分大学生找不到奋斗的动力,对现状缺乏主动改变的勇气和韧劲,盲目追求缺乏生活根基的安逸和现实兜底的享乐。而在优秀传统文化话语体系中,有追求高洁、修身立志的丰厚传统,"己所不欲,勿施于人"的道德规范,"天行健,君子以自强不息"的奋进精神,"言必信,行必果"的行为规范,"正心诚意,修齐治平"的心性修养等,这些主张通过加强自我修养,不断加强学习,提升意志力,主动去克服自身存在的不足。这既契合了当代大学生的思维和认知特点,又对他们克服自身缺点,激发前进动力提供了很好的传统文化视野里的借鉴。

知行合一的向度。时下,传统高等教育范式中的理论与实践脱节的"二元"状况,虽相较以前有所改善但仍有存在。而优秀传统文化既讲求理论知识的学习,又对"知行合一"提出了明确要求,主张做学问应该"读万卷书,行千里路",主张走出课堂、走向社会。这对当今大学生优良学风的构建具有很强的启发价值,它启发我们在构建大学生优良学风体系时要充分重视实践环节,注重丰富形式与内容,充分发挥学生的个性特长,培养学生的创新精神和创新意识,加强课程的综合性和实践性,积极探索产学研结合的途径,使学生在积极参加科研、创新、社会实践和志愿者活动之中,努力做到知行合一。

（写于 2021 年 4 月 29 日）

从有限参与向深度介入转化
——谈传统文化传承与大学生学风建设熔接问题

优秀传统文化融入大学生学风建设,这一命题在新时代更彰显其必要性。这中间,高校要注意克服传统教育模式的弊端,主动强化大学生学风建设的实践取向,发挥优秀传统文化的独特功用,致力于实现从"有限参与"到"深度介入"的转变,通过引导学生做好学涯生涯规划引导、强化育人主渠道建设、创设优良教育情境、提升队伍建设张力与效度等方式,探寻优秀传统文化融入大学生学风建设的内在融通之道。

顶层设计的事,要落实。引导大学生做好学涯、职涯、生涯规划。大学时代是大学生人格定型的关键时期,也是他们迈向社会的准备期。要教育引导大学生首先是要了解自己,启发他们时常思考自己的发展特质、所学专业的发展前景、自己专业的发展要求,以及应该做好哪些知识和技能储备等。要通过这些思考,引导他们树立强烈的学涯、职涯、生涯规划意识,合理分配自己的时间和精力,勇于尝试,尽速找到适合自己的学习规律和节奏,精于完备大学期间学业的每一个细节,做好未来发展的长远规划。历经几千年积淀和传承的优秀传统文化,业已成为一种具有稳定特质的文化体系,其深层本源十分注重对世界观、人生观、价值观的培育。如强调"凡事预则立不预则废"。在把优秀传统文化融入大学生学风建设的过程中,要注重发挥优秀传统文化的独特作用,帮助大学生确立积极进取的学习态度和人生态度,未雨绸缪,勤奋学习,刻苦钻研,为自身未来的发展奠定坚实基础。

课堂思政的事,要落小。课堂是高校育人的主渠道,是大学生学风建设的主战场。毋庸讳言,高校课堂讲授的学科知识理论特质尤为突出,其主要内容是对人类社会实践成果的高度凝练和升华,要想把课程讲得通俗易懂,让这类理论知识与大学生的学习状态和学习实际有效衔接起来是需要颇费一番心思的。但若是在课堂教学中重视发挥优秀传统文化的作用,加强优秀传统文化理念和知识的渗透,积极践行"课堂思政"理念,却能在一定范围内助推这个问题的解决。这是因为,优秀传统文化根植于我们每个人的日常生活,当然也根植于大学生的日常生活,这种特质能在最大程度上保证大学生在学风建设中的"代入感",可以对优秀传统文化和大学生学风建设进行有效联接,帮助他们更好地理解掌握教学内容,并通过不同形式对教师的课堂教学进行"反馈"。

浸入体验的事,要落细。将优秀传统文化融入大学生学风建设,要强化教育宣介的力度,遵循一般的认知规律、教育教学规律和传播规律,这其中尤其不能忽略的是教育情境的创设问题。这是因为,创设良好的教育情境能有效激发大学生的求知欲望,使他们对问题的思考和认识更贴近教育者的设想和期望。创设教育环境,促进优秀传统文化融入大学生学风建设的质量和成效,要注重丰富教育手段,寓教于乐,杜绝功利化,让大学生在感觉"有意思"的基础上领悟到"有意义",真正激发优秀传统文化对他们的吸引力和凝聚力;要注重生活、生命体验和实践养成,让优秀传统文化融入大学生学风建设的过程,深度对接大学生的生活理解、文化传承、生命体验;要强调教师的榜样示范作用,教师要带头认真学习优秀传统文化,讲求诚信、以身作则、率先垂范,营建良好学风。

　　师资培养的事,要落座。一般而言,传统文化知识底蕴深厚、教学能力过硬的教师,基于良好课堂教学效果的烘托,通常会得到学生积极主动的反馈和尊重,这会对大学生良好学风的形成起到潜移默化的引领作用。从这个意义上讲,只有通过教师队伍卓有成效的工作,才能保证优秀传统文化对于大学生学风建设的正向效能,才能强化学生对优秀传统文化的认知认同、情感认同和价值认同,使学生的综合素养符合打上优秀传统文化的印痕。在优秀传统文化融入大学生学风建设的过程中,要注重加强教师队伍建设,引导教师坚实传统文化功底,内化传统文化之精髓,并在教育教学实践中转换成学生乐见的话语表达体系,增强学生对于优秀传统文化的获得感和认同感。

（写于 2021 年 6 月 14 日）

从外部驱动向内外结合转化

——谈传统文化传承与大学生学风建设熔接问题

传统模式下的大学生学风建设更多关注大学生被动受教的外部驱动，却忽视了大学生自我意识的觉醒对优良学风建设的促动作用。实际上，人们选择一种理念作为自己的行为引领是以对这种理念的认知和需要为前提的。只有以认知打底，才有可能产生认同并付之于实践。认同，以对可领会性、真实性、真诚性、正确性这些相应的有效性要求的认可为基础。同理，大学生学风的优化仅靠外部驱动是不能实现的，最终起决定作用的是大学生群体建立在高度自觉基础上的内生动力。切实可行的做法，那就是在新时代大学生学风建设中，要重视从优秀传统文化中汲取营养，坚持系统思维谋划、实践思维促动、人文思维兜底，提升大学生对学风建设的认知层次，并注重构建内外结合的双向联动机制。

系统思维。简单来说，系统思维就是指看待、考虑和应对问题时从整体出发的态度和行动，既看得见"树木"也看得见"森林"，不是就事论事。优秀传统文化融入大学生学风建设工作之所以应坚持系统思维谋划，是因为优秀传统文化体量大、内涵深、延展性强，它蕴含着非常丰富的人文资源，是一个蔚为大观的系统；同时，大学生学风建设涉及学生、教师、高校、家长等诸多方面,社会关注度高、工作涉及面广,想要取得理想成效绝非易事。不仅如此,优秀传统文化融入大学生学风建设的过程,本身需要协调的方面相当宽泛,需要整合的因素相当多元,需要处理的问题极其复杂。因此,我们要树立系统思维,重视加强顶层设计,要体现出对全局的观照,坚持科学统筹,树立起整体的观念、立体的观念、协同的观念,深入研究优秀传统文化、大学生学风建设各个要素之间的耦合性,以及两者各自内部每个要素之间的关联性。唯有如此,才能实现优秀传统文化对大学生学风建设的有效融入,彰显其对大学生学风建设的正向助推作用。

实践思维。实践思维重视实践主体、过程、关系、活动和个性,强调把实践活动与人的学习、生活紧密关联起来。以实践思维引领实践活动,能够使思维坚实立足对具体实践活动的认识,以"有生活"的眼界建构实践活动的情境性原则、体验性原则和互动性原则。在优秀传统文化融入大学生学风建设的过程中,学会运用实践思维,指的并不是对于优秀传统文化或大学生学风建设具体细节的机械考量,而是强调对整个融入过程进行实践层面和实践维度的反思。主要是反思优秀传统文化与大学生学风建设之间存在的关系,并在反思的基础上把反思的结果理论化、科学化,以便能站在更宽泛的视野里、更高的维度上去指导优秀传统文化融入学风建设的实践活动,从而确保其正向性。同时,由于实践思维在属性上是一种动态的思维方式,所以在运用实践思维去指导优秀传统文化融入大学生学风建设的过程中,要学会用一种动态的眼光去看待相关的要素和细节,避免脱离现实而陷入对工作僵化的思考和处理。运用实践思维来把握优秀传统文化融入大学生学风建设工作,尤为需要关注工作的情境性、互动性和体验性,引导大学生明晰自己的学习者身份、时下任务、努力路径和发展目标,唤醒其内在自觉,让优秀传统文化中所倡导的为学治学德行等成功内化为其主动遵循,并以此为基础,进一步激发大学生的自我意识,彰显大学生学风建设效能。

人文思维。人文思维尊重人在整个思维过程中的主体地位和个性差异,观照人的多样化需求,注重激发人自身的主动性创造性。人文思维的这种内在规定性,决定了树立这种思维方式必须要从现实关系出发,落脚于对人的自身内在价值的尊重。长期以来,高等教育中人文教育的知识化、符号化倾向是一种持续存在。这种倾向的主要特征就是过于重视知识的传授和研究,而忽视了人性的完善和人文思维的培育,很多大学生是"只懂技术而灵魂苍白的空心人",他们"人文精神失落,价值理性式微,更倾向于用世俗、功利的眼光来看世界"。而优秀传统文化中却散发着浓厚的人文气息,如"惟天地,万物之母;惟人,万物之灵""天地之性人为贵"等,重视弘扬人的价值,这与我们现在所主张的人文思维相契合;孔子"己立立人,己达达人""己所不欲,勿施于人"等"仁"的思想,把人看做一切问题的出发点与归宿,现在说来仍然具有普遍适用性。基于此,我们要在理性尊重的基础上做好阐释,把人文思维做为优秀传统文化融入大学生学风建设工作的一种深具张力的思考方式,注重彰显大学生的主体作用,重视个性化教育引导,营建人文气息浓厚的教育情境,为大学生学风建设工作提供"硬核"支撑。

（写于 2021 年 5 月 5 日）

第三部分　悟，然后有得

党员、干部不管处在哪个层次和岗位，都要全身心投入，静下心来，认真学习、深入思考，做到学有所思、学有所悟、学有所得。

——2021 年 2 月 20 日，习近平在党史学习教育动员大会上的讲话

凝练打造工作品牌，践行精致育人理念

——2016年山东师范大学大学生心理
健康教育工作建设纪实

2016年，山东师范大学大学生心理健康教育工作注重品牌建设。在多年工作的基础上，大学生心理健康教育中心凝练、打造了以"聚焦靶心早行动""怀拥匠心善促动""以心育心讲触动""朋辈知心勤带动""聚气凝心谋主动"为主要内容的"心　动"工作机制，矢志践行精致化的工作理念，全方位迈出了精致育人的坚定步伐。

一、聚焦靶心早行动——新生服务润舒人心

新的环境、新的定位和新的生活方式是大一新生不得不接受的挑战，人生价值、自我同一性、社会交往、情绪情感和自我发展也逐渐会成为他们思考的热门人生议题。为帮助大一新生树立积极阳光的心态，更好地走向成熟和独立，心理健康教育中心牢牢把握住"第一天"这一心理健康教育的黄金期，贴近"95后"学生特点，坚持从整体上着眼、从细微处入手，紧贴学生入学之初面临的军训、学业规划、宿舍关系等现实问题，利用微信公众号、工作网

站、发放宣传手册等形式,推出了"调整好军训心态,开始'心'的大学生活""'压力山大'怎么办""时间都去哪儿了""有朋自远方来""我的心情我做主"等专题,让大一新生一入学就能感受到学校浓浓的"人情味"。

2016年,在确保科学和学生信息安全的基础上,心理健康教育中心首次采用微信客户端进行大一新生心理健康普测,便捷和人性化的工作方式得到了同学们的普遍欢迎,也使得筛选和访谈变得更为精准和有效。2016级新生的心理普查参与率达100%,访谈覆盖率近10%。这样的排查、预警和约谈工作,始于新生入学的第一天,贯穿于学生的整个大学阶段。新生心理健康普查和访谈,让学校和学院全面了解新生的心理健康状况,为建立大学生心理问题筛查、干预、跟踪、控制一体化的工作机制提供了重要保障。

二、怀拥匠心善促动——队伍培养精雕细琢

大学生心理健康教育工作不仅需要一颗爱心,更需要一颗匠心。中心工作人员,把工作当作一份坚守,当做一份追求,把加强自身业务学习和研究放在工作的第一位,把个人自学和专业培训紧密结合起来,锤炼了自身过硬的业务素质。中心在做好学生日常心理健康教育的同时,尤为强调咨询中的发展性咨询,把个别咨询和团体辅导进行有机结合,不断拓宽服务领域,服务于学生成长成才的全过程,致力于实现全程、全方位育人的工作格局。同时,中心继续选聘拥有资质的兼职心理咨询人员,经培训并接受专业督导后,分别在两校区参与心理健康教育中心的相关工作。

为提高心理健康教育队伍素质,2016年,中心选派2名专职教师参加了山东大学承办的全省心理咨询师、心理督导师培训班,接受业内知名专家的现场培训和督导;选派3名兼职工作人员参加了全省大学生心理健康工作培训班,在接受相关工作培训的同时,也进一步增强了和兄弟高校之间的工

作交流;组织 37 名优秀辅导员开展心理咨询师专题培训,104 个学时的基础学习和实操训练,不仅提升了参训辅导员的理论水平和技能素养,更坚定了他们用共情去理解学生的内心世界,用真诚去构筑学生的心灵港湾,用积极关注去塑造学生良好品质的信心和决心。

三、以心育心讲触动——构筑心理支持系统

如何引导学生更好地在大学生活中体验到存在感、幸福感和价值感,一直是大学生心理健康教育中心扎实在做的工作。中心注重建立健全大学生心理健康教育体系,利用兼职心理健康教育教师和辅导员的桥梁纽带作用,有效预防、减少了大学生心理问题产生的几率。同时,中心组织发动全体辅导员,通过辅导员谈心月和咨询面谈的形式收集掌握学生的第一手资料,并为其提供心理专业支持。各学院心理辅导员积极行动起来,根据学院实际和专业特色组织开展了"领航青春,拥抱梦想"系列心理健康教育指导讲座。"大学生需要大心脏""希望在转角——大学生积极心态的自我培养""恰同学少年——大学生活畅谈"等讲座,从正确认识自我到人际交往,从心理调适到提升素质,内容涉及面广、贴合学生实际,向学生传递了坚持、感恩、乐观、自信的正能量,助其构筑了良好的心理支持系统,提升了学生的心理健康观念和品质,达到了润物细无声的效果。

四、朋辈知心勤带动——畅通交流共话成长

工作坊是心理学上经常采用的一种对话交流方式。它最基本的形式是将成员聚集起来,针对一项或是多项议题发表自己的意见和想法,相互交流、相互凝聚共识。10月底,一则《招募——同学,送你一张心理团体工作坊

的入门券》的微信内容推送在朋友圈里刷了屏。工作坊分别开设"自我探索体验营""人际关系提升俱乐部""恋爱成长训练营"等专项活动,学生报名踊跃,短短两天,微信后台就收到了近千名同学的报名申请。这类活动强调朋辈分享和助人自助,通过建立半封闭式的小组,提供了相对安全的人际环境,能够帮助成员达到认识自己、相互沟通、共享经验、提高自我的目的。心理团体工作坊成功举办 15 期,实用又接地气的心理健康教育活动给同学们带来了更多的期待和成长。

中心注重加强班级心理委员和宿舍心灵导航员等朋辈队伍建设,使得朋辈关怀和正能量辐射成为提高学生心理健康水平和危机应对能力的有力支撑,心理健康教育工作也因此更加贴近学生,温暖人心。同时,中心继续选拔心理学、教育学等相关专业的优秀研究生、本科生,经培训在两校区协助中心开展相关基础性工作,发挥他们的优势,用一种平等视角和来访学生进行交流,对来访学生施加积极的影响。

五、聚气凝心谋主动——履职尽责勇挑重担

山东师范大学作为山东省大学生心理健康教育专业委员会秘书处单位,大学生心理健康教育中心积极配合省委高校工委做好迎接教育部对我省的督导检查,得到教育部专家组和省委高校工委领导的高度评价;组织开展了 2016 年山东省大学生心理健康节系列活动,组织召开了山东省大学生心理健康教育专业委员会 2016 年学术年会,并成功实现了专委会换届;成功举办了 2016 年山东省大学生心理健康教育工作培训班,全省 100 多所高校的 244 名心理辅导员受益;主办了 2016 年心理咨询师、注册督导师培训(共三期);组织专家组对全省 9 所高校的大学生心理健康教育工作进行了抽查,掌握了相关情况,形成了工作报告,为下一阶段全省心理健康教育的

全面督导检查提供了经验和借鉴。

在刚刚结束的全国高校思想政治工作会议上，习近平总书记特别强调要"培育理性平和的健康心态，加强人文关怀和心理疏导"，为新时期的大学生心理健康教育工作提出了要求和期望。下一步，大学生心理健康教育中心将结合"大学生心理节""健心季"等特色教育活动，开拓创新思路，利用好新媒体平台阵地，打造更具师大人文底蕴的大学生心理健康教育体系，为广大学生构筑起健康成长、和谐发展的阳光心灵家园。

（写于 2016 年 12 月 27 日）

"五个融入"：学生处党支部在"两学一做"中肯下真功夫

"两学一做"学习教育开展以来，山东师范大学学生处党支部以"五个融入"主题活动为依托，创新工作形式，拓展工作内涵，学习教育有内容也有实效，有效达成了"以学促做谋发展，知行合一抓落实"的工作目标。

一、融入学习教育全过程，在学深学透上下功夫

党章党规、系列讲话，唯有细细品读、学深学透，才能把握其真谛要义，收获学习成果。为把"两学一做"学习教育持续推向深入，学生处党支部把提升全体党员的学习意识放在第一位。学生处党支部制定了"两学一做"学习教育实施方案，建立了督办机制，抓好学习任务分解和责任落实，实现了学习教育从点到线、从线到面、从面到全的立体式、集中式覆盖。在组织集中学习时，学生处党支部将学习细化三个专题："学党章·有信念"，"学党规·有纪律"，"学讲话·有作为"。层层递进，相互衔接。在抓好集中学习的基础上，学生处党支部多措并举，扎实稳步推进"两学一做"。支部要求所有成员都要争

做"两学一做"学习教育的排头兵，不仅要从党章和系列重要讲话中找依据、增信心，而且要研究制定落实措施，把讲话精神具体化、项目化、实体化，真正落实到学生培养的全过程和各环节。为增强学习成效，学生处党支部发挥各个党小组的特色和优势搭建学习服务平台；通过与校内外共建单位的交流学习，增强支部党员对"两学一做"的学习理解；通过多种方式，开展纵向横向联学督学活动，推行"学习一个专题、调研一个课题、解决一个问题"的课题式学习模式，尤其注重通过工作的实际成效来检验学习教育成果。2016年学生处党支部被评为"学校先进基层党组织"。

二、融入管理服务全过程，在解决实际问题上下功夫

学生处党支部把"两学一做"学习教育融入管理服务的全过程，注重解决学生的实际问题，切实在服务师生上下功夫。每年寒、暑假，学生处党支部组织学生处全体成员和各学院辅导员深入全省17个地市及省外部分家庭经济困难学生家中开展家访活动，密切家校联系。积极培养学生的沟通、合作与规则意识，开展有针对性的素质拓展训练。不仅如此，学生处党支部还创新载体和形式，今年春季组织12名优秀家庭经济困难学生赴韩国又石大学孔子学院进行文化交流；秋季组织64名家庭困难学生赴北京参加战斗英雄史光柱报告会和观看天安门升旗等活动。大学生心理健康教育中心坚持把握住新生入学、毕业生离校等关键工作节点，增强工作力度，通过网络筛查、主动约谈、日常接访、团体辅导、主题报告、建立心理危机预警库等形式，建立了"心理教育宣传普及化、新生心理普查全员化、心理咨询服务标准化、心理危机干预程序化"四化教育模式。在2016年全省高校大学生心理健康节系列活动中，学校被评为"山东省大学生心理健康节优秀组织单位"，并有多个集体和个人项目获奖，位居省属高校首位。学生处党支部切实把学生无

力解决的小事当作大事来做，真正把解决问题作为检验工作成效的标准之一。小王是我校一名在校期间参军入伍的学生。入伍后，根据国家政策，小王可以申请学费国家代偿。但是小王的家位于偏远山村，父母不识字，也没出过远门，外出办理手续不易，同时小王又因部队纪律要求不能请假。考虑到这种情况，学生处党支部负责此项工作的同志，先代替小王把能办的手续都尽可能办完。其间，又经过几次快递往返，小王的手续终于全部顺利办理完毕。小王在给学生处相关负责同志的短信中说："要不是老师您的帮忙，这个手续不知道要拖到什么时候。也许将来我会选择留在部队，但是不管走到哪里，母校的帮助我会永远记在心里。"

三、融入文化建设全过程，在发挥典型引领上下功夫

加强校园文化建设，就要把立德树人融入其间，力争把"有意义"的事情做得"有意思"，这是学生处党支部自上而下达成的共识。在校园文化建设中，学生处党支部突出德、智、体、美、劳的教育，形成学校、学院、班级及社团多层次、全方位、立体化的校园文化发展格局。学生处党支部在全校范围内开展了"尚学的青春最美丽"学风建设提升年活动。坚持以学生为主体、以制度为保证、以创新为动力、以激励为牵引、以质量为根本的建设方针，探索学风建设的长效机制。开展了学业规划教育、课堂行为规范讨论、学风特优班学习型寝室创建"三活动"，积极营造育人氛围；建立了班主任选聘、辅导员进课堂、辅导员定期联系任课教师"三制度"，科学整合有益资源；完善了学生创新能力培养、特殊学生帮扶、学生正向激励"三机制"，有效激发内在活力。学生处党支部把社会主义核心价值观作为校园文化建设的统领和核心，利用重大节日和纪念日开展了系列主题教育活动，发挥开学典礼、毕业典礼等活动的特殊教育功能。大力选树校园文化建设先进典型，以生动事例诠释

社会主义核心价值观，讲好山师故事，传播校园正能量。组织开展的"校长奖学金评选暨风采展示活动""心理健康节系列活动""助翔行动"等主题活动，收效显著。制定下发了《关于加强大学生文明和谐宿舍建设的意见》，加强文明和谐宿舍建设，大力推进思想政治教育进学生宿舍。

四、融入队伍建设全过程，在提升整体素质上下功夫

职业素养是提升工作质量的关键。学生处党支部深入研究，努力探索，把"两学一做"学习教育深度融入辅导员队伍建设的全过程，让"两学一做"成为辅导员专业化、专家化和职业化的"全要素"，为广大辅导员从业、敬业、乐业提供坚强支持和可靠保障。2015 年至 2016 年，学生处党支部推出"言职有道"辅导员素质能力提升工程，促进辅导员专业素养提升。一是举办辅导员职业能力大赛。坚持每年举办辅导员职业能力大赛，通过比赛，实现了工作与备赛的结合。学校辅导员在全国和全省辅导员职业能力大赛中连创佳绩，获得山东省迄今为止唯一一个全国一等奖和多个省级一、二等奖。二是开展辅导员精品项目培育。培育了 10 项辅导员精品项目，引导辅导员加强工作研究、深化实践成效，促进工作规范化、科学化。三是组建辅导员专业化研究团队。结合工作实际，组建铸魂育人、学生党建工作、网络思想政治教育、优秀学风建设、资助育人工作、心理健康教育、创新创业教育、特色化校园文化建设、实践育人和学生骨干培养 10 个辅导员专业化研究团队。为加强队伍建设的实践教育环节，2016 年 3 月，学生处党支部组织学生处全体成员和部分辅导员赴焦裕禄干部学院进行现场教学、赴东明县第一书记帮包村进行爱心植树等实践教学活动，10 月组织学生处全体成员和部分辅导员赴北京军事博物馆参观"英雄史诗，不朽丰碑"纪念中国工农红军长征胜利80 周年主题展览。

五、融入网络思政全过程，在精致育人上下功夫

如何利用网络的特点，创新高校大学生思想教育的理念和形式，已经成为高校思想教育领域的持续性课题。学生处党支部从解决问题和化解矛盾的角度出发，把"两学一做"学习教育融入网络思政教育的全过程，积极践行"精致育人"工作理念，构建纵向以不同年级划分，横向以学生不同需求划分的微信公众平台"矩阵"。学生处党支部整合有效资源，主动提供优质网络思政产品，引导辅导员利用新媒体满足学生多元化成长需求，做当代大学生精神成长优质营养的供给者，力争打造出全省乃至全国知名的大学生思想引领的辅导员"网红"。学生处党支部直接运营的新媒体，坚持原创为主，撰写了一批学生耳熟能详的网络文章，制作了一批符合网络特点、做工精良、寓教于乐的新媒体作品。这些作品以学生喜闻乐见的方式，给予学生充分的思想引导、学习教导和生活指导。两年来，共发布微信550余条，点击率超过百万次。获得全国高校微信公众号新秀奖，多次在全国高校微信排行榜（校务机构）中名列前茅。

（写于 2016 年 11 月 25 日）

心里要时刻装着学生

——在山东师范大学2021年教师节座谈会上的发言

大家下午好。我是心理学院的刘海江,很荣幸有机会在这么光荣且隆重的场合发言。真诚感谢领导和同事们给予的鼓励和关怀!在教师节来临之际,首先祝所有的领导、老师,身体健康,节日快乐!

我毕业于咱们学校历史学院,1998年入学,2002年毕业参加工作至今。工作以来,我先后在历史学院、学生处和心理学院工作,并曾在德州市夏津县团委挂职副书记一年多的时间。现任心理学院党委副书记、辅导员。

作为一名基层辅导员,我认为辅导员工作,既是琐碎平凡的细节,也是顶天立地的事业。说它琐碎平凡,是因为这项工作关乎学生学习、生活的各个方面;说它顶天,是因为它是星辰大海,关乎党和国家事业发展的大局;说它立地,是因为它需要时刻牢记爱、牢记责任,只有把学生当成自己的孩子,只有把责任扛在肩上,把爱捧在手里,把情暖在心底,才能把工作做好。辅导员工作中的劳累与幸福、辛苦与快乐,只有沉浸其中才能真正咂摸出里面的滋味。正是基于这样的认识,参加工作以来,我始终牢记选岗入职时的那份初心,把服从命令听从指挥作为切入工作的态度,把立德树人作为自己的主责主业,把扎实做好学生的教育服务作为工作的着力点和落脚点。

今年，我有幸被学校推荐并获评"山东高校辅导员年度人物"，这是上级给予的肯定、领导给予的信任、师生给予的关爱，在以后的日子里，我将怀揣感恩，继续发扬"尊贤尚功、奋发有为"的山师精神，誓做学生健康成长的优秀指导者和合格引路人，深刻理解把握"国之大者"。

一是拥护"核心"，厚植根基，培育好自己人。工作实践中，我要深刻把握自身工作的独特性，牢记为党育人、为国育才的光荣使命，自觉维护以习近平同志为核心的党中央的权威，增强"四个意识"、坚定"四个自信"、做到"两个维护"，充分利用多种渠道、形式和载体，以面对面、键对键、心贴心的形式讲好"中国共产党为什么能、马克思主义为什么行、中国特色社会主义为什么好"的思政教育课，在彰显忠诚担当中厚植党的执政根基，全力回答好"培养什么人、如何培养人、为谁培养人"这个考题。

二是围绕"中心"，找准坐标，不做工作的局外人。我要深化对自身工作价值和重要性的认识，既不妄自菲薄，也不做工作的局外人，要领好任务、扎稳马步、练好内功，掌握工作的正确打开方式；要在历练党性上躬行，在修身律己上示范，要以理想信念教育为核心，开展生动活泼、形式多样的教育活动，引导学生把握好"中国梦"这个时代主题，"系好人生第一粒扣子"。工作落实上要有股干劲儿，在为学生服务上力行，用心、用情、用力解决好他们的急难愁盼问题；工作落实上要有股拼劲儿，要主动担当有为，做到心中有学校发展、心中有师生冷暖、心中有责任担当；工作落实上要有股闯劲儿，决不能戳一下动一下，要让自己的工作，主动与学校中心工作深度熔接，助力学校发展。

三是不忘"初心"，笃学力行，做一个合格答卷人。作为辅导员，应该时常问一问自己：我们谋得这个岗位、投身这份事业的初心是什么、使命是什么，如何才能做到不忘初心？对待工作，决不能越瘦秦肥，喜戚不加于心，而是要风声雨声读书声，声声入耳。对于辅导员来说，"培养什么人、怎样培养人、为谁培养人"这是一道"必答题"。而这道"必答题"恰恰是辅导员的初心和使命。辅导员践行"初心",不能停留在嘴皮子上、画在纸面上、挂在墙壁上,而是要真正落到最细处、最小处、最实处。要厘清思路、扣住时代的脉搏、强化系统集成,下足集聚工作效能的"绣花功夫";要真正确立起"以学生为中心"的理念、因应社会境域、精准对接学生需求,在"情境沉浸"中,写好提升人才培养质量的"锦绣文章"。

四是守住"匠心",臻于至善,做个内行人。要注重提升工作的投入度和悦纳感,锤炼一颗"匠心",做一个工作的行家里手。一方面,要勤于修正自己职业发展的"路线图"和"任务清单",做好职业规划,并勤于进行纠偏,要"扮演"好职业角色,丰满职业理想,提升自己的核心竞争力。另一方面,要从理念"上新"、彰显素养、落实呈现等方面,淬炼职业的平面铺陈和立体延展中的"独门秘籍"。

各位领导、老师,作为一名基层辅导员,我深知所获得的这份荣誉,既是鼓励,更是鞭策。在以后的工作中,我将继续努力,始终坚持以学生为中心,把促进学生健康成长作为工作的出发点和落脚点,让更多的家长"把孩子送到山师就放心了"。

（写于 2021 年 9 月 15 日）

做高校思政工作优秀"答卷人"

——参评全国"最美辅导员"评审汇报材料

一、工作思路

瞄准全面提高人才培养能力这个核心点,突出心理学科特色,构建"四个+"育人工作体系,创造性地打造融入式大学生思想政治工作模式。

一是围绕"主题+",与学生思想同频。以活动主题为"核",立足心理学科学生的思维特点和认知习惯,以其既有生活阅历为基础,选取与社会热点紧密关联"热乎乎"的素材,通过活动主题的创意与延展,串联起教育引导诸环节,同频彰显思政工作的"温度"。

二是围绕"专业+",与学生成长契合。饱和虑及学生的专业特点,树立为专业建设服务的意识,主动融入专业教学团队日常,知悉专业人才培养目标、培养模式和培养方案,了解专业发展现状和趋势,围绕专业建设和人才培养来优化思政工作质效。

三是围绕"载体+",与学生日常共振。以学生为中心,通过内外资源整合,依托组织发展、专业教育、学生管理、社团活动、社会服务等载体,打造一批兼具教学、科研、管理、服务能力的骨干团队,互为支撑,拓展协同范围,加深协同程度,构建合力育人机制。

四是围绕"品牌+",与学生润育协奏。深挖工作品牌内涵,紧密结合心理学科特点,通过对于思政工作品牌建设的合理安排和次序推进,借由创建志愿服务、学风建设、社会调研、理论宣讲等形式,引导学生在品牌创建中涵养青春朝气,书写时代荣光。

二、工作成效

我特别喜欢一句话:"我向你奔赴而来,你就是星辰大海。"对于自己念兹在兹的高校辅导员这份事业,我认为:"身为新时代高校思政人,对事业、对学生,必须时刻怀揣着一份敬意和执着,要做理论研究的学人,工作业务的能人,网络思政的潮人,即便是'涓埃小我',也要答好'国之大者'的考卷。"

逆行出征,毅然答好"担当卷"。一是迅疾出征。2020 年 3 月,正值英国疫情形势严峻之时。党中央和习近平总书记指派山东省组建工作组赴英做好留学生、华人华侨和中资机构人员"双稳"工作。省里征调我参加工作组,尽管事出突然且知道危险,但我没有丝毫犹豫,当即表态:"坚决执行命令!"二是事预则立。我在组里的主要任务是了解留学生的需求,提供心理扶助,定向指导做好科学防护、学涯职涯规划、医疗救助联络等。此外,还担任工作组党支部委员、防控支持组组长。为把准备工作做细做实,我每天晚上 11 点多才会从集中办公地返回家中,还会继续"补课"到凌晨。怕影响家人休息,客厅里的小餐桌便成了我的"阵地"。三是夜以继日。在英期间,我 24 小时无间断值守"战位",与 47 位学生、34 位家长进行一对一交流,用时 1700 余分钟,回复留言 2500 余条,回收问卷 1751 份。即将返程时,我把自己备份的防疫物资全都捐给了留学生。我提出的优化国内外优质救助资源对接流程的建议,被省教育厅采纳,并提交到了教育部国际司。四是不辱使命。我的工作在得到组织肯定的同时,也得到了留学生及其家长的积极反馈。布里斯托大学薛子敬说:"作为留学生,这个时候,来自祖国的关心让我尤为感动,也很自豪,我必不负众望,回报祖国。"拉夫堡大学高远详的父亲说:"这几天,我只能在线上与孩子联系,感觉特别无助,什么也做不了。国家派人去,孩子有了依靠,我们终于把心放肚子里了。"

调烹"本味",全情答好"育人卷"。一是增信赋能。创办"持炬而行"大学生理想信念教育项目,通过心苑青年讲堂、榜样在身边、心苑青年说等品牌,让主旋律更加响亮。聚焦辅导员核心竞争力提升,创办"'笃行路'思政圆桌派"园区思政项目、"辅导员集体备课"活动等,举办活动10余场次,获得同行"接地气、管用"的评价,电子科技大学、江西理工大学、山东中医药大学、聊城大学等院校的同仁也应邀参与活动。二是以学而立。借由"尚·大学"新生优良学风筑基行动、学业辅导员制度、"走进心理学"导学季等载体营建博雅尚思学风。1个学风建设案例获山东高校辅导员优秀工作案例一等奖。近三年,心理学院学生共获各类竞赛奖项156个,大学生创新创业训练计划立项数量位居全校第2位,学生发表学术论文120余篇。三是打造矩阵。以"心理育人"统领工作品牌矩阵建设,推出了"心苑学堂"青年志愿服务项目、"心·飞扬"朋辈促学联盟、"心语宿说"学生宿舍深度访谈会、"心驿"辅导员团建活动等。2个团队获全国性表彰,24个集体或个人获省级奖励;心理育人品牌活动累计服务师生10000余人次,持续为11个县市的近2000余名中小学生提供专业心理志愿服务。

学古不泥古,竭诚答好"创新卷"。一是思且有成。我把多年的思考凝结在专著《掬在掌心里的温暖——一名大学辅导员的工作札记》之中,时任山东师范大学党委书记的商志晓这样评价道:"体现了作者在教育实践中融合道理、事理、义理和情理的追求,也反映出师生之间融洽和谐的关系,是青年大学生成长故事的一个精彩掠影。"这也恰恰是对我工作的高度评价和肯定。二是亮嗓云端。受聘为山东省教育系统核心网评员、山东省高校网络思想政治工作中心特约研究员；独立运营个人思政类微信公众号"临江仙哥"，推送原创网文200余篇，近50万字，阅读量近8万次，逐渐成为立足本校、辐射全省乃至全国的特色校园媒体品牌；指导建设"山东师大心苑"等新媒体平台，推送网文1900余篇，粉丝近6000人；2020年4月主讲的"师大青年谈"活动，万余人实时在线收听收看。三是孜孜以求。出版专著1部、参编5部，主持完成课题4项，获全国学校共青团优秀科研成果一等奖、山东省高校学生教育与管理工作优秀科研成果一等奖、山东高校辅导员工作论坛一等奖、山东高校优秀辅导员工作案例一等奖等奖项，在《中国教育报》《历史教学》《大众日报》《山东师大报》等发表论文30余篇。

（写于2022年12月1日）

做文化交流互鉴的促动者

——在山东师范大学孔子学院汉语教师
后备人员培训班开班式上的发言

大家上午好!

我是心理学院刘海江,今天作为学员代表发言特别荣幸。首先,我代表全体学员向教育厅国际处、学校,以及孔子学院办公室的领导表达我们的谢意,感谢为我们搭建学习平台、提供进修机会;向国际教育学院的老师们表达我们的谢意,感谢老师们为培训班顺利开班付出的辛劳。

这个培训班是学校为支持国际中文教育发展,加快和扩大新时代教育对外开放,进一步推动学校孔子学院中方院长和骨干教师队伍专业化职业化建设的强有力之举措、勇担当之举措。经个人申请、单位推荐、学校审核,首批培训班我们共有 27 人参加。尽管我们的单位不同、岗位不同,尽管我们的起点不同、水平不同,但我们的认识相同、目标相同,那就是致力于为国际中文教育事业的发展做出自己的贡献。

为了实现这一目标,我们必须认真学习,掌握技能,提升素养,以优异的成绩完成培训任务。基于此种认识,我们全体学员应努力做到以下三点:

一是要做一番真思考,树一个大目标。习近平总书记讲过:"文明因交流而多彩，文明因互鉴而丰富。"孔子学院最基本的办学功能是教授汉语和传播中华文化。我们要通过参加本次专题培训，做一番真思考，进一步深刻理解习近平文化战略思想的内涵，致力于深化我国与相关国家在汉语教学、文化交流等方面的合作，以语言架起中外民心相通的桥梁，促进汉语和中华文化逐步走入相关国家人民的日常生活，也推动我国哲学社会科学走向世界。

二是要下一番真功夫，练一身强本领。培训班的授课教师，都是特邀的具有多年国际汉语教学经验的专家学者，授课内容涉及汉语教学基础、汉语教学方法、教学组织与课堂管理、跨文化交流、职业道德和职业发展；培训形式将采取课堂讲授、专家讲座、专项培训等，既有业务知识的细致讲授、又有过关考试的专项辅导，很有针对性。我们要珍惜这次难得的培训机会，认真学习，下一番真功夫，力求学有所获，练就一身能够勇挑重担的本领。

三是要长一番真见识，展一流新形象。此次培训班是学校聚焦国际化战略，提升国际化工作水平的重要组成部分，我们一定要端正学习态度，自觉遵守培训班的各项制度和纪律，服从管理，听从安排，展一流新形象；我们要抓住这一难得的学习进修机会，努力长一番真见识，圆满完成学习培训任务，以优异表现回馈学校党委对我们的厚爱；我们全体学员要互帮互助，建立起深厚的同学情谊，希望"此情可待成追忆"，愿我们多年之后仍然葆有今天的激情和初衷。

最后，预祝本次培训班圆满成功，祝领导、老师、同学身体健康，工作顺利！谢谢。

（写于 2020 年 12 月 29 日）

借由"末梢激活",破解"沉不下去"的困境

——"心语宿说"深度访谈会大学生思政工作品牌解读

2022年6月,山东省教育厅公布2021年度"山东省高校辅导员工作优秀案例"评选结果。我申报的大学生思政工作案例——"'心语宿说'深度访谈会"荣获一等奖。"心语宿说"深度访谈会(以下简称"心语宿说"),崇尚"在宿舍里,与学生说说心里话"的朴素理念,以"访谈察详情、实事暖人心、导学谋未来"为主题,倡导大学生思想政治工作重心下沉、主动走进、平台前移,旨在第一时间全面了解学生情况、掌握思想动态、回应利益诉求,及时解决学生的"急难愁盼"问题,践行"全域思政"理念,推深做实大学生日常教育服务工作,借由"末梢激活",破解"沉不下去"的困境。

一、实践缘起:由学生的一句话而触发的思索

2021年3月,学院一位年轻辅导员在与本年级学生小赵谈话时,谈道:"我最近集中找咱们的同学谈心谈话,你感觉咋样? 大家有什么反映吗?"小赵说:"老师,您最近把大家喊到办公室里来谈心。我能看得出来,同学们内

心里并不排斥,好像只不过对来您办公室,大家还是多少有点紧张和压迫,感觉不如您平时到我们宿舍聊天时聊得那么轻松。有个别同学戏言,说是去您那里,就像是被'领导'约谈似的。"对此,不仅对年轻辅导员的心理冲击比较大,学院其他的辅导员也感到讶异。工作实践中,辅导员为了掌握工作的第一手资料,往往都把与学生的谈心谈话当作一个高频率、传统式的手段来运用。但面对学生这样的反馈,便倒逼着学院辅导员不得不去思考:谈心谈话应把哪些学生放在优先位置? 谈心谈话的重点是什么? 怎么谈才更有效? 在哪里谈更合适,学生更容易接受? 正是基于这样的考虑,我带着学院同事决定创设"心语宿说",下移工作重心,致力于在改变辅导员与学生的沟通方式,提高育人成效上主动求新求变,大胆尝试。

二、现实意蕴:扎实推进大学生思政工作的"刚需"

"心语宿说"着眼于辅导员工作满足于大学生群体需要的程度,着力解决实际工作中思政教育发力点和学生需求点不同频的短板, 彰显了辅导员工作的价值。第一,"以学生为本"理念的要求。这一理念要求辅导员工作须下移重心,要契合新时代大学生的思维特点和认知习惯,贴近大学生现实生活,解决大学生的"急难愁盼"问题。设若辅导员远离了大学生的具体生活,"get"(接收)不到学生的点,说的话学生不愿意听,做的工作学生不领情,甚至说学生碰到问题没人管、反映问题无人听,那么工作势必会打折扣。第二,落实好"立德树人"这一高等教育根本任务的要求。辅导员工作必须要在"立德树人"上聚焦聚力,探索其生动表达,培育好时代新人。辅导员只有抓住这一点,工作才算是找准了"C位"、落到了最实处。第三,创新大学生思想政治工作机制的要求。新时代,科学技术特别是网络技术的发展和普及对辅导员工作来说,既是挑战,也是机遇;高等教育改革和发展对辅导员工作也自然地包含着创新发展的需求;大学生群体发生着深刻的变化,更是对辅导员工作提出了新课题。以上这些都对创新辅导员工作机制提出了现实要求,在机制创新中必须把工作重心的有效下移放在一个突出位置。

三、组织实施:细针密缕做好工作"全流程"设计与执行

"心语宿说"注重做好工作实施过程中的"全流程"设计,提高工作执行力和呈现度。第一,成立工作小组。学院成立了"心语宿说"深度访谈会思政工作品牌建设工作小组。党委副书记任组长,成员包括学工办主任、全体专兼职辅导员、学业辅导员、学生会主席、研究生主席等,并指定一名专职辅导员负责联络。第二,做好数据梳理。充分利用学生工作基础数据库,整合学生高考成绩、大学学业成绩、心理普查、家庭经济困难学生、楼宇分布、宿舍卫生检查成绩、任课教师反馈等信息,对学生情况进行全方位"扫描"。第三,重视氛围营造。制定"心语宿说"实施方案,并通过座谈会、个别访谈等方式邀请领导班子成员、资深教授、学业辅导员,以及学风建设联络员、督导员等学生代表参与进来,营造浓厚舆论氛围。第四,做好人员分工。根据辅导员、学业辅导员的内部分工和自身优势,并结合学生学风建设联络员、督导员的年级分布,设置就业指导、心理疏导、学风宣导、和谐人际关系倡导等专项分队。第五,选定目标宿舍。每周一学院学生工作例会上,根据各年级信息反馈,选定主题,敲定目标宿舍。同时,安排辅导员了解学生的具体需求,并在"心理学工"微信群里进行分享,提醒相关人员做好准备。第六,实地开展访谈。负责人会先介绍此行目的,并请同学们分别介绍一下自己的情况。期间,访谈小组会通过即时互动,主动了解学生更为细致的信息,中间学生可以随时发问。活动结束时,分队会留下通讯信息,便于后续交流。第七,形成宣传声势。每次访谈结束后,学院会在"山东师大心苑"微信公众平台上进行及时

推送，并鼓励其他宿舍提出意见、设问反馈、发出到访邀请。第八，定期进行回访。定期回访工作一般会安排辅导员、学生骨干负责。通常会利用班会、每晚宿舍安全检查、私下定向询问等方式进行，并对反馈回来的问题和意见进行整理，若有必要可再次进行访谈。

四、工作成效：在观照现实中彰显了思政的力量

"心语宿说"坚持"以学生为中心"的理念，致力于在解决好学生"急难愁盼"问题的过程中践行"全域思政"理念，积极探索辅导员工作的内在规律，进行了有益探索，取得了一定成效。第一，形成了工作范式。"心语宿说"践行"在宿舍里，与学生说说心里话"的朴素理念，以"访谈察详情、实事暖人心、导学谋未来"为核心目标，既有理念的形成，又有工作机制的保障，还有工作队伍的支撑。第二，构建了工作体系。"心语宿说"构建了"服务温暖人+真情感动人+环境教育人+朋辈谐育人"四位一体育人体系，提供了可资借鉴的做法。第三，养成了良好习惯。通过"心语宿说"，学院党政领导、教师、辅导员与学生之间的交流更为经常，更为顺畅。在学校例行的教学秩序检查、"无机课堂"建设、宿舍卫生评比、安全检查、早操评比等活动中，学院排名位居前列。第四，提升了育人质量。通过实施"心语宿说"，学院学生学业困难发生率、特殊情况学生违纪率明显下降，学生的整体状态、进取精神均有明显提升。2021 年，学院共有 31 名学生荣获国家级、省级表彰奖励。

五、反思与启示：大学生思政工作须秉要执本

秉要执本，对于辅导员工作来说，就是要落实好立德树人根本任务，在为学生服务中达成为党育人、为国育才的目标。"心语宿说"正是基于这样的

理解生发的,在运作过程中也是这么做的,但在服务理念的理解上,问题导向的坚持上,工作谋划的到达率上,实施落实的体系化、浸润力、导引力等方面仍需加以改进。第一,服务理念要到位。要接续增强心系学生冷暖,服务学生成长的自觉性和坚定性,要站在立德树人的高度来认识、来把握,要把其牢牢置于为党育人、为国育才,提高人才培养质量,培养德智体美劳全面发展的社会主义事业建设者和接班人的高位来看待。第二,查找不足要到位。要突出问题导向,尤其是对于部分宿舍、学生中存在着的没有明确学习计划、睡"习惯性"懒觉、玩网络游戏、熬夜追剧等不良现象,提出有针对性、可操作的治理举措。第三,工作谋划要到位。要立足实际,加强工作的科学谋划,围绕中心工作、围绕学生的现实利益需求,找准契合点,明确突破口;要明晰不同学生群体的专属需求,精准施策,深度做好个性化工作方案,不断提升建设效果;要着力建设好工作队伍,整合有效资源为我所用。第四,落实举措要到位。要把制度机制建设放在一个突出位置,努力构建科学可行的工作体系;要狠抓工作品牌打造,聚智创新,凝练特色,注重形成品牌的强大浸润力;要做好宣传教育,树立正确的舆论导向,形成良好的建设氛围。

(写于 2022 年 9 月 23 日)

"写意"于心,"工笔"于行

——心理学院"不忘初心、牢记使命"主题教育工作纪实

10月30日,喜讯传来。在软科正式发布的2019"中国最好学科排名"中,山东师范大学心理学学科位列山东高校第1位(全国高校第12位、师范类高校第8位、进入全国前11%)。这是心理学院聚焦学科建设、注重激发学科活力与内生动力的显性表征,更是心理学院"不忘初心、牢记使命"主题教育标志性成果之一。在主题教育工作实施中,心理学院兼顾"写意"与"工笔"两种表达方式,把在主题教育中激发出来的热情和干劲转化为推进"双一流"建设的实实在在的行动,成效显著。

一、塑形铸魂:既付之于笔端,又熔铸于心间

"不忘初心、牢记使命,是加强党的建设的永恒课题,是全体党员干部的终身课题……"主题教育开展以来,心理学院利用"线上+线下"相结合的方式,教育引导全体党员养成随时随地学习的习惯。学习接地气,发展有动力。为了推动主题教育走深走实走心,心理学院在"学"字上下功夫:学院分管领导、校党委副书记张文新为2019级全体新生作报告,教育引导青年学生认

真学习贯彻习近平新时代中国特色社会主义思想,坚定理想信念,树立报国之志,迈好大学第一步;学院党委书记李梦遥为全院师生党员作了题为"历史选择了中国共产党"的主题党课;领导班子成员开展了"初心使命担在肩,学院发展大家谈"活动,深度剖析思想、检视行为。各党支部则组织党员通过提交学习计划、体会感悟和提出意见建议的方式,并辅之学习强国日常学、微信公众号推送学等形式,将学习做实做深。

在"活"字上做文章是心理学院推进主题教育的又一发力点。为增强主题教育的时代感和吸引力,学院与时俱进,学习和运用当下师生员工熟悉的全媒体手段,让学习更接地气、更富有朝气。学院第一时间推动学院网站改版并增设"不忘初心、牢记使命"专栏,以此为基地,即时反映主题教育动态、聚焦学习热点、部署推动工作。同时,学院还在办公场所紧张的情况下,高标准建设了党员活动室,致力于实现让每一位党员都能找"家"的目标;学院团委则借助"山东师大心苑"微信公众平台,创建"不忘初心"党建专栏,加大学生思想引领力度,使习近平新时代中国特色社会主义思想真正入脑入心。

除了认真学,学得"活",心理学院还力求在"实"字上见成效。院领导班子成员坚持开展"纠'四风'转作风"活动,注重在"实"上持续发力,防止"雨过地皮湿"、重形式轻实效等问题的出现。学院紧扣主题教育"守初心、担使命,找差距、抓落实"总要求,自觉地把学习教育、调查研究、检视问题、整改落实四项重点措施贯穿始终,采取推门听党课、网上检查、成果抽查、调阅资料等办法,对各党支部开展教育情况进行跟踪督导,针对检查中发现的有关情况,通过即知即改、联动整改的方式,确保主题教育成果既付之于笔端,也熔铸于每一名党员心间。

二、内涵提升：既看落实痕迹，又看作为实绩

在主题教育过程中，心理学院注重内涵提升，始终坚持以"四有"好老师标准强化教师队伍建设，形成了师德师风好、队伍素质能力高、工作考评机制优的师资队伍建设格局。以张文新教授为中方组长的"外专双百计划"专家团队顺利通过中共山东省委组织部、山东省人力资源和社会保障厅组织的现场考察，纪林芹教授成功入选 2019 年泰山学者青年专家计划、赵景欣教授团队成功入选 2019 年山东省高等学校青创人才引育计划团队。

力将每一堂课都打造成"金课"，向每一堂课要质量，学院以主题教育为契机，教育引导全体教师回归初心、回归梦想、回归课堂，助推学生学有所得、得有所思、思有所获。学院及时召开了 2019 版本科课程教学大纲修订研讨会。学院领导班子在教学督导过程中，既看教学计划、教案文本等"痕迹"材料，又注重深入师生中间，通过听课、座谈、走访、调研等形式，重点考察教育教学"实绩"。受惠于这样的课程教学改革氛围，毛伟宾教授团队申报的"认知心理学"，以其完善的课程结构、优化的课程内容、创新的教学方式、学生的如潮好评，作为学校唯一一门课程被山东省教育厅推荐参加 2019 年国家精品在线开放课程认定评审。

聚焦学院发展内涵提升，还不断加强国际学术交流互鉴。为此，学院坚持实施"发展质量提升工程"，主动置身国际交流平台，积极促进国际学术交流合作。10 月初，心理学院承办了中国首届校园欺凌预防与干预高规格国际学术会议。来自国内外的 350 余名校园欺凌研究领域的专家学者及教育实践者与会交流，共举办了 8 场主旨报告、28 场主题报告，内容涵盖校园欺凌的发生特点、发生机制及消极影响、反欺凌干预措施等方面。会议的成功举办，提升了学院在国际心理学界的学术影响力，也为学院落实立德树人根本

任务、构建和谐校园提供了强有力支撑。

三、凝聚人心：既讲情感表达，又重情怀抒发

9月、10月，心理学院1名学生家庭突遭变故，1名教职工家中老人猝然离世，学院分别派领导班子成员进行了探望，及时送去关怀慰问。"把师生员工的冷暖记在心上"，在主题教育中，守初心、担使命，既讲究感情表达，又重视情怀抒发，努力在全院营造出讲大局、顾大体、讲团结、谋实干、有人情味的良好治学氛围和人文环境，这是院领导班子共同的初心，也是自觉扛在肩上的担当。

为了听取师生意见建议，学院组织实施了"党员先锋模范作用呈现机制的成效及改进策略""心理学院学风建设现状""教学质量与学生满意度调研与对策研究"三项调研活动，并撰写了高质量调研报告。通过调研摸清了师生思想脉搏，彰显了人文情怀，为对标先进、检视问题，激发师生内生动力提供了数据、理论支撑。

为助推学生能力提升，学院在新生入学教育工作中组织开展了"走进心理学"系列讲座，为2019级新生顺利开启大学生活、强化专业信念提供了科学指导。在毕业生教育工作中，学院组织了就业见习、实习走访活动，学涯生涯辅导活动，"专业名师一对一"指导活动，帮助2020届毕业生廓清思想迷雾，科学规划自己的学涯和职业生涯。

主题教育工作还是一项彰显"以师生为中心"理念的顺人心、暖人心的工程。主题教育期间，恰逢学校"双代会"筹备，学院通过多种形式征求师生意见和建议，并组织教职工为学校发展建言献策，反响良好。为解决离退休教工党支部理论学习资料不足问题，学院通过专人送学习资料上门、定期电话回访的形式，为离退休党支部顺利开展主题教育提供帮助。学院注重楼宇

文化建设,在学院楼每层都设置了师生文化休闲区,为每个教室配备了教师课间休息座椅,得到了师生一致好评。

四、立德树人:既重培根固本,又涵养精气神

在主题教育中,心理学院严格落实党的教育方针,始终把立德树人,培养社会主义建设者和接班人摆在学院整体工作的突出位置,将其作为学院改革发展和教育教学的重点和着力点。10月9日,学生党员、2019级研究生张钰晗和同学外出过程中,路遇老人受伤倒地,主动施以援手,热心助人的举动得到了老人家属、学校和社会的高度评价,彰显了学院主题教育的成效。

主题教育期间,学院党委指导团委推出了心苑青年"说"新中国成立70周年主题团日系列活动,"党建""团建""线上""线下",共同发力传承红色基因、厚植爱国情怀。

注重引导学生努力做到知行合一,结合自身实际,根据社会需要发现研究问题,将实践所学所得转化为科研创新项目,在2019年度大学生创新创业项目申报中,心理学院斩获国家级立项11项、省级立项20项、校级立项6项,其中,省级立项数位列全校第一,国家级立项数列全校第二位,立项总数位列全校第三位。这对学生基数排在全校倒数第二位的心理学院来说,实属不易。

注重发挥心理专业优势,培养学生"家国情怀",将个人发展与家乡需要相结合,以所学服务社会,7月到9月,利用暑假时间,学院组建了8支社会实践服务队,期间累计服务6000余人次,累计活动时长近700小时,其中"沐心堂"暑期"三下乡"志愿服务队被评为全国重点"三下乡"暑期社会服务队。

　　不忘初心、牢记使命，心理学院将主题教育落地落实落细落小，坚定了广大党员干部、教职工干事创业的信心和决心，激发了广大师生的热情和干劲儿，他们所谱写的推进学校"双一流"建设的奋进之笔，值得期待。

（写于 2019 年 11 月 20 日）

"'笃行路'思政圆桌派"活动实施方案

为深入贯彻习近平新时代中国特色社会主义思想，把立德树人根本任务落到实处，实现区位相近学院的思政资源共享、工作优势互补、交流合作共生，不断提升大学生思想政治工作质量，心理学院、信息科学与工程学院、物理与电子科学学院、地理与环境学院决意联合起来常态化举行"'笃行路'思政圆桌派"活动。

一、总体规划

依据资源共享、优势互补、合作共生的总体思路，按照"工作场域相邻、学科属性相近、资源优势相融"的原则，建立园区视域下共商、共育、共享、共赢的高校大学生思想政治工作机制。机制以"'笃行路'思政圆桌派"的名义，以心理学院、信息科学与工程学院、物理与电子科学学院、地理与环境学院全体专兼职辅导员为成员，藉由开展"六共"活动，即政治理论共学，优势资源共享，实践活动共办，工作队伍共育，中心工作共促、信息平台共建为主要内容，致力于丰富大学生思想政治工作样态，提升大学生思想政治工作的实效性、时效性和呈现度。

二、工作目标

按照第一年交流互动、夯实基础,第二年创新活动、深入推进,第三年完善机制、提升成效的总体要求,力争通过 3 年的努力,达到以下工作目标:

一是平稳起步、推进有力。结合成员单位大学生思想政治工作现状和特点,开展交流互动,摸清底数,充分对接,确定需求,制定活动计划,明确轮值方法、联络方式、活动主题、时间地点、有关保障等内容。

二是运转有序、协调有方。成员单位依据各自计划,丰富载体平台,创新开展活动;"'笃行路'思政圆桌派"联席会议采取示范带动、点面结合等方式跟进指导,了解和掌握各项计划落实情况,适时协调并提出建议意见。

三是涵育素养、担当有为。通过共同加强辅导员队伍建设、联合开展各类主题实践活动,进一步强化辅导员的身份意识和担当观念,提升其综合素质,充分发挥其在学院各项工作中的先锋模范作用。

四是服务中心、创新有效。通过思政资源共享、人才队伍共育、推动发展共谋,引导辅导员聚焦核心竞争力提升,助推学校内涵式高质量发展,为学校实现"全面建成国内一流综合性师范大学"的目标做出贡献。

三、运转形式

"'笃行路'思政圆桌派"的启动与建设,全程接受学校学生工作部、研究生工作部的指导,并定期提交年度工作计划和总结。在尊重四家成员单位大学生思想政治工作既有格局的前提下开展活动,坚持有分有合,四家成员单位实行"一月一轮值"制度,依据年度工作规划,并结合所在学院大学生思想政治工作计划,牵头组织开展相关活动。

四、主要内容

一是政治理论共学。围绕重要讲话、重要主题、重要会议精神,结合重要时间节点、重要纪念日开展理论共学活动。四家成员单位可充分利用区位相邻的优势,通过共学理论知识、共办主题党日、同过"政治生日"、听优秀党课、务虚讨论等形式,增强辅导员思想理论素养。

二是优势资源共享。依托成员单位内部、四家成员单位间及其他校内外优质资源,取长补短,以活动为媒介,定期组织四家成员单位辅导员共同开展相关活动,实现阵地、人才、经验等资源的有机整合,发挥大学生思想政治工作优势资源的集聚效应。

三是实践活动共办。紧紧围绕"'笃行路'思政圆桌派"年度活动计划,采取一个月一轮值的方式开展活动。通过共听优秀思政课、共享经典案例、共谈工作感悟、共赏红色影视、共话职业发展、共办素质拓展等形式,聚焦聚力辅导员职业素养提升。

四是工作队伍共育。四家成员单位轮流以共过"辅导员日"、工作理论小轮训、工作实务小观摩、工作心得小展示、工作成绩小联展、"特色活动邀你来"等活动形式,互学互鉴,共享工作队伍培育、引导和管理的实践经验。

五是中心工作共促。"'笃行路'思政圆桌派"活动须围绕学校事业发展的中心工作,以服务学校事业发展为根本,关注、研究、把握大局;同时,把活动与四家成员单位各自的中心工作紧密地结合起来,做好服务,提供支撑,贡献学校核心竞争力提升中的辅导员智慧和力量。

六是信息平台共建。组建"'笃行路'思政圆桌派"微信公众号(每月5篇推文),并尝试建立主题视频类宣介平台。实现理论学习、学生日常管理、心理帮扶、科学探究、就业创业等方面的信息共享,建立起辅导员工作实务能力的便捷资源平台。

五、组织架构

一是指导部门。学生工作部、研究生工作部

二是发起单位(排名不分先后)。心理学院、信息科学与工程学院、物理与电子科学学院、地理与环境学院

三是机构设置。第一,实行联席会议制度。"'笃行路'思政圆桌派"成员单位党委副书记定期召开联席会议,商讨和推进相关协同事宜。第二,设立工作协调办公室,作为日常协调机构。成员由"'笃行路'思政圆桌派"成员单位学生工作办公室主任组成,定期召开例会,落实工作要求,负责日常事务。第三,聘请顾问。根据"'笃行路'思政圆桌派"运转需要延聘领导、高校思政领域专家学者,以及具有丰富党建工作经验的党务工作者等作为工作顾问。

六、相关工作

一是夯实工作地基。接受学校学生工作部、研究生工作部常态化指导,主动向四家成员单位所属党委汇报有关设想,结合四家成员单位工作实际,初步完成理念凝练、计划草拟、LOGO 设计定稿、微信公众平台报备开通等工作,并明确轮值方法、联络人员、联络方式、保障举措等内容。

二是营造浓厚氛围。充分利用微信公众号、网站、微博、园区橱窗、楼宇展板等,宣传工作的意义,努力形成广泛共识,充分调动辅导员的参与热情,营造活动开展的良好氛围,并善于发现和总结活动中的好经验、好做法,形成一批实践或理论成果。

三是精心组织实施。制定活动清单,强化资源整合,不摆花架子,注重取得扎实成效。每次活动形成详细、规范的台账,定期向学校学生工作部、研究生工作部及四家成员单位所属党委汇报各项活动的开展情况。

四是做好总结评估。围绕"'笃行路'思政圆桌派"创建要求,结合活动开展情况,有针对性地梳理和提炼开展活动的经验做法,形成可学习、可借鉴、可复制的样板;同时,对开展党建联盟活动的机制、方式、成效、保障等情况,提出需要进一步规范、完善的建议意见。

（写于 2022 年 4 月 25 日）

用党史涵养奋发有为的"精气神"

——在山东师范大学党史学习教育专题学习班结业式上的发言

大家下午好!

我是第二组的学员代表刘海江,现担任心理学院党委副书记一职。感谢组织和学员的信任,让我有机会代表二组21名学员,向大家汇报我们小组和我本人本次专题学习的收获和体会。我汇报的题目是"用党史涵养奋发有为的'精气神'"。

二组学员一致认为,本次专题学习,内容丰富、形式多样,策划组织精致走心、工作安排彰显情怀、活动实施深接地气。尤其是校党委书记唐洲雁专门抽出时间为我们作了高质量辅导报告,曾庆良校长亲自参加学习交流,还组织了集中学习、个人自学、专题报告、研讨交流等,达成了"提神、醒脑、鼓劲"的目的,大家都表示深受触动,收获颇多。

通过一周的专题学习,我们对党史学习教育的重大意义、内容要求、方法路径都有了更为清晰的了解,尤其是对唐书记在学校党史学习教育动员大会上强调的"为什么学""学什么""怎样学"有了更深层次的理解。二组学员一致表示,要把敢于担当作为融入思想深处,秉承"六多六少"工作理念,把学习成效转化为干事创业的内生动力,努力做到以下四点。

一、学党史，做勤学善思的有心者、主讲人

党史学习，是一次廓清思想困扰、接受思想洗礼、凝聚思想共识、进行思想动员的过程。高质量的党史学习，不能硬学、机械地学、为学而学，要勤学善思，做一个学而思、思而悟、悟而行的有心者。我们作为学校方针政策的具体宣介者、执行者、落实者，在党史学习教育中，必须牢固树立主动、自觉、深入、持久的学习理念，用党的奋斗历程和伟大成就鼓舞斗志、明确方向，用党的光荣传统和优良作风坚定信念、凝聚力量，用党的实践创造和历史经验启迪智慧、砥砺品格。我们还要做传承党史精髓的主讲人，团结带领广大师生，加强思想引导和理论辨析，用党史学习教育的良好成果进一步激发和凝聚起学校高质量发展的精神动力和创新活力。

二、悟思想，做忠诚担当的践行者、代言人

对历史最深刻的领悟，应该是深以为然的、触动内心的、直击灵魂的，更应该是见之于行动的。大家认为，在党史学习教育中，要重点结合党的十八大以来党和国家事业取得历史性成就、发生历史性变革的进程，深入理解把握习近平新时代中国特色社会主义思想的科学内核，系统掌握贯穿其中的马克思主义的立场、观点和方法；要重点结合落实推进学校"十四五"规划，对标"双高""双一流"建设目标，以提升学校核心竞争力为重点，推进学校综合评价改革，认清自身所面临的机遇和肩上的责任，弘扬新时代"挑山工"精神，弘扬山师精神，做一个忠诚担当的优秀践行者，做一个奋发有为的出彩代言人。

三、办实事，做为民服务的表率者、暖心人

习近平总书记在党史学习教育动员大会上强调，要把学习党史同总结经验、观照现实、推动工作结合起来，同解决实际问题结合起来，防止学习和工作"两张皮"。要做到这一点，我们一方面要端正为师生服务的态度，做为师生服务的表率者，不端架子、俯下身子、耐下性子，说"暖心话"、办"暖心事"、做"暖心人"，推进党史学习教育走深走实、走在前列；另一方面要学会分类实施、精准办理，在为师生办实事、办好事的过程中，要力避形式主义和官僚主义，抓好落实，既要听见楼梯声，还要人下来，把好事办好，努力成为师生遇到"急难愁盼"问题时，第一个想到的、第一个想要拨通电话和你说的那个人。

四、开新局，做顺势而为的力行者、打工人

作为一名党员干部，我们必须要对当今世界正在经历的百年未有之大变局，对我国正处于的"两个一百年"奋斗目标的历史交汇期有一个清晰的认知，既要强化机遇意识和风险意识，又要强化底线思维和安全意识，做好应对各种复杂状况和风险挑战的充分准备，要顺势而为，善于识变应变求变，善于在变局中开新局。我们要在学校党委的坚强领导下，只争朝夕、不负韶华，做贯彻新理念、构筑新格局、开启新征程的力行者、打工人；要以"等不起"的紧迫感、"慢不得"的危机感、"坐不住"的责任感，切实把学习教育成效转化到提升学校核心竞争力上来，转化到提升立德树人能力上来，转化到提升人才培养质量上来。

以上汇报,敬请批评指正。

谢谢大家。

（写于 2021 年 5 月 18 日）

把学生工作做得"有范儿"

2017年3月，在山东师范大学举行的2016年度十佳单位评选表彰中，学生处光荣获评。荣誉的背后是学生处全体人员凝心聚力、砥砺深耕的付出，是他们用对工作的热忱谱写出的一首追求卓越之歌。

2016年，山东师范大学学生处秉持"精致学工、精致育人"的工作理念，扎实推进"山师学工五项计划"，切实增强责任意识和服务意识，突出价值塑造、强化精准引领，注重行为养成、深化实践育人，体现多维关爱、助力学生成长，把工作做得相当"有范儿"。

一、履职尽责，有一份"担当范儿"

2016年首期辅导员培训班开班式上，山东师范大学党委书记商志晓勉励全体辅导员要抓好学习、干好工作、做好表率。这"三个好"在全体学工干部中间产生了强烈反响。这是一份勉励，更是一份责任。作为学校学生工作的主责部门，学生处把这份勉励内化为一份责任，通过加强业务学习、工作品牌创建、搭建专业团队、延伸服务触手等形式，履职尽责，不敢有丝毫的马虎和懈怠，有了一份切切实实的"担当范儿"。

学非探其花。为了增强"两学一做"学习教育效果，学生处坚持原原本本学，将学习细化为"学党章？有信念""学党规？有纪律""学讲话？有作为"三个专题，层层递进，相互衔接；坚持深入思考学，引导支部成员开动脑筋，多思多想，使之内化于心，外化于行；坚持强化实践学，注重将所学所思运用到实际工作中，有效推动了工作开展。这样"理论+实践"的学习模式，增强了学习的吸引力和感染力，很好地深化了学习效果。七一前夕，学生处党支部被评为学校先进基层党支部。

工作品牌演绎精彩。"言职有道"辅导员素质能力提升工程是学生处为切实加强学校辅导员队伍建设而创设的工作品牌，虽然建设周期不长，但却已经在省内外高校学工层面产生了良好反响。品牌通过组织理论报告会、学习培训、举办辅导员职业能力大赛、组建辅导员专业化研究团队、实施辅导员精品项目培育，在推进辅导员职业化、专业化和专家化建设方面成果丰硕。2016年，学校辅导员黄建勋斩获山东省辅导员职业能力大赛一等奖第一名。在全省辅导员工作论坛中，学校辅导员4人获得一二三等奖，居全省高校首位，在全省学生教育与管理优秀科研成果评选中，学校辅导员获得一二三等奖6项，仅次于山东大学列全省高校第二名。此外，学生处精心打造的"4+1"学生资助工作品牌在全省高校享有盛誉。"4+1"指的是以"春风送暖、夏季关怀、秋实筑梦、冬日暖阳"为主题的四季帮扶体系和"助翔行动"，前者重在有针对性地资助困难学生，后者重在提升困难学生的综合素质。两者相互配合，相得益彰，让困难学生充分感受到了学生工作的"温度"和"力度"。

2016年，学生处在大学生心理健康教育方面投入了足够的精力和物力，凝练打造了涵盖"聚焦靶心早行动、以心育心讲触动、朋辈知心勤带动、怀拥匠心善促动、聚气凝心谋主动"等五个层面为主要内容的"心·动"心理健康教育工作品牌项目，在此基础上，不断健全完善学校、学院、班级、宿舍心理健康教育四级工作网络体系,有效增强学生的心理防护能力。

不仅如此,学生处还积极承办校际大型活动,如山东省大学生心理健康教育专业委员会 2016 年年会、山东省国防教育活动月、山东省无偿献血工作推进会、山东省高校心理健康教育工作培训班等,主动作为,勇于担责,提升了学校学生工作的知名度和美誉度。"山师就是牛! 这是我参加培训以来最满意的一次。"这是山东师范大学承办的山东省大学生心理健康教育专业委员会 2016 年年会闭幕以后,兄弟高校的一位同人在年会工作 QQ 群里的感叹。

二、立德树人,有一股"清新范儿"

立德树人是高校思想政治教育工作的中心环节和根本任务。怎么把抽象的工作落地,拉近和学生之间的距离,怎么让工作做得让学生容易并乐于接受,学生处通过创新大学生荣誉体系建设、实施"学风涵育计划"、加大以"学工微信"为代表的新媒体建设等形式,让立德树人工作有了一股"清新范儿"。

榜样是看得见的哲理,身边人身边事教育身边人最见成效。2016 年,学生处着力改革大学生先优评选的办法和形式,将以前的评选优秀学生标兵、优秀学生干部标兵、优秀班集体标兵改为评选"十佳大学""十佳学生干部""十佳班集体",更加突出了典型的示范性和引领性。修订完善《山东师范大学本科生校长奖学金评选办法》,奖励金额从 2000 元增长到 1 万元。为了突出评选的公平公正性和师生更多的参与性,学生处在系列十佳和校长奖学金评选过程中,采用由学生工作领导小组、专家学者、青年教师、大学生等不同层面的师生组成评委团的做法,得到了充分认可和一致好评。一位在现场担任评委的同学不无感触地说:"个人算不算真正优秀,班级是不是真正出类拔萃,个人和班级是不是真能代表山师的最高水平,评选现场每一个到场的学生评委都用选票做着见证,这样的活动我喜欢,我服。"

立身以立学为先。学生处"学风涵育计划"的推出和实施正是基于此种理解。"学风涵育计划"以"尚学的青春最美丽"为主题,以培育优秀学风为抓手,锻造尚学、勤学、乐学"山东师大人"。开展学业生涯规划教育、课堂行为规范大讨论和十佳学风特优班、十佳百优学习型宿舍创建评比等"三活动",积极涵育学风建设过程中的正能量;健全辅导员班主任岗位职责、辅导员班主任进课堂和定期联系任课教师制度等"三制度",为学风建设提供重要保障;建立学生创新能力培养、特殊学生帮扶和学生正向激励等"三机制",激励创新人才不断涌现。

必须能与学生的思想清凉共舞。"思想因绿茵场的广阔而闪耀,心灵因日光的抚触而歌唱。在最蓬勃的年纪,释放激情与活力,做自己想做的事,成为自己想成为的人,这才是真正的够酷。"这种励志话语和以此产生的力量,经常会在学生处微信公众平台上看到并感受到。也正是因为这种深接地气的表达,这种懂得学生的表达,才能浸润进去高校大学生思想政治教育工作需要表达的东西,这样格调的话语和行动,学生才会喜欢关注。"山东师范大学学生工作部"的微信公众号,在开通的短短两年时间里,收获了大批拥趸,关注量超过3万人。2016年,"学工微信"发布原创微信296篇,10余篇点击率过万,其中"亲爱的师大,今天是你的66岁生日",点击率超过6万,获得全国高校微信公众号新秀奖,多次名列全国高校微信排行榜(校务机构)第二名。

三、实践教育,有一袭"创新范儿"

两脚不出门,难知天下事。学生处健全工作机制,加强与校内各部门、各学院协作,整合资源,把学生工作与教学、管理、服务工作有机结合起来,构建全员、全方位、全过程、全环境育人的新格局。积极组织学生工作干部和优秀学生外出考察交流,提高自身工作水平。2016年3月,学生处与干部教育培训学院合作,组织了辅导员培训班,组织 50 余名辅导员赴焦裕禄干部学院进行现场教学、赴东明县第一书记帮包村进行义务植树和困难帮扶等活动。10 月组织学院分管资助工作的辅导员和 80 名优秀学生赴北京军事博物馆参观"英雄史诗,不朽丰碑"纪念中国工农红军长征胜利 80 周年主题展览,聆听一级战斗英雄史光柱先进事迹报告。生动的实践教学增强了学习的吸引力和感染力,深化了学习效果。

国际化是 2016 年学生处工作的一个新的增长点,也是一个工作亮点。学生处和国际交流与合作处密切协作,第一次开展"海外助翔"行动,组织 12 名家庭经济困难的优秀学生在 2 名学生工作老师的带领下赴韩国又石大学孔子学院参访交流研修活动,有效提升了大学生和学生工作队伍的国际化视野。

走出去,还要引进来。2016 年,学生处分别邀请北京大学教授、博士生导师苏彦捷,南京大学教授、全国大学生心理健康教育专业委员会副主任桑志琴,中共山东省委高校工委副巡视员刘欣堂等专家学者和政府官员走进校园,以报告会、座谈会的形式与辅导员和大学生进行互动交流,高水平的、开阔了学校学生工作队伍的视野,有效助推山东师范大学学生工作向更高水平、更高层次迈进。

拥有梦想只是一种智力,实现梦想才是一种能力。2017 年,学生处将以学校深化综合改革、加快创建"双一流"为动力,深入学习贯彻全国高校思想政治工作会议精神,大力推进实践育人、文化育人、网络育人、服务育人深度融合,打造有深度、有影响、有特色的活动品牌,切实提高大学生思想政治教育工作实效,为学校国内一流综合性师范大学的建设目标添砖加瓦,贡献自己的智慧和力量。

（写于 2017 年 3 月 1 日）

把"精致育人"理念落到实处

近年来,学生工作部紧紧抓住学生工作被列为学校三大重点工作的契机,立足自身,主动作为,牢固树立"精致学工,精致育人"的工作理念,坚持把提升工作实效作为大学生思想政治工作的出发点和落脚点,切实提升工作的科学化精细化水平,出真招行实策,精心烹调思政工作"套餐"定制版,破局"众口难调",在把工作做深做细做实上做了很多探索和实践,取得了显著成绩。

一、在"思政供给"上下功夫

一是政治站位"强化定力"。强化思想引领,坚持不懈推进社会主义核心价值观"进教材、进课堂、进头脑"工作,并结合重大事件和节庆活动做实做深,深入开展"我的中国梦"等教育活动,引导学生有效增强"四个自信"。二是立德树人"深处着力"。全面落实立德树人这一根本任务,强化对"精致化"理念的学思践悟,精心设计了"铸魂育人计划、学风涵育计划、服务提升计划、开放合作计划、精英锻造计划"等山师学工五项计划,在执行层面下功夫、求实效。三是推进工作"执行有力"。把"言职有道"辅导员素质能力提升工程、"助翔行动"等工作品牌作为提高思想政治工作执行力的有效手段,借由"品牌化"战略的实施,有效提升了学校思政工作服务的质量,让学生能够体验到"定制化"服务。

二、在"精准发力"上下功夫

一是建章立制"严约束"。完善学生管理方面的有关规定,不断推进思想政治工作管理制度建设,健全学籍管理制度、推动建立灵活的学习制度、重视学生权益保护。尤其是对涉及学生学籍管理、校园秩序与课外活动、奖励与处分、学生申诉等多方面的管理规定进行修订。二是荣誉表彰"见贤齐"。注重学生身边典型的挖掘和培养,坚持每年开展十佳大学生、十佳优秀学生干部、十佳学风特优班、十佳学习型宿舍等评选表彰活动,充分发挥榜样示范和引领作用,讲好师大故事,传承师大精神。2017 年茅经典同学获评第十二届中国大学生年度人物,这是山东省高校大学生历史上首次获此殊荣。三是育人育心"不断线"。学生资助中心建立了"四季帮扶"资助体系,涵盖"大病补助、毕业关怀、新生资助、年节慰问"等内容,对不同类型、不同需求的家庭经济困难学生施以关爱和资助。学生心理健康教育中心不断完善"学校、学院、班级、宿舍"四级工作网络,"量身定制"服务项目。

三、在"务求实效"上下功夫

一是重心下移"全覆盖"。发挥专业团队和学院层面工作带头人的作用,重心下移,加强推进辅导员分类引导、专业化发展工作。学生工作部与部分二级学院共同设立了"学生心理辅导站",进一步扩大了学校大学生心理健康教育中心的工作覆盖面，提高了心理健康教育工作的时效性和实效性。二是队伍建设"有实招"。从理论学习、工作创新、课题研究三个维度入手，坚持通过举办辅导员职业能力大赛、优秀团队培育工程等活动，加大辅导员的专家化培养力度。2017年，学校组建成立了10个辅导员专业化发展研究团队，组织辅导员"抱团取暖"，共同进步。三是联网上线"活起来"。推动思想政治工作联网上线，以建设微信公众平台为切入点，着力打造"学工微信"公众平台，开拓网络思想政治教育的新途径。"学工微信"2016年获得全国高校微信公众号新秀奖，2017年在中国大学生在线发布的全国高校学生工作微信公众号影响力周榜中多次名列全国第一名。

四、在"擦亮底色"上下功夫

一是主题教育"亮起来"。注重开掘校内外资源，利用音乐会、咏诵会、展览、社会实践活动、观影活动、征文活动等校内外优质资源，致力于开启大学生思想政治工作的"鲜活"模式，让主题教育"亮起来"。二是学风建设"动起来"。以"学风建设提升"为统领，通过开展"三活动"、建立"三制度"、完善"三机制"，不断把学风建设引向深入，助推创新型人才不断涌现。三是拓宽视野"走出去"。"助翔行动"——海外拓展项目重视发挥资助育人的导向功能，重视彰显共享发展理念。项目的实施有效激发了家庭经济困难大学生的发展动力，也是推动学生资助工作由保障型资助向发展型资助转变的积极探索。

（写于 2017 年 6 月 13 日）

唱响文明校园的最美"和声"

——山东师范大学学风建设综述

学风是大学精神的集中体现,是高校立校之本、发展之魂。一直以来,学校高度重视学风建设,2015年把学生工作提升为全校三项重点工作之一。为把学风建设推向深入,近年来,学生工作处以"山东师范大学学风建设提升年"活动为载体,突出问题导向,出真招实策,探索形成学风建设长效机制,致力于使"求索求真,学而不厌"的学风观念入脑、入心,唱响了文明校园的最美"和声"。

一、在"立德树人"上发力,校准学风建设坐标点

人学始知道,不学非自然。在学风建设工作中,学校始终扭住"立德树人"这一工作的"牛鼻子",践行全域教育理念,注重以思想政治教育引领学风,以优良教风带动学风,以严格管理推动学风,以浓厚氛围培育学风,以正向激励引导学风,以机制创新推进学风,将学风建设工作扎扎实实贯彻到学校工作的各个层面,渗透到人才培养的全过程。在推动学风建设的过程中,学生工作部门主动作为,创新思路,重点打造"学风涵育计划",以"尚学的青

春最美丽"为主题,以培育优秀学风为抓手,锻造尚学、勤学、乐学"山东师大人"。组织开展学业生涯规划教育、课堂行为规范大讨论和学风特优班、学习型寝室创建评比等"三活动",积极涵育学风建设过程中的正能量;建立健全班主任选聘、辅导员班主任进课堂和定期联系任课教师制度等"三制度",为学风建设提供重要保障;构建实施学生创新能力培养、特殊学生帮扶和学生正向激励等"三机制",激励创新人才不断涌现。通过这些举措,学风建设工作在落实"立德树人"根本任务上接续发力,稳稳校准弘德育人坐标点,营建了良好的学风和浓厚的育人氛围。

二、在"如何引导"上动脑筋,增强学风建设吸引力

怎样把学风建设工作落地,怎样设计学风建设活动让学生容易并乐于接受,这是工作中的现实课题,也是努力方向。学生工作处着力在"如何引导"上动脑筋,采取有针对性的措施,着力增强学风建设活动的吸引力。学校在22个有本科生的学院都设立了学风建设重点建设特色活动项目,这其中教育学部"学海泛舟"课堂笔记大赛、法学院模拟法庭大赛、文学院的文苑青年说、外国语学院的悦享经典书会、音乐学院的专业技能大赛、管理科学与工程学院"励学乐学课堂再现"学生讲堂等都在学生中有极高的美誉度和影响力。各学院在推进学风建设过程中,注重抓日常、抓细节、抓长效。化学化工与材料科学学院、公共管理学院等学院推行"无机课堂",切实提高学生的学习效率;生命科学学院、体育学院、新闻与传媒学院等学院建立了早操晨读制度,成为两校区校园清晨一道靓丽风景。同时,注重新生入学、期末考试等学风建设关键节点的把握,马克思主义学院、国际交流学院、商学院等学院通过组织"与新生面对面"系列见面会等活动,让新生了解学科专业的现状和发展前景,引导学生树立目标,增强学习动力。经济学院、美术学院等学

院以报告会、座谈会等形式向新生传授学习经验，引导学生努力探索大学学习的规律，总结适合自己的学习方法。历史与社会发展学院每学期期末考试都设立无人监考的"荣誉考场"，引导学生诚信考试，取得了很好的效果。新媒体环境下，学校各部门、各学院协同推动学风建设工作"联网上线"，学生工作处以学生工作微信公众平台、易班建设为切入点，着力打造新媒体工作平台，通过微党课、微电影、微视频、微测评、微调查等形式推动学风建设工作走向深入。"教你怎样在学校顺利毕业！有秘籍，不心慌！""大学生活中的荣誉力量，你值得拥有哟"，类似这种贴近学生生活实际的话语表达方式，总是能够吸引学生的关注。2017 年，学工微信 1 篇原创微信阅读量达到微信10 多万，在中国大学生在线发布的全国高校学生工作微信公众号影响力周榜和南方周末发布的高校校务机构微信影响力周榜中多次名列第一。

三、在"标杆引路"上求突破，点亮学风建设导航灯

榜样是看得见的哲理。学风建设工作中，学校注重在"标杆引路"上求突破，以点带面、示范引领，营造浓厚的学习氛围和良好的学习风气，为每一个师大学子点亮学风建设的导航灯。立足挖掘和培养学风建设典型集体和个人，2017 年 4 月学生工作处组织了"十佳学风特优班""十佳学习型宿舍"评选表彰活动，经过线上投票和现场评审环节，产生最终入围名单，给予十佳学风特优班每个班 5000 元奖励，十佳学习型宿舍每个宿舍 2000 元奖励，引起了积极的校园反响。学校坚持每年开展十佳大学生、十佳学生干部、十佳班集体等评选表彰活动，举行学生工作系列"十佳"颁奖礼，充分发挥榜样引领作用，讲好师大故事，传承师大精神，形成了创先争优的良好校园氛围。2017 年，茅经典同学获评第十二届中国大学生年度人物，这是山东省高校大学生历史上首次获此殊荣，充分展现了师大学子的风采。学校重视对学生科

研创新能力的培养。心理学院推行"全员导师制",地理与环境学院、信息科学与工程学院等学院实施"本科生学术导师制",加大专业教师对学生学术科研活动的指导和支持力度,有效提升了学生的创新能力。各学院通过举办专家报告会、博士讲坛、学子讲坛、学术科技创新等活动,营造浓厚的创新实践氛围。在此基础上,学校积极组织和引导学生参加"挑战杯"等各级各项学术科技竞赛活动,取得了"挑战杯"课外学术科技作品竞赛全国特等奖、"互联网+"创新创业大赛全国金奖、数学建模大赛和电子设计大赛全国一等奖等一系列优秀成绩。

四、在"学生成长"上下功夫,确保学风建设不走样

在推进学风建设工作实践中,学校牢牢把握住"学生成长成才"这个基本点,把握规律性,富于创造性,坚持多方联动统筹协调,调动学生学习的内生动力,引导学生励志勤学,确保学风建设不走样。学校坚持分类指导和全程辅导相结合制度,根据不同年级的学习特点,进行分类指导,开展"定制式"主题教育活动,进行有针对性的思想政治教育与学业指导,不断明确阶段学习目标,使学生学有目标,学有劲头。坚持特殊人群重点关注和重点服务的管理制度,对学业预警学生、因家庭经济困难或心理有问题影响学业的学生等特殊群体,各学院重点关注,主动关心,通过一对一帮扶、心理辅导、谈心谈话等形式,帮助他们克服困难,树立信心,顺利完成学业。数学与统计学院、物理与电子科学学院针对新疆籍少数民族学生学业基础差的特点,开展"学长伴学计划",有效提升了他们的专业兴趣和学习成绩。学校注重服务育人和管理育人相协同,发挥其"车之两轮""鸟之两翼"的作用。推行辅导员联系任课教师制度、辅导员家访制度、辅导员进宿舍制度、辅导员听课制度,督促引导辅导员走进学生中间,了解学生动态,帮助他们解决学业发展中所

面临的实际问题。学生工作处通过实施"四季帮扶"资助育人体系、推进心理健康教育"四级四化"工作体系和学子海外研修计划,帮助学生解决学习生活中的实际困难和思想上的负担,创造机会使他们开阔眼界,提振他们学习的积极性、主动性和自信心。制度是管根本的、管长远的。在现有学生管理规章制度的基础上,学校结合实际,下大气力加强制度的体系化建设,修订完善了《山东师范大学学生管理规定》《山东师范大学本科生奖励办法》《山东师范大学本科生奖学金评选管理办法》《山东师范大学本科生优秀学生、优秀学生干部和先进班集体评选办法》等一系列与学风建设相关的制度文件,为学风建设活动提供了遵循和依据。

根本既深实,柯叶自滋繁。下一阶段,学校将深入学习贯彻党的十九大精神,坚持以学生为主体、以制度为保证、以创新为动力、以激励为牵引、以质量为根本,持续推动学风建设向深度广度发展,为全面建成国内一流综合性师范大学做出积极贡献。

(写于 2017 年 10 月 19 日)

这样的毕业生教育活动，对味儿

2017年毕业季，学校高度重视毕业生离校教育工作，筹划开展了一系列毕业生教育活动。西部计划志愿者出征座谈会、首期"校长下午茶"活动、毕业生党员党风廉政建设座谈会，毕业纪念MV《启程》《师大毕业歌》，毕业生纪念文化衫发放，各学院形式活泼的毕业生欢送会……离校前夕，许多毕业生纷纷为学校开展的毕业生教育活动点赞，感叹："这样的毕业生教育活动，对味儿。"

一、饱蘸的人情味，真温暖

今年的毕业生教育活动，非常注重转换工作视角，与毕业生之间，变"俯视"为"平视"，蹲下身子倾听毕业生同学的想法和意见，致力于打造一种有"人情味"的工作格调，并注重活动形式的高效呈现，收到了很好的效果。

一杯下午茶，浓浓人情味。6月21日下午，作为2017届毕业生教育活动的重头戏，学校首期"校长下午茶"活动在长清湖校区图书馆稷下讲堂如期举行。校长唐波与来自15个学院的6名研究生和14名本科生以约喝"下午茶"的形式,面对面进行融洽深入的交流互动。同学们围绕着人生困惑、学业发展、职业规划、研究生培养等话题与校长进行了交流,得到了校长的积极反馈。"我们终身都是山师人""师生才是学校的主人""做学问是一生的事,要认真严谨,把求学当作一项事业来做""锻炼好身体,努力学习,天天向上,练就知识本领,成为一名出色的山师人!"……校长朴实真诚的话语盈溢着浓浓的人情味,这让同学们感到格外亲切,一下子就拉近了同学们与校长之间的距离。

挥手道珍重,情系毕业生。校党委副书记王焕斌在2017届毕业生离校工作部署会上特别强调,各单位要把推进常规工作与做好毕业生离校工作结合起来,要本着"以学生为本、为学生服务"的理念,全力以赴地为毕业生解决实际问题,以问题为导向,严格把握时间节点,为毕业生提供"一站式"的便利服务。纪委书记姚东方在毕业生党员党风廉政建设座谈会上寄语全体毕业生党员,要坚定理想信念,不忘初心,在大是大非面前保持清醒头脑,始终坚定正确的政治方向;要注意团结协作;要坚持终身学习,不断提升事业追求和精神境界。经济学院、化学化工与材料科学学院、商学院等单位,也分别组织了毕业生欢送会。会上,各学院党委负责同志与大家共同回忆了大学生活中的点点滴滴,希望同学们能够踏实进取,在事业生活的各个方面都要佳绩频传,为母校山东师大增光添彩,深情的叮咛和嘱咐,既言辞恳切,又情谊深长,打动了活动现场所有人。

二、散发的清香味,够浓郁

如何把2017届毕业生教育工作做出特色、做出味道,怎么把工作做得让毕业生感觉耳目一新、如沐春风,这是学校和学院在筹划2017年毕业生教育活动中首先想到的一个问题。为了实现这样的工作目标,学校及各学院注重发挥学生群体的力量,尊重学生的创造活力,组织开展的很多活动,形式新颖,深接地气,在毕业生中间产生了热烈反响,给全校师生留下了深刻印象。

马克思主义学院为毕业生定制了带有学院文化特色的精美书签,寄寓了学院全体师生对毕业生的深情厚谊。同时,马克思主义学院还为毕业生定制了卡片 U 盘作为纪念品,里面不仅储存了记录大学时光的毕业纪念视频,而且还保存了 2017 届毕业生全体任课教师的信息、毕业寄语等,深受毕业生喜爱。毕业前夕,一张别致的"火车票"悄然摆放在千佛山校区教学三楼东门口。"火车票"编号是"山东师范大学 2017 届"的英文缩写 SDNU2017,由山东师范大学代售点售出,起点是国际教育学院站,终点是未来站,车次是 X2017 次,开车时间是 2017 年 6 月 27 日 12:00,车厢号是毕业车厢。独特的构思,清新的设计,不仅凝聚了母校、母院对 2017 届毕业生的期许,也为学校毕业生教育活动平添了别样的景致。新闻与传媒学院创新毕业教育活动形式。6 月 26 日晚,新闻与传媒学院召开了 2017 届毕业生最后一次年级会。会议伊始,毕业班辅导员对 2017 届全体毕业生同学进行最后一次点名。对这种新颖的工作形式,同学们在感到新奇的同时,也收获了满满的感动和温暖。不仅如此,新闻与传媒学院 2013 级播音与主持艺术专业学生,通过"走红毯"的形式,邀请老师、家人、朋友和同学一起携手纪念他们的大学时光,活动在校内外产生了积极的社会反响。

三、蕴含的文化味,很独特

"面向我们毕业生开展的活动,最好有我们学校自己的特色,最好能体现出我们山师的文化底蕴",这是今年 5 月在学生工作座谈会上一位毕业生同学谈到的观点。这位同学的观点和学校毕业生教育工作的设计初衷不谋而合。正是有了这样的"碰撞"和共识,学校学生工作主管部门坚定了创新的理念和信心,在工作中大胆革新,收获了 2017 届毕业生满满的感动。

"一块块的砖瓦应声而落,山师东路已经成为传说,在与往事告别的日子里,我们唱起师大的毕业歌……"2017 届毕业生离校前夕,一首《师大毕业歌》在山东师大的校园里迅速传唱开来。这首歌曲的诞生和推广,可以说是学校创新开展毕业生教育工作的一个例证。同期,山东师大 2017 年毕业季MV——《启程》也正式首发。MV 以水木年华的《启程》为背景音乐,再现了学校优美的历史人文景观和学生学习生活场景,情感真挚、画面唯美,令人动容,真切表现了 2017 届毕业生积极向上、热爱生活的精神风貌和对母校的依依不舍之情。6 月 21 日,学校举行 2017 届毕业生纪念品发布仪式。文化衫的设计加入了学校标识性元素,吸收了学生代表的建议,典雅的设计、流行的款式都深受同学欢迎,毕业文化衫靓丽的色彩立即成为山东师大校园里的"流行色"。学生工作部设计的剪纸版的"I LOVE SDNU",也在毕业典礼前一天布置在了长清湖校区北门口。一袭典雅的中国红,着实应景,吸引了众多师生驻足留影。

四、洋溢的青春味,挺走心

把在大学里的每一点成长与进步定格成永远,把在母校怀抱里的每一次拼搏与勤奋浓缩成永恒。在 2017 届毕业生教育活动过程中,历史与社会发展学院、数学与统计学院、管理科学与工程学院、地理与环境学院、教育学部、心理学院等通过组织毕业生欢送会、座谈会,与 2017 届毕业生一起回顾在校期间学习生活的点点滴滴,活动透射出来的时光味道,让毕业生产生了强烈共鸣,籍此提醒所有毕业生铭记大学美好时光,不忘初心,继续前进。

在历史与社会发展学院 2017 届毕业生欢送会上,毕业纪念视频《我们的四年》一经播放，温馨的氛围与充满时光感的画面，深深感染了现场的全体师生。学院毕业生代表发言时，也深情回顾了自己在山东师大怀抱里的成长历程，表达了对母校和学院的不舍，表示将永远珍惜在大学的美好时光，牢记"笃实、奋进"的学院精神，在未来的人生路上砥砺奋进。数学与统计学院开展了受资助毕业生感恩教育活动，毕业班辅导员以"时光轴"的形式，回顾了自己及同学们大学期间接受资助的经历，强调了助学金和助学贷款对同学们完成学业的重要意义，教育受资助同学讲诚信、懂感恩，要求大家在顺利完成大学学业后感恩母校、感恩社会。马克思主义学院召开毕业生党员"两学一做"座谈会暨毕业生党员大会，毕业生党员互相分享自己在大学期间的心路历程，总结大学生活得失，规划今后的工作、学习和生活，纷纷表示要时刻以一名优秀共产党员的标准严格要求自己。管理科学与工程学院、新闻与传媒学院、心理学院等单位的领导老师与毕业班同学共同将新的"五年愿景瓶""十年愿景瓶"进行现场封存，并将五年后或十年后的心愿放进心愿瓶里，期盼师生再次相聚时以作纪念和激励。

五、抓住人心思的工作最管用最动人

抓住人心思的工作最管用最动人。学校 2017 届毕业生教育活动，形式多样，创意感十足，盈溢着人情之味、飘逸着清新之味、碰撞出文化之味、投射出时光之味，给全校师生留下了深刻印象。2017 届毕业生、马克思主义学院吴天琪动情的说："请母校放心，请老师放心，不同的天空，一样的守望；不同的心境，一样的执着。无论黄昏把树的影子拉得多长，它总是和根连在一起。无论在哪里，无论走多远，我们和母校的根永远连在一起！"

懂得，让彼此更近。虽然学校 2017 年毕业生教育活动已经圆满结束，2017 届毕业生也已经怀揣着自己的梦想，踏上了人生另一段崭新的旅程。我们有理由相信,每一个师大学子,毕业以后不管是继续深造还是走向社会,他们一定会谨记母校的悉心培养,带着母校和师长的嘱托,风雨兼程,砥砺前行,用自信承载命运,用汗水浇灌希望,靠智慧实现理想,带着山东师大人的骄傲,为母校的繁荣发展争得荣光。

(写于 2017 年 7 月 4 日)

文明校园建设，学工人挺有想法

　　山东师范大学荣膺含金量极高的全国首届文明校园，每一名师大人都感到无比骄傲，由衷自豪。这份荣誉蕴含了师大人的不懈付出，彰显了学校深厚的文化底蕴，提升了学校的美誉度和办学影响力，必将为学校全力推进"双一流"建设、全面建成国内一流综合性师范大学注入新的发展动力。一段时间以来，学生工作部门、全体辅导员和广大学生按照学校党委的要求，主动作为、主动担当，为全国文明校园创建工作做出了积极贡献。下一阶段，我们要思考和实践的是如何立足岗位，乘势而上，以更高的标准、更新的举措、更大的力度参与和推进文明校园建设工作，提升校园文明水平，推动社会文明进步，真正把学习宣传贯彻党的十九大精神落到实处。

一、融入价值引领，凝聚文明建设新动能

　　深入推进文明校园建设活动，必须注重把社会主义核心价值观融入文明校园建设之中。文明校园建设工作关系学校的形象和声誉，对学生优良品德的塑造起着至关重要的作用。学生处将充分利用自身的工作优势，在推进

文明校园建设的过程中采取切实有效措施，把社会主义核心价值观融入学生的一言一行，把学生的青春力量集聚到学校大发展的进程中。下一阶段，在推进文明校园建设过程中，学生处将以推动易班联网上线为契机，线上线下互动，开展"百名大学生，百场榜样故事会;百位辅导员，百堂精品微党课"——山东师范大学学工战线深入学习贯彻党的十九大精神活动"等主题活动，引导学生用习近平新时代中国特色社会主义思想武装头脑、指导行动、知行合一。开展"十佳大学生、十佳学生干部、十佳班集体"评选活动、进一步深化"榜样是看得见的哲理"学生系列十佳校内巡回报告会活动，让身边人、身边事教育身边人、示范身边事，营造崇尚先进、学习先进、争当先进的良好校园氛围。开展"一院一品"学院大学生思想政治工作品牌项目创建活动，打造具有学院特色和专业特点的思想政治工作新载体、新形式，为学生成长成才搭建舞台。

二、融入学生日常，涵育文明建设新亮点

文明校园建设工作重在实践、贵在创新。具体到学生工作层面，要做到突出重点与全面推进相结合，示范引导与全员参与相结合，推动文明校园建设工作全覆盖。学生处将努力搭建学生个人成长成才和文明校园建设之间的桥梁，让每一名师大学子意识到自身担负的责任和使命，主动为文明校园建设贡献自己的智慧和力量。下一阶段，学生处将以获得国家和山东省励志奖学金、国家助学金的同学为班底成立"山东师范大学文明校园志愿服务队"，引导家庭经济困难学生在享受资助的同时，定期开展清除白色污染、低碳生活校园行等活动，用爱心与奉献建设美丽校园。学生处充分发挥以学生处助理为班底成立的大学生自我管理与服务委员会作用，开展"饮食是文化，请从窗口文明做起""爱惜粮食、杜绝浪费"等教育活动，创建文明餐厅;

开展"守纪律、重文化、爱卫生"文明宿舍标兵评选、"我们的宿舍格言，我们的宿舍故事"征集活动，创建文明宿舍。针对大学生无人不网、无日不网、无处不网的实际，在引导大学生文明上网、理性用网上下功夫，积极打造晴朗网络空间。在此基础上，认真研究和把握新媒体新技术运行规律，建设好学工微信公众平台，做到入眼，就是让学生愿意点开看；入神，就是让学生点开了喜欢看；入心，就是让学生看了受教育，努力开拓网络思政工作新途径。深入推进大学生心理健康教育工作，充分发挥学校心理健康中心、学院心理辅导站、班级和宿舍四级网络的功能，有效做到心理教育宣传普及化、新生心理普查全员化、心理咨询服务标准化和心理危机干预程序化，培育大学生自尊自信、理性平和、积极向上的健康心态。

三、融入中心工作，谱就文明建设新愿景

文明校园建设是一项长期的系统性工程，必须放到学校整体发展大局中去把握和推进。在推进文明校园建设的过程中，学生处要紧紧围绕学校中心工作，注重把学生工作的各类载体、抓手和活动与学校中心工作紧密结合，充分发挥学院的主动性和创造性，在形成工作合力上做文章，共同把工作推向深入。学风建设是高校立校之本、发展之魂，是学生工作服务学校中心工作的重要切入点和着力点，也是文明校园建设的题中应有之义。下一阶段，学生处将进一步深化"学风建设提升年"活动，推广本学期中期举办的学风建设工作论坛暨学风建设研讨推进会的经验和成果，开展内容丰富、吸引力强、效果显著的学风建设系列活动，浓厚"求索求真，学而不厌"的优良学风。要采取切实有效措施，指导各学院在前期开展"课堂行为规范大讨论"、制定符合本学院专业特点的课堂行为规范基础上，强化制度的落实力和执行力，下大力气解决少部分学生身上存在的教学楼乱贴乱画、带饭进教室、

课堂随意进出等不文明现象,进一步在全校推广站晨读、无机课堂等好的经验和做法,争创文明课堂。

四、融入队伍建设,锻造文明建设新标杆

师德师风建设是全国文明校园测评细则的六个一级指标之一。辅导员身处大学生思想政治教育、日常管理服务的第一线,特殊的岗位职责和角色定位,使辅导员在文明校园建设工作中具有不可替代的重要作用。辅导员队伍师德师风建设得如何,能否身体力行为学生树立价值标杆和道德榜样,将会对文明校园建设工作产生直接影响。下一阶段,学生处将进一步深化"言职有道"辅导员素质能力提升工程,以此为统揽,举办辅导员培训班、辅导员工作坊、辅导员职业能力大赛和辅导员家访等活动,切实提升辅导员队伍的政治素养和业务能力。在抓好队伍建设的过程中,要特别注重把文明校园建设工作融入其中,引导辅导员内化文明校园建设工作的有关要求,固化文明校园建设工作的主体担当,外化文明校园建设工作的正向呈现,积极履行职责,主动作为,内外兼修,把自己锻造成为文明校园建设的新标杆。

（写于 2017 年 12 月 2 日）

做好宣传思想文化工作,须讲究的"四个场"

——在2018年学校宣传思想文化表彰会上的发言

一、站稳工作"立场"

从事宣传思想文化工作,必须坚持正确的政治方向,必须站稳自己的"立场"。基于这样的认识,我把持续深入学习习近平新时代中国特色社会主义思想和党的十九大精神作为首要政治任务,并认真学习宣传贯彻全国全省高校思政工作会议精神,创新载体、方法和形式,立足学进去、讲出来,致力于弄明白、做扎实,积极参与到学生思想引领工作中去。一年间,我参与组织了学习宣传贯彻党的十九大精神——高校优秀辅导员"校园巡讲"走进山东高校活动、"百名大学生,百场榜样故事会;百位辅导员,百场精品微党课"——学工战线学习党的十九大精神主题活动;受邀参加江西省"学习党的十九大精神,传承红色文化,推动辅导员职业发展"论坛,并作会议交流发言;撰写的工作论文获评2017年山东高校辅导员论坛一等奖,并在大会上交流发言。

二、捍卫工作"主场"

我注重发挥自身优势，坚持把宣传思想文化工作放在自身工作的突出位置。在实际工作中，我积极践行"山师是每一个山师人的山师"的命运共同体理念，提醒自己树立强烈的"主场"意识，遇到事情不推诿，碰到问题不扯皮，踏实工作不见外。一年来，我积极参与学校的全国文明校园申报工作，热心热爱宣传报道，积极撰写新闻稿件，为学校及所在部门的新闻宣传工作做出了一定贡献。共计撰写新闻稿件数十篇，其中《山东师范大学新闻网》采用14篇，《山东师大报》采用7篇，《唱响文明校园的最美和声——山东师范大学学风建设综述》等报道在校内外反响强烈。

三、沉在工作"现场"

不管是宣传思想工作也好，还是学生工作也好，要注重增强底气，更要注重深接地气，要注重聚敛人气，更要注重弘扬正气。工作中，我坚持深度介入工作"现场"，积极参与学校和所在部门组织的选题策划、新闻采访、文稿撰写、突发事件应对等工作，在宣传思想文化引导、网络舆情应对方面发挥了积极作用，如积极参与学校第八次党代会、全国文明校园申报、学校本科教学审核性评估的宣传报道工作。个人微信公众平台——"临江仙哥"推送工作类原创文章64篇，都立足反映学校学生工作和高校思政工作的鲜活生态，其中《把学生工作做的"有范儿"》《这样的毕业生教育活动，对味儿——2017届毕业生教育工作侧记》等收获极高浏览量。

四、凝聚工作"气场"

通过参与宣传思想工作，我逐渐懂得，宣传思想工作不单单是弘扬主旋律的"春暖花开"，也不单单是关注日常细致工作的"劈柴喂马"，它更是一种气场、一种范儿，它拥有强大的正能量。比如，全国文明校园创建申报工作就是个鲜明的例证。对这项工作，山师举全校之力而为，终获成功，个中的不易也许只有参与其中的人才会更有触动。申报工作，学校领导高度重视、主责部门兢兢业业、工作人员全力以赴、师生员工多形式参与，通过评审活动，全校上下站位更高了、认识更全了、视野更宽了、心气更足了，真正达到了以文明校园建设为引擎，凝聚起推动学校创新发展、持续发展、领先发展强大动力的目的，师生文明意识明显进位提升，校园文明程度明显进位提升，学校的美誉度明显进位提升。

（写于 2018 年 3 月 16 日）

域外听风，万里逐梦

——山东师范大学第二届优秀本科生赴美研修活动纪实

"我们用脚步丈量浩瀚的山海，用心灵感悟发展的时代，一段行程的结束从来都不是结束，而是再一次扬帆远航的起点。"这是一位研修团成员回国后在微信朋友圈里呈现的感言。当研修团全体成员返回国内，真真切切踏上祖国热土的那一刻，回味在美国 21 天的研修之旅，不禁感慨万千。

2018 年 7 月 17 至 8 月 6 日，为拓展学校本科生的国际化视野，培养具有国际思维、通晓中西文化、富有创新精神的复合型人才，山东师范大学学生工作部从入围学校第一届卓越本科生成长营的同学中层层选拔，组织 20 名来自不同学院（部）的同学开展赴美研修活动。从东经 120 度到西经 90 度，从东八区到西六区，从华北平原到沃思堡盆地，研修团一路邂逅，感受文化，一路际遇，体味成长。

一、文化激荡：相知无远近

美国当地时间 7 月 17 日、18 日，研修团分两批抵达德克萨斯州圣安东尼奥市。初与成员们相见，这座德克萨斯州第二大城市便在每个人心中烙下了深刻的印记。"从机场到学校的途中，西班牙文化的烙印随处可见，而墨西哥的民族色彩又时时引人注目，加上美国印第安人的传统文化，文化的多元性使这个城市独具魅力。"来自国际教育学院 2016 级汉语国际教育专业的周旦如是说。

一旦远游学，如舟涉江湖。7 月 18 日至 7 月 31 日，研修团在美国圣玛丽大学开始了为期近两周的交流学习。课程伊始，学校便根据成员的英文水平进行分组，差异化教学使得每位同学都能在课堂上学有所得，言之有物。学校亦为研修团成员量身定做了课程专用课本，将课堂内容与当天的行程安排结合起来，真正让研修团成员学以致用。商学院 2016 级财务管理专业的崔馥千感叹道："Christina 幽默活泼的听说课，Sierra 严肃而生动的读写课，Lucian 细致周到的个人指导——每一位老师都竭尽全力调动我们参与其中，受益匪浅。"受益于美方的开放式课堂教学，研修团成员畅享观点的激烈碰撞，问题的细致探讨，文化的相互交融带来的头脑风暴。

不同于国内的作息时间，研修团在美国的上课时间是周一至周五的上午 8 点到 12 点，下午和晚上则组织开展深具当地风情的各项活动。此外，美国高校在学生管理、教学形式和考核方式上与国内高校也有所不同：线下，圣玛丽大学为研修团成员下发个人 ID 卡，起到国内高校一卡通的作用；线上，圣玛丽大学通过 My Gate 系统对学生进行管理和自我管理，研修团需每天查看电子邮箱，以及时获得学校发送的各类信息；结业成绩单亦结合了同学们日常课堂表现、课后作业完成及考试结果，是两周学习成果的综合体现。这种"线上线下层层推进、日常终考相互结合"的教学模式，让研修团全体成员受益匪浅。

二、别样体验：流动的风景

良舵苍茫能致远，远景众志可入怀。研修团在德克萨斯州的美国文化体验，一部分于圣玛丽大学的课堂上进行，另一部分则在圣安东尼奥、休斯顿、达拉斯等城市的大街小巷中展开。

无论是充满市区民族特色的农业集市，还是位于市郊的北美风情动物园；不管是现代化的德克萨斯州文化中心，抑或是保有历史印记的阿拉莫遗址；静若 Enchanted Rock 魔法石，动如 Coors Field 棒球场……美国文化的独特性、开放性与多样性，在短时间内以直观而具体的方式展现在研修团面前，令成员们大开眼界。在休斯顿美国宇宙航天中心（NASA），来自法学院2016级法学专业的陆瑶不由自主地感叹："美国人对太空进行探索的勇气和毅力，它彰显出了美国人所标榜的美国精神。这份探索未知的文化内涵，值得我们每个人学习，值得我们每个人在以后的工作生活中去践行，以便让我们的国家发展得更好。"

倚窗独坐，漫步街区，球场呐喊，登高望远……在这里，每一刻享受快乐的别样心情都被藏进脑海，每一个脚步丈量的异域风情都被镌刻心底。

三、从游课堂：千里始足下

7月31日至8月3日，研修团开启美国东海岸游学之旅，先后参访华盛顿、费城、普林斯顿与纽约四座城市，体验式、浸入式、参访式的课堂形式赋予了每一位成员对于美国文化的全新观察视角。

"自由和独立构筑的精神已经融入了美国人的血液中并转化为民族性格，热情和包容不应只限于美国，而应该成为全世界消融隔阂的阳光。"当来自教育学部 2015 级学前教育专业的张春颖走入位于华盛顿哥伦比亚特区的中央纪念公园，看过华盛顿纪念碑、林肯纪念堂、马丁路德金纪念地，才真正明白"为什么自由和独立会成为这个民族最响亮的声音"。

一路参访，一路体验，一路思考。从参观白宫了解美国政体，到漫步华尔街感受世界经济命脉交汇点的魅力；从畅行于美国国家航空航天博物馆与国家艺术馆感叹人类的创造力，到近距离接触联合国感知它在致力于"维护国际和平与安全，促进国际合作与发展"方面的责任与担当，研修团将课堂搬到海外，浸入式的课堂形式使知识立体起来、鲜活起来。在寻访美国的同时，从游课程也丰富和拓展了研修团成员观察中国与世界的视角，让大家对自己的发展方向与责任使命更加清晰起来。马克思主义学院 2016 级思想政治教育专业的陈晓晨："在游学的过程中，我们更容易感知中美各方面的差异，这种差异无疑让我们的视野更加开阔，也对许多问题有了新的思考。"

四、团队建设：收获中成长

不厚其栋，不能任重。研修团成员由 1 名带队教师和来自 14 个院系的 20 位本科生组成，他们在 21 天的游学过程中，研修团成员不仅积极展现出山师学子的形象与风采，也在其中不断收获成长。

当地时间 8 月 4 日 5 时，研修团一行抵至纽约纽瓦克机场，计划由纽约转机至达拉斯，后搭乘国际航班回国。但因天气原因，由纽约至达拉斯的航班被临时取消。由于事发突然，研修团被迫滞留机场 11 个多小时。在带队老师和当地工作人员积极与航空公司和机场协调的时候，研修团的成员也自觉以集体利益为重，主动出主意、想办法，相互打气鼓劲。"我们互相鼓励，轮流看护行李，彼此关照。深夜，偌大的机场只有我们，但每个人都给彼此带来一份关怀和力量。"心理学院 2016 级应用心理学专业的武晓回忆起候机的场景,仍是感慨颇多。

研修团不仅在特殊境遇中展现出了高度的集体凝聚力,而且在研学的日常行程中也时刻牢记自己的责任。外国语学院 2015 级英语专业蔡铭珂谈道:"研修团的每位成员均来自不同的专业,却又都代表着山师学子的形象。在赴美研修之前,大家都自觉学习跨文化沟通中应有的礼仪细节,在与外国友人的交流过程中也自发树立跨文化的平等意识和传播意识。也正是在这不断的学习过程中,研修团的每一位成员都得到了锻炼和成长。"

山东师范大学优秀本科生赴美研修活动旨在引导学生转变传统学习理念,打破思维定式,开阔全球视野,培养青年学子的担当意识。山东师范大学学生工作部部长于晓明总结此次研修活动时说:"此次赴美研修课程,从反馈的情况来看,研修团形成了一种相较以往更加完善的师生'从游'文化,同学们一路走,一路看,一路讨论,一路思考,形成了对美国更全面的认知,形成了对异域文化更深入的思考。而我们也相信,在未来,会有更多优秀的山师学子在赴美研修中获益,砥砺前行。"

(写于 2018 年 9 月 20 日)

心理学院做实做细疫情防控工作 狠抓了三件事

心苑守护,细致入微。近期,疫情防控阻击战打响以来,山东师范大学心理学院在学校党委的坚强领导下,狠抓了三件事,扎实做好做实疫情防控工作。

第一件事:需要落实的事儿——立即办。全院 61 名教职工(包括离退休)和 1018 名学生分为 8 个组,分别由 8 名学院班子成员、党委委员、行政干部、辅导员包靠联系,以网络、电话等方式每天保持密切沟通,全覆盖无死角,确保第一时间掌握全院师生思想动态和身体状况,同时帮助解决师生困难诉求,切实维护学校安全稳定大局。以视频方式召开党政联席会,多次专题研究疫情防控工作,切实把学校部署安排落实到位。

第二件事:推动工作的事儿——主动办。注重发挥学院专长开通线上心理咨询热线,开展线上心理调研,进行防疫科普知识宣传,面向校内外师生提供服务。4 名党员教师和 1 名骨干教师组成的线上心理咨询组,每个工作日坚持在线值守,接听热线,疏解师生心理疾困,坚定战胜疫情的决心和信心;以党员教师为主组建疫情防控宣传组,搜集整理资料,或自己编写,或转发推送,为师生疫情防控提供科学指导;5名党员教师组建疫情防控调研组,采用定期视频沟通的形式拟定调研提纲、问卷,商议调研工作的实施,以期为疫情防控提供坚实支撑;部分学生党员组建了"你我同心,共对疫情"心理援助小组,用所学专业知识帮助身边需要帮助的人。

第三件事:服务师生的事儿——坚决办。通过各种渠道联系货源,学院为教工购置30公斤酒精等消杀用品。密切联系国外访学教师,随时掌握生活情况和返程信息。与武汉籍及湖北籍的学生进行定期联系,主动关心其生活,叮嘱其防疫的同时搞好自己的学业。指定专人通过固话、手机、微信等多种方式,与老党员老干部或者其家属保持沟通联系,及时传达学校有关政策要求,密切掌握其身体状况,跟进做好政策讲解和心理疏导工作,做到每日联系、每日报告。利用视频会议系统组织青年教师开展学术研讨,对青年教师的各级各类课题申报进行指导。学院组织各教研室做好疫情应对,要求提前做好网络远程教学计划和预案,为后续正式实施创造条件,确保教学效果。

（写于2020年2月7日）

唱、念、做、打,这个支部都有一套

山东师范大学心理学院研究生第二党支部成立于 2018 年,现有党员 20 名,其中正式党员 17 名,预备党员 3 名。成立以来,党支部坚持以习近平新时代中国特色社会主义思想为指导,全面贯彻党的十九大和十九届二中、三中、四中、五中全会精神,严格落实基层党建责任制,强化基层基础、强化责任落实,勇挑重担,锤炼唱、念、做、打"四种功夫",出色完成了各项工作任务。

"唱"响"好声音"。支部成立"小小轻骑兵"朋辈宣讲分队,站在"家门口"、面向"身边人"进行多样态宣讲,开展小型宣讲 30 余次,"唱"响理论学习"好声音"。利用学习强国、灯塔–党建在线等开展"云端之约"学习互动,扩大学习教育受益面。组织习近平新时代中国特色社会主义思想学习辅导讲座,省党史陈列馆现场教学,"留下青春蜕变足迹"教育档案写实活动等,推动理论学习走深走实。疫情期间,支部党员骨干面向中小学生推送视频、音频微课 68 讲,为战胜疫情贡献"心"之力量。

"念"好"两种书"。支部引导党员既要念好"有字之书",更要善于念好"无字之书"。引导党员主动站上"治学·修身""学而知行"讲坛等,分享科研心得和治学方法,700余名本硕学生从中受益。采取"一帮一"的方式,与身边学业困难同学精准对接,实施对口帮扶,营建共学共研共进学术氛围。支部所属年级学生分别发表22篇、14篇SSCI/SCI、CSSCI学术文章,27人次参与国家级和省部级课题,10余人次参加国内外学术会议并做报告,2人次获省级科研成果奖项,5人获评国家奖学金。

"做"个"心青年"。支部组织开展"我,就在你身边"活动,借助举办书记工作坊、兼做德育辅导员、担任学生干部等,近七成党员参与其间。4人获评省级优秀毕业生,4人获评校级优秀学生干部,3人获评优秀青年志愿者,以支部成员为骨干的团队获评全国、山东省、济南市青年志愿服务先进集体。疫情期间,筹建3支服务分队,连续76天为全省援鄂医护人员及家属提供志愿服务;参与的专题调研覆盖137所高校、33万人;党员挂牌联系宿舍,织密扎牢疫情防控"网格"。

"打"造"靓品牌"。支部深度参与学院"心+"学生工作品牌建设,打造靓丽工作品牌。助力学院面向中小学生开设"心苑学堂"关爱儿童志愿服务项目,构建起了"七彩课堂+心理健康"教学体系,为3000余名中小学生带来专业心理健康教育课。带头参与学院推进"学在心苑""尚·大学"等学风建设行动,开展"心苑沙龙"团体心理辅导活动,累计20余次前往校内外单位开展服务。

一个支部一堡垒,一名党员一面旗。山东师范大学心理学院研究生第二党支部将接续加强和改进支部自身工作,树牢"四个意识"、坚定"四个自信"、坚决做到"两个维护",奋发有为、扎实工作,更好发挥党支部的战斗堡垒作用,不断提高凝聚力、战斗力,为同学们成长成才助力服务,为学院、学校"双一流""双高"建设作出新的更大贡献。

（写于 2021 年 1 月 17 日）

"心"有梦，路才宽

——心理学院2020级研究生新生入学教育工作述览

良好的开始是成功的一半。在 2020 级研究生新生入学教育中，心理学院坚持把其作为研究生开启学术和人生新征程的"思想启蒙"，把其作为为学生思想政治教育的主要内容和学段教育的关键环节。基于此种认识，心理学院坚持围绕立德树人根本任务，践行"学生·学者·学术"的工作理念，把理想信念教育、学风建设、心理健康教育作为推动工作的"三驾马车"，精心组织了学术论坛、新生适应、思想引领、制度内化、学业启航等专题活动，成效显著。

一、"学在心苑"：是追求，更是践行

心理学院以创建省内领先、国内一流、国际上有一定影响的心理学专业人才培养基地和学术研究中心为目标，致力于培养高水平的心理学专业人才和开展创新性科学研究，为经济社会发展提供智力支撑。为使 2020 级新生尽快熟知校园节奏、内化学院文化，确保以端正的态度、合理的规划和最佳的状态步入研究生阶段的学习生活，学院邀请校党委副书记张文新教授

为2020级新生讲授"开学第一课"——"走进心理学"。他以新冠肺炎疫情中"心理抗疫"的生动实践为例,强调心理学在服务国家重大现实需要中的重要作用,为大家讲述心理学的广泛应用和研究前沿,激励学生敢于创新、勇于突破,创造出更多有益于社会需求的学科成果。学院邀请学院院长李寿欣作科研伦理讲座,使新生在学术道路启程阶段就强化伦理意识。此外,学院通过组织实施"学术活动月",邀请北京大学苏彦捷、北京师范大学方晓义、浙江大学高在峰、北京理工大学贾晓明、杭州师范大学车先伟等知名专家学者作学术报告;多名高年级博士和硕士研究生作为"学而知心"讲堂和"心·学术沙龙"的主讲人与新生交流学术科研经验。丰富多彩的学术活动为新生入学教育营造了浓厚的科研学术氛围。

二、"心苑青年":是品牌,更是担当

心理学院以"心苑青年"理想信念教育品牌为载体,强化2020级研究生新生的思想引领。学院党委书记李梦遥借"心青年"团校开班仪式的机会,对2020级新生提出要求,心苑青年要始终展现出朝气蓬勃的青春风貌,积极投身学院各项工作,切实发挥服务师生的桥梁纽带作用,继承优良传统,矢志开拓创新。研究生新生党支部坚持每周集体学习《习近平谈治国理证》(第三卷),开展"党员朋友在身边"活动,向全体同学亮明党员身份,激发学生党员担当意识,从关心身边同学着手,切实帮助大家解决实际生活中遇到的困难,支部凝聚力和向心力得到了明显提升。以学校研究生"治学·修身"学术论坛为依托,学院先后组织开展了"初心"讲坛、"修德"讲坛等活动。发挥党员同学在"心苑青年讲堂"中的作用,通过主题班会、党团日活动等多样化的教育形式,带领2020级新生开展了"如何规划研究生生活""忆校史不忘初心,迎校庆砥砺前行""薪火相传,领航成长"等多个主题的学习活动,上好

"理想信念教育""爱国主义教育"第一课。组织师生理想信念教育座谈会，邀请赴英访学归来的崔磊老师对比分析了中英防疫措施的差别，并通过讲述自己的访学经历，深切感受到了祖国对海外学子的厚重关爱，证明我们的中国特色社会主义制度的优越性，激发了同学们的爱国热情。此外，学院举办了朋辈交流会、学生干部培训会等活动，进一步提升新生学生干部的责任感与担当意识，夯实学生政治根基，推动"红心"引领"匠心"，为学院学生思想政治教育工作提供了强有力保证。

三、"心路相伴"：是陪伴，更是力量

为有效解决新生入学后对学习和生活环境的适应问题，心理学院邀请学院副教授、硕士生导师徐夫真举办"关爱身心，自助助人"健康教育讲座，讲座通过许多生动的案例，为学生认知情绪和学习管理情绪提供了具体可行的建议，为学生培养健康良好的心态奠定坚实基础。学院创新组织开展了"新生心理访谈"专业体验活动，为每一名新生进行心理访谈；辅导员为新生开放"解忧树洞"，每周与新生谈话交流，了解学生所想所需，关注学生日常动态与心理，帮助学生疏导心理困惑，营造暖心温情的氛围；高年级学生心理咨询师从朋辈的视角出发，协助学院做好新生入学适应问题，并对工作中发现的异常情况进行分类处理；"心苑沙龙"心理团辅活动开设入学适应和人际关系专题，帮助新生尽快完成不同学段间的角色转变。同时，学院开展了丰富多彩的校园文化活动，如成功举办了首届心理学院"心逸飞扬"素质拓展活动、新生篮球赛、趣味运动会等活动，活动立足采用最"平实"的活动形式，致力于挖掘校内外资源，拓宽校内外两个路径，注重发挥团队建设对学生的领育作用，提升学生对于团队协同的认同感，增强学生的团队参与意识和责任感，培养学生积极向上的人生态度和价值观。

四、"心存方圆"：是守望，更是期许

有规有矩，方圆自成。心理学院致力于推动形成不断完备的制度体系及严格有效的监督体系，引导学生心中有方圆，树立规矩意识，筑牢新生成长发展的基础防线。把好入学第一关，召开新生家长见面会、新生入学教育启动会，学院领导班子成员悉数出席，介绍了有关规章制度，并对学院研究生教育工作做出安排和部署。学院邀请校纪委副书记王发科为师生作专题报告，以案说纪、以案施教，警示大家牢固树立纪律法制观念，恪守学术诚信底线，培养良好的行为习惯和道德品质。通过多种形式，组织新生学习学校关于进一步深化研究生教育改革的相关举措，以及研究生教育管理方面的管理制度和规范，对学生日常管理规定、违纪处分条例、学籍管理实施细则、学术道德规范实施细则、课程学习要求、奖助体系等内容进行重点讲解，使新生全面了解研究生教育管理流程，提早进行学业规划。学院分管领导、辅导员通过疫情防控专题培训，为 2020 级新生详细讲解了学校疫情防控的具体要求，对每个新生都提出了明确要求；辅导员对《研究生手册》的有关内容进行讲解，邀请学院教学秘书为学生解答 2020 级新生关于选课和研究生培养计划方面的疑问；召开 2020 级研究生实验室安全教育工作会议，对安全教育工作再落实再细化；邀请实验室管理人员举办实验室安全教育培训讲座，确保新生从入学伊始就树立牢固的实验室安全防范意识。

（写于 2020 年 12 月 19 日）

学生的事，再小也是大事

　　党史学习教育开展以来，山东师范大学心理学院坚持把"我为群众办实事"贯穿党史学习教育全过程，聚焦师生关切、提升幸福感，聚焦事业所需、攻破关键点，聚焦社会亟需、增强贡献度，真正把学习教育成果转化为办实事的实际行动。在系统调研了解的基础上，既立足当前又谋划长远，列出 10 项民生清单，逐项建立工作台账，跟踪督促落实，取得阶段性成果。

　　聚焦学生忧心事。充分尊重学生主体地位，从最突出的问题抓起，从最现实的利益出发，真正想学生之所想，急学生之所急，解学生之所困。实施党史学习教育进公寓品牌项目，常态化落实辅导员集体备课制度，举办毕业生党员座谈会、"心语宿说"访谈会，组织开展毕业生"谈就业、话未来"交流会、大学生创新创业指导培训、本科毕业论文指导讲座等 21 场次，着力解决学生的急难愁盼问题。建立"党员朋友在身边"朋辈互助制度，组织学生党员对全体学生实行"网格化"服务，由党员担任网格员，及时了解身边同学的学习、生活、思想等情况，做到精准帮扶。网格员小冉就是在工作中了解到小安从初中起患有社交恐惧症的情况，他多年来尝试改变，都以失败告终，逐渐对改变失去信心。小冉主动帮助小安一起找老师求助。在辅导员的悉心指导下,小冉发挥朋辈互助作用,通过认知和行为引导,陪伴鼓励小安与他人交流,逐步建立良好的人际沟通模式,帮助小安成功克服了社交恐惧。对于自身的显著改变,小安和他的父母都非常开心。这一案例获得山东师范大学"心理辅导案例"一等奖。学院学生党支部还积极面向全校学生开展"5·25"心理健康游园、朋辈心理互助、正念减压疏导讲座等活动,普及心理健康知识,提升心理健康水平。

做实身边暖心事。师生无小事,枝叶总关情。心理学院把师生小事当成学院大事,从小处入手,向实处着力,推动办实事落细落实、走心暖心。今年以来,先后为每个教室配备石英钟,为青年教师购买激光翻页笔、扩音器等20套,购置冰箱、微波炉等器具,在学院楼每楼层设置雨伞自助借还区,安排青年志愿者维护学院楼前停车秩序,积极改善教育教学环境。学院邀请济南市妇幼保健院专家走进学院开展"女性健康科普宣讲专家义诊"活动,"七一"前夕专门走访慰问退休党员教师,让师生感受到实实在在的幸福感获得感。学院购置健身器材常态开展"阳光运动、健康生活"文体活动,保障师生以强健体魄、充沛精力投入教学科研工作。依托学院教工第一党支部"双带头人"工作室,由党员骨干教师牵头,打造"青马学习+青年发展+创新创业+就业指导+生涯发展+专业实践+社会服务"七彩育人体系,引领学生成长成才,提升立德树人质量。刚刚毕业的2017级学生党员王光亚被保送至华东师范大学攻读硕士研究生,新冠肺炎疫情期间,他积极从事志愿服务,被共青团山东省委授予"青春贡献奖"。毕业生座谈会上,他深有感触地说:"我身边的任课老师许多都是共产党员,他们一边努力进行教学科研,一边发挥心理学所长服务社会公众,他们的言传身教让我领悟到奉献与奋斗的真谛。今后,我也会继续以自己所知所学纾解焦虑,温暖心灵。"学生党员带动身边同学共进,2017级卓越1班团支部被评为"全国高校活力团支部"。

谋划学院长远事。心理学院注重把党史学习教育与推动事业发展有机结合，强化问题导向，坚持干字为重，实施重点突破，努力开创学院事业发展新局面。学院大力推进山东省高水平学科（心理学）建设工作，邀请北京大学心理学院院长、长江学者、国务院学科评议组成员方方教授，德国国家科学院院士 Bernhard Hommel 教授等 5 名国内外知名专家进行建设方案研究论证，由班子成员分工负责、党员骨干教师积极参加，组成学科团队、人才培养、学科平台、科研创新、成果转化与社会服务、国际交流与合作 6 个专班，挂图作战，精准发力，有计划有步骤地推进学科建设目标落地落实。学院加大人才引育力度，赴北大、北师大、中科院等进行人才招聘宣讲，今年上半年引进 7 名优秀青年博士。学院实施"青尖计划"，向青年教师教方法、压担子，激励全院教师拔尖提升。青年教师刘莉入职四年就获评山东师范大学东岳学者青年人才。她由衷地说："学院举办骨干教师百优课观摩、青年教师科研论坛、教学技能培训等活动，还招募优秀学生为我们配备科研助手，全面有效提升了青年教师的教学科研水平。"今年，学院发展与教育心理学教学科研团队被评为"山东省教育系统女职工建功立业标兵岗"。"七一"之际，心理学院党委被山东省委授予"山东省先进基层党组织"称号。

纾解社会急难事。心理学院将党史学习教育作为服务社会的有利契机，主动聚焦社会亟需，引领师生发挥学科专业所长，积极服务经济社会发展。受省教育厅支持委托，成立山东省学生心理健康发展中心（山东省学生发展与心理健康研究院）。先后赴聊城、潍坊、青岛等 8 地市、48 所中小学进行调查取样，调研采访学生 2.3 万余人，形成高质量调研报告，扎实做好全省学生心理健康教育研究工作。为积极应对校园欺凌问题，张文新教授团队最早在国内展开校园欺凌问题研究，建成山东师范大学校园欺凌中心，在校园欺凌人才培养、科研创新、社会服务等方面发挥了示范引领作用。2021 年，1 项研究成果被《人民日报内参》刊发，正式成立中国心理学会校园欺凌与暴力专委会，秘书处挂靠山东师范大学心理学院。着眼服务应急行业所需，与山东省消防救援总队共建心理健康教育基地，为广大消防救援指战员提供系统化、专业化的心理健康服务。为910名历下区网格管理员开展心理科学素养培训，提升心理健康素质，掌握心理健康技能，更好地服务网格内居民。

（写于 2021 年 7 月 10 日）

弹好"上阕",唱响"全篇"

——写给心苑2021届毕业生的一封信

心苑 2021 届"童鞋"们:

毕业快乐!

大家打点行囊,即将远行高飞。对于所有关注你们的心苑师生来说,心情必定都是复杂的:满怀欣喜者有之,爱而不舍者有之;轻哼离歌者有之,壮怀激烈者有之;细细叮咛者有之,无语凝噎者亦有之。

此时此刻,若非要起个"范儿"的话,那姿势,也只能是祝贺的姿势,眼里充盈欢悦;若非要书留"赠言"的话,那内容,也只能是傲骄的过往,嗟惜时光荏苒;若非要闭目"咂摸"的话,那味道,也只能是青春的昂扬,足够热辣滚烫。

1000 余个斗转星移!

同学们顺利完成学业,各有发展,可谓是弹拨出了人生"上阕"独有的韵响。其间,经历而成长、自信而坚强、美丽而大方;其间,青涩且懵懂、新鲜且陌生、好学且勤问。大家悄然"拔穗""灌浆",我们也得意于你们的荣光、幸福于你们的成长。还记得军训场上的挥汗如雨吗?还记得一餐的大骨面、青椒饼吗?还记得二餐的螺蛳粉、牛肉汤吗?还记得备考期间狠命"盘"过的暖气片吗? 还记得头疼脑热时舍友的嘘寒问暖吗? 还记得辅导员老师的唠唠叨叨吗? 还记得导师带你字斟句酌"抠"出来的论文吗?

要振翅高飞了!

不过,心苑还布置了一门"必修课"的作业,请大家按时提交。这份"作业"是:离开宿舍时,我们是不是应该留下点什么? 留下一份整洁,留下一份文明。后来人,那些接续替你保管青春岁月的人,一定会感念你的这份自觉、这份"无人值守"的文明。安全返家后,我们是不是有件事必须要做? 安顿好后,喘息之余,尽速给辅导员老师、导师报个平安。虽然你毕业了,但是你的健康、平安,在他们心里永远重要。未来的日子里,我们是不是应该对生活有个基本的态度? 心苑人,一定要自信,写好青春"奋进之笔"。遇到挫折时,要始终怀揣一份自信和从容;人生风正帆满时,要不忘初心,保持热爱。

未来加油!

故事的开始,也许我们都还是孩子;故事的结尾……故事没有结尾,只有我们昂扬着奔向远方。春来夏往,秋收冬藏。"心"欣向荣,"苑"远流长。未来的日子里,请务必记住要幸福安康。心苑,永远是大家最坚实的臂膀、最温暖的港湾。

习近平总书记说:"山再高,往上攀,总能登顶;路再长,走下去,定能到达。"祝心苑 2021 届毕业生:"心"青年,传薪火,勇担当,弹好人生妙词"上阕";"苑"梦想,勤耕耘,定起航,唱响人生华彩乐章"全篇"。

(写于 2021 年 6 月 17 日)

牢记"是什么,要干什么"这一问题

——2021年度个人工作总结

　　答好厚植根基的"必答题"。一年来,本人始终牢记大学生思政工作是什么、要干什么这个问题,深刻把握大学生思想政治工作的独特性,充分利用多种渠道、形式和载体,以面对面、键对键、心贴心的形式讲好"中国共产党为什么能、马克思主义为什么行、中国特色社会主义为什么好"的思政大课,厚植党的执政根基,全力回答好"培养什么人、如何培养人、为谁培养人"这个"必答题",获评山东高校辅导员年度人物、山东师范大学十佳工作者。借由"持炬而行"理想信念教育项目,通过心苑青年讲堂、心苑榜样在身边、心苑青年说等,让主旋律更加嘹亮。开展党史学习教育宣讲5场,邀请专家讲授思政专题课2次,组织大学生博士宣讲团宣讲2场;强化"心青年"团校建设,创新开设思想教育提升、骨干精英培训班次;组织党史知识竞赛,"学习全会精神、奋斗点亮青春"主题团日,"风华正茂,青春颂党"合唱比赛等活动,1个团支部获评全国"活力团支部"。

　　答好闻令而行的"抢答题"。本人坚持不做工作的局外人,答好闻令而行的"抢答题",领好任务、扎稳马步,掌握工作的正确打开方式,开展生动活泼、形式多样的教育活动,引导学生"系好人生第一粒扣子"。用心、用情、用力解决好师生的急难愁盼,努力做到心中有师生冷暖,心中有责任担当,心中有学院发展,让自身工作与学院中心工作深度熔接。如通过组织"治学修身"学术系列活动、青年教师学涯分享沙龙、新生入学教育、本科毕业生考研扶助等方式,打造博雅尚思之良好学风。7 人获评国家奖学金、省政府奖学金,2 人获评省级优秀学生、优秀学生干部称号,13 人获评省级优秀毕业生。获大学生创新创业训练计划国家级、省级立项 19 项。持续推进"心团建""心苑沙龙"等志愿服务品牌建设,建立 1 个社会实践基地,20 余支服务队赴全国 30 多个地区开展弱势儿童帮扶活动,相关情况被"大众网"等媒体报道。稳步推进"心苑学堂"关爱儿童志愿服务项目,服务时长 20 余小时,受惠人员 100 余人。青年志愿者协会面向全校开展的"5·25"心理健康节系列活动,师生反响热烈。

答好知识创新的"主观题"。本人坚持发挥主动性,扣紧时代的脉搏、强化系统集成,下足集聚工作效能的"绣花功夫",树立起"以学生为中心"的理念、因应社会境域、精准对接学生需求,把育人要求落到最实处,致力于在"情境沉浸"中提升育人质量。探索党团共建新路径,组织学生党员骨干走进学生中间,辐射每个团支部,常态化举办"心苑青年讲堂",在大峰山革命根据地上好"开学第一课",推动理论武装向青年学生延伸。全面推行学业辅导员制度,制定《学院兼职学业辅导员工作暂行条例》,以学风建设为牵引提升育人质量。把网络育人作为载体抓手,践行"融"的网络育人理念,加大学院网站、"心苑"公众号等的建设力度,开设"之江新语""云上党课"等专栏,创设"杏坛花开""心·科创""心·撷趣"版块,致力于打造网络育人高地。"心苑"微信公众号关注量 5000+,年度阅读量 100000+。

答好臻于至善的"选择题"。努力锤炼自身工作落实和呈现的"几把刷子",守住"匠心",臻于至善,致力于做个工作的行家里手,做好工作的"选择题"。一方面,勤于修正自身职业发展的"路线图"和"任务清单",丰满职业理想,做好职业规划,"扮演"好职业角色,聚力提升自身核心竞争力。如把工作品牌建设作为坚实支撑。2021年分别从意识形态建设、职业能力涵育、科研能力提升等方面,持续开展"心驿"辅导员集体备课会活动6次,并加持校外资源为我所用。另一方面,坚持从理念"上新"、彰显素养、落实呈现等方面,淬炼职业的平面铺陈和立体延展中的"独门秘籍"。如"心语宿说"深度访谈会、"学在心苑"特色学风建设、"尚·大学"新生优良学风筑基行动、"心路相伴"志愿服务等工作品牌建设,为学院大学生思想政治工作提供坚实支撑。还安排学生分期分批采访学院教师推出"春蚕说",邀请青年博士教师开展学涯分享活动,发挥身边学人的示范引领作用,整合学院优质资源为我所用。

(写于2022年1月12日)

整改提升，须发好"四种力"

开学前夕，我通过参加山东省教育系统"强学习、提站位、深反思、促整改"专题教育学习活动，收获很大。作为高校思想政治工作的从业者，我认为必须坚持结合文件原原本本学，结合案例认认真真学，结合自身工作扎扎实实学，并要在以后的学习和工作中发好"四种力"。

明晰方位，激发勇于担当的原动力。方位明则思想通，思想通则航向明，航向明则动力足。思想层面的信念、意志、决心是激发担当精神的原动力。不管是哪一种工作，只有达成了思想上的自觉自愿，才能衍生出饱满的热情和实干的精神，才会想干事、会做事、干成事。对于一名高校思政工作从业者来说，必须要明确工作的方位，把举旗铸魂摆在首要位置，牢固树立"四个意识"，全面贯彻党的教育方针，坚持社会主义办学方向，以立德树人为根本，全面提升思想政治工作水平；必须要找准工作的方位，明晰自己在"落实立德树人根本任务、培养德智体美劳全面发展的社会主义建设者和接班人"之中的角色担当，并以此为基准，激发勇挑重担的原动力，增强工作的责任感和使命感。

厘清职责，锤炼干在实处的胜任力。高校思想政治工作是高校各项工作的生命线。高校思政工作从业者必须要明确自身职责,矢志于在强化政治思想引导上下功夫,在强化道德品质锤炼上做文章,在全面提升学生综合素质上出实招,注重拓展工作平台载体,丰富学生的政治体验,下大气力提升自身工作"干在实处、全面开创"的胜任力。具体来说,一是要在理论学习、业务学习上下一番真功夫。博观而约取,厚积而薄发。没有扎实的理论知识基础,没有让学生心服口服的"几把刷子",要想对学生的学业发展甚或人生发展施加正向影响,不啻于空谈。二是要写好"知行合一"这篇文章。行胜于言。对于高校思政工作从业者来说,培养学生正确的价值观、人生观,强化学生的道德教育,实现对学生价值的引领,我们自身要努力做到"知行合一",努力用自己的一言一行去引领学生思想发展的方向,用自身的率先垂范给学生树立一个可触可感的参照。三是要在实战中打出卓有成效的"组合拳"。提升学生综合素质,要结合学生的思想认知水平和特点开展,要结合学生阶段性的关注点和利益诉求开展,要结合学生的学业发展和潜在的就业方向去开展,只有多方聚焦、综合施策,才能取得"1+1>2"的效果。

做出亮点,彰显走在前列的引领力。凝心聚力方能有的放矢,主动作为才能砥砺前行。高校思想政治工作要想做出亮点,彰显出走在前列的引领力,一是要科学认知自身和学生朝夕相处的"天然优势",二是要强化"有所作为"意识。高校思政工作从业者和学生朝夕相处,对学生的情况最熟悉,对学生的影响也最大,这是优势。但是有的时候,若是我们"沉浸"于这种优势,满足于按照"既有套路"出牌,那么很多时候我们可能就会滞后于学生认知和思维的快速变化,跟不上学生的节奏。所以,高校思想政治工作从业者既要善于利用自身的这种天然优势,同时又要勇于打破常规思维,力争站在更高处,才能在熟知学生思想的基础上实现对学生的价值引领。另外,面对新时代新形势,高校思政工作从业者要强化有所作为的意识,突出问题导向、目标导向,以此推动并实现工作创新。这中间非常重要的一点就是要学会并善于运用多种载体介质去开展工作,善于形成自实践到理论的提炼与升华,运用现代传媒技术把本职工作做出亮点、做出特色,彰显自身的独特价值。

树立形象,增强师大有我的感召力。当下,山东师范大学正处在加快推进综合改革和"双一流"建设的进程中,我们作为学校的一份子,作为学生教育与管理职能部门的一份子,团结凝聚有利于学校发展的正向效能,在履职尽责、爱岗敬业上干在实处,走在前列;我们要增强师大有我的感召力,在育人工作中内强素质,外树形象,争做有理想信念、有道德情操、有扎实学识、有仁爱之心的"四有"好教师,在推动学校实现更好更快发展的进程中做出更大的贡献。

（写于 2019 年 2 月 25 日）

有幸做了一道"加分题"

——写在参加省赴英联合工作组完成任务返校之际

2020年3月23日晚10点,我接到上级紧急通知,被选派参加山东省联合工作组(以下简称工作组)赴英执行任务,主要内容是代表党和国家及时转达对在英同胞(主要是留学生)的关心关爱,把相关的支持扶助举措落到实处。

我接到这一任务,既感到光荣,也有点紧张。但是有一种想法,在我的内心里自打一开始就没有变过:去,那就必须把工作干好,关键时候绝不能认怂!不仅如此,我以为能够参加工作组,这是我有幸做了一道"加分题"。如果把我参与的疫情防控工作看作一场"考试"的话,那么,前期疫情发生以来,我一直以联络员身份参与的学院、学校的相关工作则只能算是"考试"的"常规题"部分,此次赴英执行任务无疑就是"考试"的一道"附加题"。更为紧要的是,要想把这道"附加题"做好,必须仔细"审题",认真"答题",只有这样,它才能成为一道"加分题"。

下面,我就谈一下对这道"加分题"的理解。

一、题目

题目的完整内容应该包括 3 个"如何落实"。即如何坚决落实"一个指示",如何坚决落实"一个共识",如何坚决落实"一个批示"。

"一个指示",是指习近平总书记在 3 月 18 日中共中央政治局常务委员会会议上,作出"要加强对境外我国公民疫情防控的指导和支持,做好各项工作,保护他们的生命安全和身体健康"的重要指示。

"一个共识",是指习近平总书记与英国前首相约翰逊达成的维护在英中国公民,特别是留学生健康安全和正当权益的共识。根据外交部要求,工作组要着力做好稳住人心、稳在当地工作。

"一个批示",是指省委书记、省人大常委会主任刘家义有关此项工作的批示,确保把党和国家对在英留学生的关怀关爱落到实处。

二、审题

第一,这是一次立意高远的政治行动。新冠肺炎疫情发生以来,习近平总书记时刻关注国内外疫情形势,十分关心、惦念广大海外留学生、华侨华人和中资机构人员。由中央安排山东省向英国派遣联合工作组,选拔派遣精兵强将,筹集运输防疫物资,争分夺秒奔赴英伦,这是省委、省政府落实习近平总书记重要指示的具体行动,这是树牢"四个意识",坚定"四个自信",坚决做到"两个维护"的政治担当和生动实践。

第二,这是一次彰显底气的积极行动。面对来势凶猛的疫情,我们国家有赖于以习近平同志为核心的党中央的坚强领导、迅速部署、有力应对,有赖于全国上下的协同努力、共克时艰,疫情业已得到有力遏制,疫情防控工作取得了阶段性成果,疫情对人们的生活、对经济的影响、对社会的冲击,正逐步消解。这个时候,工作组赴英是一次彰显中国底气的积极行动。

第三,这是一次血浓于水的慰勉行动。国内抗击疫情取得阶段性成果,离不开海外侨胞的大力支援、倾心奉献。疫情初期,海外侨胞的爱心善款源源不断地从世界各地汇聚到国内,在国内疫情压力巨大、防疫物品紧缺之际,海外侨胞甚至可以说是"买空"了全世界,千方百计支援国内。期间,仅山东就收到了来自 36 个国家和地区的 91 个海内外侨社团(单位、企业)、数千名侨胞的捐款捐物折合人民币 15209.85 万元。赴英工作组的重要使命就是向在关键时刻为祖(籍)国抗疫作出贡献的同胞,表达敬意和感谢,并帮助他们解决在工作、学习、生活中遇到的现实困难。

第四,这是一次守望相助的暖心行动。新冠肺炎疫情发生以来,习近平总书记从构建人类命运共同体的高度,同多方密切沟通、深入交流,介绍中国抗疫努力和必胜信心,感谢国际社会给予的真诚帮助和支持,呼吁各国携手抗疫,有力推动了疫情防控国际合作。不可否认,当前国外疫情蔓延态势正在不断加剧,特别是英国疫情快速发展,其已成为受新冠肺炎疫情影响较为严重的国家之一,大家的生命安全和身体健康遭受严重威胁。工作组一行将向英方捐赠防疫物资并分享中国抗疫经验,必将充分展现中国的责任担当,这是一次守望相助的暖心行动。

三、答题

第一,领会精神、提高站位。一是认真学习习近平总书记在 3 月 18 日中共中央政治局常务委员会会议上,作出的关于"要加强对境外我国公民疫情防控的指导和支持,做好各项工作,保护他们的生命安全和身体健康"重要指示,领会其精神实质,提高自身政治站位。二是落实习近平总书记与英国前首相约翰逊达成的维护在英中国公民，特别是留学生健康安全和正当权益的共识。根据外交部要求，着力做好稳住人心、稳在当地工作；三是认真学习省委书记、省人大常委会主任刘家义有关批示，科学筹划、精准实施，确保圆满完成任务。

第二，做足功课、强化担当。一是服从工作组整体安排，在做好诸如知识宣讲等准备工作的同时，服从工作组临时党支部的调度，担任党支部委员，发挥自身优势，把组织安排的工作坚决不打折扣落实到位；二是履行防控支持组组长职责，配合工作组领导，做好专家之间的任务分配和沟通协调，确保前期备课、中间宣讲、事后答疑等环节顺利实施；三是提出合理化建议，针对工作组运行情况提出了强化机制效度、提升应对弹性、彰显落实韧劲、集聚团队合力的建议，得到了工作组领导的肯定和赞许。

第三，精细服务、捧心相待。一是对在英留学生群体。先后与47位有恐慌情绪的留学生进行了一对一交流，为8位留学生联系医疗专家进行视频问诊，助其克服恐慌、纾解情绪。我还从个人防护用品中分出一部分，为3位已有感冒症状的留学生寄送了口罩、连花清瘟胶囊、消毒纸巾、医用手套等。返程前夕，我把做好基本防护所需之外的防护用品全部留给了在英留学生。二是对留学生家长群体。共接听了17个留学生家长自国内打来的电话。对于家长提出的防护物品发放、学习安排、代转物品、回国包机等问题，我都克服时差及时给予回复和解答。工作中，我深刻体会到留学生家长的急迫心情（通常情况下，家长比孩子更着急），对其相关请求，及时汇报领导或尽个人所能予以满足，即便不能及时解决也都给予耐心解释。正因如此，许多留学生家长减轻了不必要的担心，对孩子的学习生活进行了安全、理性、科学的安排，事后很多家长和留学生发来信息表示感谢。三是对华侨华人、中资机构人员。主要是借助电话回访、微信交流等方式，对其在不同情境下的安全防护提出具体建议。四是对学校访学人员及山东老乡。在英期间，我与学校在英访学教师、山东老乡主动联络，尽自己所能帮助他们解决困难。我与两位分别在兰开夏中央大学、利物浦大学访学的学校教师进行了多次视频交流，第一时间带去了学校、学院及师生对她们的问候，并为1位访学教师从国内捎去了一箱防护用品；为来自爱丁堡大学商学院、诺丁汉大学的2位山东老乡联系医生，助其完成在线诊疗。

第四，搞好调研、掌握动态。工作组启程之时，我联合同行同事筹划了调研事宜，提前做了准备。在英期间，我们设计并发放了调查问卷，对留学生整体状况进行调研评估，收到调查问卷1750份。通过调研，了解到留学生对疫情缺乏科学认知，防疫知识不足，是造成留学生恐慌的主要原因；另外，对英国医疗体系及防疫措施不了解、不信任，家长的恐惧和非正常引导等，也是导致留学生情绪不稳定的原因。基于反馈，工作组对工作思路进行了有针对性的调整。据后续追踪显示，经过工作组的努力，73.4%的留学生表示已基本掌握新冠肺炎防治的相关知识；84.4%的留学生表示将会选择留下来继续完成自己的学业。

第五，及时回访、慎终如始。在英期间，除了做好留学生的信息搜集和及时反馈外，我还承担并顺利完成了中资机构人员的电话回访任务。我分别与《中国日报》英国公司、华为技术英国有限公司、中国银行伦敦分行、上海证券交易所伦敦办事处、上海浦东发展银行伦敦分行负责人进行了电话或微信交流，及时掌握了中资机构人员的思想动态，听取了他们的意见和建议，并代表工作组对他们表达了良好祝愿。

第六，信息报送、如实准确。出发前夕，教育部国际司与我取得联系，对我在英期间的工作提出了明确要求，并对工作结束后的报告撰写事宜进行了布置。在英期间，我与我驻英使馆教育处、省教育厅同行人员保持密切互动，通过多种方式掌握在英留学生信息，并做好分类整理。在回国后留观休整期间，我会同工作组中省教育厅的同行人员，按时向省教育厅，并通过教育厅向教育部国际司提交了工作报告。

第七，宣介山师、展示形象。一是自从接到这一任务的那一刻起，我就暗下决心，要求自己努力工作，力求展现出山东师大人的奉献与担当。我利用学校新冠肺炎疫情防控办公室提供的素材，在不同场合介绍了学校的疫情防控工作。二是利用自己学院疫情防控联络员的身份，广泛搜集整理学校各个单位疫情防控工作中的亮点和特色，作为在英期间的宣介素材。如心理学院的心理援助、音乐学院的原创歌曲、体育学院的八段锦、美术学院的抗疫作品展等，很多留学生都感到新奇。三是通过"四个一"（一个热线电话、一个微信公众平台、一个 QQ 专线、一个电子书免费阅读端）的形式，对心理学院的抗疫心理援助工作进行介绍，致力于利用心理学院既有资源，观照现阶段在英留学生最紧要需求。相关思路和举措被写进了汇报材料上报到了省教育厅，并提交到了教育部国际司。

四、收获

第一，政治上经受了洗礼。通过此次出访，我对中央派出工作组的必要性有了更深刻的认识，在政治上得到了很好的教育。此次工作组赴英，是在境外疫情加速扩散蔓延、我在外公民健康和安全受到严重威胁，我国内疫情防控取得阶段性成果、国际社会亟需中国援助支持的形势下，中央开展的一次极为必要又十分重要的外交行动。我逐渐认识到：这次行动对践行好习近平外交思想，完美展示中国的大国形象，充分表达好省委、省政府对在英同胞的深情厚谊，无疑都具有重要的政治意义。基于此种认识，在英期间，我始终秉持高度的政治责任感和强烈的历史使命感，不敢存有丝毫懈怠。

第二，思想上得到了教育。此次随团出访，通过所见所闻，我不自觉对中西方疫情应对举措、民众心态异同等进行了比较。通过对比政府举措、民众应对、实际效果等方面，能够看得出中西方之间存在的巨大反差。我们国家之所以能取得如此令世人叹服的成绩，要归功于党中央的坚强领导和科学调度，要归功于我们社会主义制度自带的集中力量办大事的优势，要归功于全体医护人员的全力付出，要归功于全国上下的积极参与和配合。通过对比，我在思想上接受了洗礼，对树牢"四个意识"，坚定"四个自信"，坚决做到"两个维护"，有了更深层次的体悟。

第三，能力上实现了提升。一是向领导学习的结果。我从工作组领导身上学习到了严谨细致的工作态度、忘我的拼搏精神、高超的领导协调能力。二是向战友学习的结果。通过向战友们学习，我认识到了自己在新冠肺炎疫情防控知识储备及表达能力、沟通能力等方面存在的不足，这促使我在工作中，主动向大家学习相关知识，努力增加知识储备，致力于使自己能为服务对象提供更多的支持和帮助。三是向我在英同胞学习的结果。在短短的接触中，他们深沉内敛的爱国情怀、困境之中的坚韧不拔、抱团取暖的同舟共济，都给我留下了深刻印象，让我深受震撼和教育。

第四，内心里累积了情谊。一是来自学校方面的。自接受任务之始，学校领导纷纷给予关心，叮嘱我做好个人防护，安全返回；学校很多部门和单位的领导老师都给予我大力支持，尤其是我所在的心理学院的领导和老师纷纷打来电话或留言，提醒注意安全，给予鼓励，让我备感暖心；心理学院倾其所有，为我在英工作提供后援，让我在一线无后顾之忧。二是来自工作组方面的。工作组的领导和各位战友，大家如石榴籽一样，紧紧团结在一起，在工作和生活上给予了我诸多关心和扶持，让我始终怀揣感动与大家一起努力拼搏，并最终顺利完成了组织交付的工作。

（写于 2020 年 4 月 27 日）

要学会问问题

——"不忘初心、牢记使命"主题教育学习体会

开展"不忘初心、牢记使命"主题教育,是以习近平同志为核心的党中央统揽伟大斗争、伟大工程、伟大事业、伟大梦想作出的重大部署。对每一个党员来说,一方面要提高政治站位,准确把握主题教育的重要意义、总要求,按照统一部署,扎实开展个人自学、集体学习、集中研讨等活动,这是最起码的要求;另一方面还要把如何学习、如何学得富有成效作为更重要的指标去考量。很显然,在主题教育过程中要想学得富有成效,一味"死"学要不得,生搬硬套不可取,最可行的办法,就是带着问题去学,要学会问问题,通过发问廓清思想迷雾、检视自身不足、标明心路历程、强化使命担当。

要问问真学没真学,确保理论学习不走样。为有源头活水来。对于主题教育而言,开展理论学习是必须的,是贯穿全程的,不仅要开展理论学习,还要确保理论学习不走样。无数事实证明,政治上的坚定、党性上的坚定,都离不开理论上的坚定。如果在理论学习上不求真、不求实,就背离了初衷、达不到目的。怎么才算是真学?一是要老老实实学。老老实实学指的是学习的态度要老实,学习态度是否端正直接决定了学习能否取得实效。我们每一名党员在进行理论学习的过程中,学习态度一定要老实,一就是一,二就是二;我

们进行理论学习，要对照习近平新时代中国特色社会主义思想和党中央决策部署，对照党章党规，全面准确领会其要义，把自己摆进去、把职责摆进去、把工作摆进去，对照初心使命展开学习，读原著、学原文、悟原理，在学习上老实做人，做学习的老实人。二是要扎扎实实学。扎扎实实学指的是学习过程中不摆花架子，不搞形式主义，坚持学思用贯通、知信行统一，要致力于明白学习的初衷、知晓学习的意义、激发学习的动力。学习绝不是走过场、糊弄人，决不是照抄照搬、交差了事。我们每一名党员都要根据学习内容，对个人自学、集体学习、集中研讨等进行一体化规划，全面系统学、深入思考学、联系实际学，学会运用马克思主义立场、观点、方法观察和解决问题，真正把握习近平新时代中国特色社会主义思想的核心要义和精神实质，筑牢信仰之基、补足精神之钙、把稳思想之舵。

要问问真懂没真懂，确保思想政治受洗礼。怎么理解"真懂"？真懂，不是不懂装懂。真懂，在于不仅要识其面，还要知其理，更要明其道；不仅要心灵有触动，还要收获有感动，更要脚下有行动。具体来说，一是要懂得主题教育的开展初衷，理解党中央的良苦用心。当前，在党的领导下，中国特色社会主义事业取得了全方位、开创性的历史性成就，但同时也应看到一些党员干部在理论学习上同党中央要求相比还存在不小差距，为民服务不实在、不上心、不尽力，干事创业精神不振、担当劲头不够。我们党之所以开展"不忘初心、牢记使命"主题教育活动就是奔着这些问题去的，就是要认真贯彻新时代党的建设总要求，以刮骨疗伤的勇气、坚忍不拔的韧劲坚决予以整治，同一切影响党的先进性、弱化党的纯洁性的问题作坚决斗争，努力把我们党建设得更加坚强有力。二是要懂得开展主题教育的价值意涵，做到往深里走、往心里走、往实里走。习近平总书记指出，"开展这次主题教育，是用新时代中国特色社会主义思想武装全党的迫切需要，是推进新时代党的建设的迫切需要，是保持党同人民群众血肉联系的迫切需要，是实现党的十九大确定的目标任务的迫切需要"。我们每一名党员要准确、全面、深刻的理解开展主题教育的价值意涵,必须把学与思、学与悟、学与行结合起来,通过联系实际学习,带着问题思考,完整准确地领会主题教育的旨归,讲团结、比贡献,推动主题教育与学校事业改革发展深度融合,凝心聚力谋划推动学校"双一流"建设,以主题教育的良好成效,为全面建成国内一流综合性师范大学作出新的贡献。

要问问真用没真用,确保发展路径不偏离。学以致用,才是真用。学了而不愿运用、不能运用、不会运用,也等于个零。我们要勤于并善于运用主题教育成果,促进整体事业的发展,这也是"不忘初心、牢记使命"主题教育的应有之义。一是树立"用"的意识。在这一方面,我们不仅要有学以致用的意识,而且要争取用得有成效、有实效。既然要"用",那就不能做"传声筒""复印机",就不能满足于只是完成"规定动作",而是要结合单位或部门实际加以创新,加入"自选动作"。是不是做到了真学真用,具体到我们每个人来说,首推就是要看工作谋划、推动和成效检验过程中,有没有"用"的意识,有没有真正把主题教育学习成效转化为落实中央和学校党委决策部署的行动自觉,转化为做好工作的思路举措,转化为解决实际问题的能力本领。二是实现"用"的落地落实。"用"的意识有了,更重要的还应该有配套的规划和行动,要坚持知行合一,注重提高学习实效。我们每一名共产党员参加"不忘初心、牢记使命"主题教育都要坚持内化于心,外化于行,通过深入学习,进一步坚定理想信念,不断增强"四个意识"、坚定"四个自信"、做到"两个维护",做政治上的明白人,做落实上的行动派;要始终带头说老实话、办老实事、做老实人,在推动学院、学校事业发展上出实招、办实事、求实效。

要问问真干没真干,确保主动担当有作为。"知之而不行,虽敦必困。"习近平总书记在内蒙古考察并指导开展"不忘初心、牢记使命"主题教育时强调指出:"不能学归学、说归说、做归做""共产党人要么不说,说了就要做到"。主题教育中,我们如何才能实现学与做的贯通?如何才算是真干实干?一是要强化主动担当。要增强意识自觉和行动自觉,精心组织实施、狠抓任务分解落实,把主题教育各项任务做扎实、做到位、做出成效;要把习近平新时代中国特色社会主义思想融入到学校的各项工作之中,把初心和使命转化为锐意进取、开拓创新的精气神,把初心和使命转化为埋头苦干、真抓实干的动力源泉;要推动党的路线方针政策落地生根,确保主题教育各项要求落实落地、落小落细,不断增强全体师生的获得感、幸福感。二是要做好工作结合。要突出问题导向,把主题教育与落实上级组织的工作要求结合起来,与当前学校正在推进的各项重点工作结合起来,努力做到融会贯通,解决学做脱节问题,切实提升学习成果的转化率;要坚持目标导向,围绕学校、学院发展中心任务,克服各种艰难险阻,快速推进发展任务落实,以"不忘初心、牢记使命"主题教育取得的思想成果、学习成果,推动学校各项事业顺利向前发展,切实提升学习效能的呈现度。

（写于 2019 年 10 月 11 日）

后 记

在《新时代大学生思想政治教育工作"微"思考》一书即将付梓之际，颇多感慨。

首先是不易。因为有过一次出版的经验，原以为这一次本书的出版不会这么费事。但是，事实证明还是低估了工作的难度和复杂性。2022 年底真正着手开始梳理后才发现，要想高质量的完成，或者说最起码让自己能够满意，不是一件容易的事。这是因为，好多素材是几年前写的，当时撰写的时候基于时效方面的考虑，所以很多表述和呈现都多多少少有一些需要细致订正的地方。面对这样的局面，不得不对有些素材作了"精修"，有的作了大幅度增删，有的干脆直接舍掉不要了，文稿也从最初的 40 余万字，最后只保留了 21 万字左右。但即便如此，有些素材自己感觉还是有继续提升的空间的。好在，每一个单体的素材都像是自己的"孩子"一样，从创意到撰写，从修改到定稿，都经历过尽其所能的深度思考与心不两用的撰写，所以即便是"丑"了点，也都是情之所至的"稀罕"，都是顺其自然的反刍。

其次是感谢。本书的出版得到了领导的鼓励。山东师范大学党委书记冯继康教授，百忙之中，拨冗着笔，为本书写了序言，着实令人感动；山东师范大学党委副书记万光侠教授,也是我的博士生导师,自打向他汇报了出版此书的意向之时,老师就给予热情鼓励,还帮着审阅书稿;山东师范大学党委办公室王敬政主任、党委宣传部姚昌部长、教师发展中心王新华主任、心理学院司继伟副院长,也都给予了至诚的鼓励,一直感念至深。山东建筑大学马克思主义学院的陈珊,因曾在出版系统供职过,在本书出版的过程中,不仅给予鼓励,还帮着多方联系出版社,非常热心;山东师范大学马克思主义学院李志亮副教授,多次就编写中的一些问题进行交流,总能给予真知灼见;河西学院办公室的杜明奎主任、张怀林副主任等同事,以及数学与统计学院常明涛副书记也都给予了鼓励和支持。另外,本书编写过程中,参考、借鉴了很多同仁的观点和成果,在此表示由衷感谢。本书的出版还得到了天津人民出版社的大力支持,特别是策划编辑郑玥,责任编辑佐拉为此付出很大热情与心血,在此一并致以诚挚的感谢。可以说,没有上述领导、老师的这些鼓励,自己还真不一定能最终下定决心着手并完成此事。没有更好的表达,唯有怀揣感恩,不负期望。

最后是继续努力。虽然周边的很多同事都说,能坚持把工作中的所思所想写下来很不容易。但在与部分领导老师交流的时候,他们也提了些中肯的建议,如有些东西口语化倾向重了些、理论层次浅了些、有点过于“迎合”学生的习惯,等等。当然,对于这些建议自己也承认,并乐于接受,因为这也恰恰是自己未来的努力方向,这也是自己坚持提升学位,坚持笔耕不辍的原因所在。说到继续努力,自己感觉应该从三个方面做起:一是坚持开展系统性的理论学习。要深入学习贯彻习近平新时代中国特色社会主义思想,丰富理论知识储备,拓展政治视野,提升政治素养,增强正确判断和实践运用能力。二是向领导同事学习。领导同事的工作经验,不管是从政治站位上、工作心得上,还是工作技巧上,都有值得自己学习的方面,只有积极吸纳这些优质资源,才能为自己的继续进步增加砝码。三是向学生学习。之所以这么说,不仅仅是因为大学生思想政治教育工作的服务对象是学生，更主要的是因为学生是高校大学生思想政治教育工作里面最鲜活的存在，只有向学生学习，尊重他们，在同一身位上与他们交流，才能熟知他们的思维特点、认知习惯和行为方式，才能与学生之间实现和洽，才能把工作做得有的放矢。

不得不说，由于自己才识和经验不足，编写过程中的偏颇疏漏在所难免，恳请各位专家、同仁、读者不吝赐教。